KIERKEGAARD

불확실성 시대를 살아내는 실존의 통찰

C. 스테반 에반스

옮긴이 · 손정위

공감마을

옮긴이 서문

왜 키에르케고르인가?

COVID-19. 2020년 4월 11일, 이 서문을 쓰고 있는 이 시각 현재, 온 인류가 해결해야 할 실존의 과제이다. 2019년 말, 중국 후안에서 시작한 이 바이러스는 무서운 전염력과 속도로 온 세계를 공포의 도가니로 몰아넣었다. 한국을 비롯한 아시아의 나라들은 말할 것도 없고, 심지어 초강대국을 자랑하던 미국과 유럽의 국가들도 이 미세한 바이러스의 공습에 꼼짝없이 당하고 있다. 정치, 경제, 사회, 문화 등 모든 영역에 절망의 그림자가 드리우고 있다. 2차 세계대전 이후, 인류는 최대의 위기를 맞이하게 되었다.

코로나 바이러스가 무서운 것은 다름 아닌 "알 수 없음"에 대한 공포이다. 이 바이러스는 순식간에 우리의 일상을 뒤집어 놓는다. 지금까지 당연시 여겨지던 것들이 당연하지 않게 되고, 새로운 대안적 삶을 찾아야만 하는 실존적 과제에 봉착하게 되었다. "인간"에 대해서 새로운 성찰을 하지 않을 수 없게 되었다. 일상이 되어버린 불확실성을 어떻게 다루어야 하나?

키에르케고르는 일찍이 19세기 초에 인간의 실존과 내면성, 주관성을 강조하여 그때까지 거의 다루지 않았던 불안, 절망, 죽음, 두려움, 주체, 열정, 사랑, 도약 등의 주제들을 철학적으로 탐구하였다. 한 세기를 지나면서 키에르케고르는 칼 야스퍼스, 마틴 하이데거, 장-폴 사르트르 등 "20세기 인간학"에 대한 새로운 지평을 열어준 실존주의 철학자들의 사상적 근원이 되었다. 칼 바르트, 에밀 부룬너, 루돌프 불트만 등의 20세기 현대 신학 사상, 특히 "변증법적 신학"의 사상적 근원으로 그를 만나게 된다. 알베르트 카뮈, 프란츠 카프카 등을 읽다보면 그 작가들의 "인간 실존에 대한 사유"의 근원으로서 키에르케고르를 만날 수 있다. 우리는 이 책을 통해 그 당시 인간 실존에 대해 고민하였던 키에르케고르의 사상을 이해할 수 있는데, 이는 코로나 사태에 직면한 지금, 인간 실존에 대한 사유의 새로운 지평을 열어주는 원동력이 된다.

연구비를 후원해 주신 서울신학대학과 바쁜 일정 중에도 추천사를 써 주신 황덕형 총장님께 감사 드린다. 연구비를 지원해주신 수정교회와 추천 글을 써 주신 이성준 목사님에게 감사 드린다. 어려운 책을 읽기 편하고 친근하게 만들어 주신 공감마을 관계자 여러분들에게도 감사 드린다. 날렵한 타자 솜씨와 번뜩이는 통찰로 번역에 도움을 준 혜진, 수진, 혜은, 병화에게 고마움을 전한다.

부활하신 후 제자들에게 오셔서 세상이 줄 수 없는 평안으로 위로하신 주님의 그 평안이 그 어느 때보다 절실한 시간이다.

2020년 부활절
손 정 위

추천사

　손정위 박사님이 번역한 본서는 저자의 서문에서도 잘 드러나듯이 키에르케고르를 현대사상사의 중요한 철학자로 소개하고 우리 독자들이 그의 많은 저작들을 통해 그와 진정으로 대화하도록 만들기 위해 기술되었다. 이 책은 일반적인 방식을 따라 중요한 그의 저서들을 요약하면서 연대기적으로 이해하는 방식을 따르지 않고, 저자가 파악한 키에르케고르의 사상의 핵심으로부터 그가 얻은 각성의 내용을 전달하고자 하는 원대한 비전을 가시고 있다. 이런 저자의 의도는 손 박사님의 탁월한 번역의 감각으로 우리에게 아주 잘 전달될 수 있었다. 손 박사님이 성취해 놓은 이 편안한 번역은 우리들에게 키에르케고르를 보다 가깝게 만드는 위대한 작업이 아닐 수 없다.

　키에르케고르의 또 다른 맞수인 니체의 글이 무신론적 사상의 근거로 사용되면서 포스트모던이라는 사상의 한 획을 긋고 있는 이때, 그 무신론적 경향을 거슬러서 보다 더 비판적으로 현재를 검토하게 만들 어떤 자극이 필요한 때였다. 특히 서로 유사한 실존적인 사유의 특성으로부터 니체와는 다른 혹은 더 탁월할 수 있는 인간과 세계 이해 가능성을 제시해주는 키에르케고르의 사상이 현대인들의 언어로 소개되어야 할 시대적 필요성이 있었던 것이다. 어둠속에 길을 잃을 수 있는 많은 독자들에게 새로운 지표를 제시해야 한다는 절실한 요청이 있었던바 그것이 손 박사님의 글을 통해 우리에게 주어진 것에 감사하지 않을 수 없다. 요즘처럼 기독교적 세계관의 부흥이 절실한 시기에 그의 작업은 시대사적 의미를 갖고 있는 것이다. 저자의 탁월한 이해가 우리 한국의 기독교계에 신선한 충격을 가져오기를 기대하며 번역자의 수고에 다시 한번 뜨거운 감사의 인사를 보내면서 모든 뜻있는 기독교인들의 일독을 적극 추천하는 바이다.

서울신학대학교 총장 황덕형
2020년 부활절

차례

서문	3
추천사	5
서론	*9*
연대기	*14*
키에르케고르 저서의 약자	*16*
1장 — 키에르케고르의 삶과 작품들	19
2장 — 가명저술과 간접전달	50
3장 — 진리와 주체성	81
4장 — 미학적 실존: 순간을 위한 즉흥성	114
5장 — 윤리적 실존: 자기됨의 추구	149
6장 — 종교적 실존 : 영원성, 포기, 견딤, 죄책감	179
7장 — 기독교적 실존 : 절대적 역설로서의 신앙	221
8장 — 불확실성 시대를 위한 철학적, 신학적 통찰	261
부록	305
주	314

서론

키에르케고르에 관해 저술하는 학자들은 자신들의 저술에 대해 관례적으로 양해를 구하곤 한다. 키에르케고르는 "교수"professor를 끊임없이 희화했다. 그리고 자신이 죽은 후, 교수들이 자신의 작품을 자기 목적에 따라 취사선택할 것이라고 괴로운 마음으로 예언하였다. 그리고 실제로 그렇게 되었다.¹

그럼에도 불구하고 나는 키에르케고르에 관심 있는 사람들에게 그를 철학자로 소개하는 노력에 대해 어떠한 미안함도 느끼지 않는다. 키에르케고르를 사랑하고 그를 지속적으로 가르쳐온 사람들에게 그의 작품들을 만나는 일이 얼마나 흥분되고 도발적인 일인지 나는 알고 있다. 그러나 현시대의 학생들과 심지어 교수들의 상황과 키에르케고르 당대의 문화적, 철학적 차이는 분명히 존재한다. 이 책은 단순히 키에르케고르의 사상을 "요약"하려는 것이 아니다. 그보다는 일단의 장벽을 제거함으로써 키에르케고르를 올바르게 읽고자 하는 것이다.

키에르케고르의 사상을 소개하는 것에는 여러 가지 방법이 있다. 어떤 사람은 그의 대표적인 저서들인 『두려움과 떨림』*Fear and Trembling*, 『결론적 비학문적 후서』Concluding Unscientific Postscript, 그리고『죽음에 이르는 병』The Sickness Unto Death 등을 읽고 토론하는 것으로 그의 사상을 소개한다. 나는 다음의 몇 가지 이유 때문에 이러한 방법을 따르지 않을 것이다. 먼저, 이 작업이 단순히 그의 작품들을 잘 요약해놓은 클리프 노트Cliff's note가 되는 것을 나는 원하지 않는다. 두 번째로, 그의 중요한 저서는 많으며, 그 책들을 복잡함은 각각 마치 이 책의 두께만큼의 적절한 설명이 필요하기 때문이다. 그래서 나는 키에르케고르를 주제별로 소개하는 대신에, 그의 작품의 중요한 개념에 초점을 맞출 것이다. 키에르케고르의 중요한 개념 중 한 가지인 "실존의 세 단계" 혹은 "실존의 세 가지 양상"이 키에르케고르의 개념을 소개하는 중심축이 될 것이다. "단계"로 이해하면 이것은 진정한 자기self가 되는 방법에 대한 설명이 될 것이고, "양상"으로서 이해하면 인간실존과 그 의미에 대한 필적할 만한 세 가지 관점이 될 것이다. 이 책은 키에르케고르의 사상을 이해하기 위한 기본을 제공할 것이다. 먼저, 키에르케고르의 생애와 저서들에 대한 소개를 처음 1, 2장에 걸쳐서 할 것이다. 여기에는 그의 소통communication에 관한 독특한 관점이 들어있다. 그리고 이후에는 미학적, 윤리적, 종교적 단계에 관해 소개할 것이다. 마지막에는 키에르케고르의 사상들을 기독교 사상과 지금의 시대와 관련하여 비교 분석할 것이다. 많은 키에르케고르 수업들이 이러한 세 가지 개념을 구성의 틀로 사용한다. 그렇기 때문에 키에르케고르의 주요저서를 읽는 학생들이 이 책을 보조도구처럼 사용하기를 바랄 따름이다.

이 책은 실존의 세 단계를 고찰할 때, 키에르케고르를 철학자로서 진지하게 받아들인다. 그리고 내가 받아들인 그의 형이상학적, 인식론적, 윤리적 관점을 자세하게 다룰 것이다. 내가 이해하기로, 키에르케고르는 현대철학의 지배적인 전통에 대해서 날카로운 도전적 입장을 견지한다. 그러나 몇몇 학자들이 시도하였던 "실존주의자"나 "포스트모던주의자"의 개념에 그가 꼭 들어맞는 것은 아니다. 나는 키에르케고르를 철학자로서 바라봄으로써, 그가 사상가로서 지닌 독특성을 정당화하려고 노력하였다. 이는 그의 사상이 철학적 토양의 일반 기준에 들어맞지 않는 방식으로 전개되었기 때문이다.

나는 키에르케고르의 특정한 작품을 이 책의 특정한 곳에서 논의할 것이다. 그렇기에 특정한 작품들의 개론을 보고자 사람들에게는 그 부분을 따로 자세히 보는 것도 도움이 될 것이다. 예를 들어, 2장에 『저자로서의 내 작품에 대한 관점』*The Point of View for My Work as an Author*과 『결론적 비학문적 후서』의 여러 부분에서 다루어지는 "간접적 전달방법"을 논의할 것이다. 3장에서는 『절망에 이르는 병』에서 나타난 자기self에 대한 관점을 논의할 것이며, 다시 『결론적 비학문적 후서』로 돌아가 "진리는 주체적"이라는 주제와 실제가 "체계"로서 이해될 수 있는 헤겔의 사상에 대한 비판을 다룰 것이다. 4장에서는 『이것이냐 저것이냐, 1권』*Either/Or, I*에 대해서만 다룰 것이고, 5장에서는 『이것이냐 저것이냐, 2권』*Either/Or, II*에 있는 윤리적인 삶의 윤곽에 대하여 다루며, 『두려움과 떨림』에 나타난 종교적인 삶과 대비된 윤리적인 삶에 대해서도 다룰 것이다. 6장에서는 『결론적 비학문적 후서』에 나타난 또 다른 윤리적인 삶에 대한 설명을 다룰 것인데, 여기서는 윤리적인 삶을 종교적인 삶의 시작점이라고 본다. 이 종교적인 삶은 체념, 고통, 죄책에 의해 형성된 것이다. 7장에서는 다수의 철학적 이슈에 대해서 논할 것이다. 이것들은 키에르케고르의 기독교신앙에 대한 이해, 특히 신앙과 이성과의 관계, "절대적 역설"로 이해되는 성육신의 개념에 대해서 논하며 그리스도 안에서의 신앙과 역사적 증거와의 관계에 대해서 논할 것이다. 이러한 과제를 완수하기 위해 『철학적 단편』*Philosophical Fragments*에 대해 논하고, 『아들러에 관련된 책』*The Book on Adler*도 다룰 것이다. 이 책은 키에르케고르의 계시의 종교로서의 기독교에 대한 관점을 제공할 것이다. 마지막 8장에서는 『죽음에 이르는 병』으로 돌아가서 신앙과 관계하는 인간 실존의 구체성에 대해서 논할 것이며, 또한 『사랑의 역사』*Works of Love*에 대해서도 논할 것이다. 여기에서는 키에르케고르를 기독교 사상가로 간주한다. 왜냐하면, 이 책에서 그가 윤리는 하나님 사랑과 이웃사랑의 대大계명으로 요약된 것이라는 견해를 드러내기 때문이다.

키에르케고르는 42세의 나이로 죽었지만, 그의 문학적 산물은 방대하다. 이 책에서 다루지 않았거나 혹은 완전히 배제된 키에르케고르의 많은 주제와 모든 작품들이 있음을 나는 잘 알고 있다. 또한 그의 가명 저서들에 집중하고 『교화를 위한 담론』*Upbuilding Discourse*에 적절한 관심을 가지지 않은 것에 어떤 독자들은 반론을 제기할 수 있다. 그러나 이러한 편향적 접근의 이유가 있다. 비록 키에르케고르가 기독교 사상가였지만, 나는 그를 철학자로서 다루고 싶었기 때문이다. 그래서 나는 철학부에서 다루는 저서에만 집중하였고, 철학적으로 인정될만한 이슈만 다루었다. 그러나 어떤 경우든, 나의 목적은 키에르케고르의 사상을 요약하는 것이 아니었다. 오히려 독자들이 그를 만날 수 있는 동기를 부여하는 것이었다. 그 때문에 나는 상대적으로 간단하고 접근하기 쉬운 방법으로 이 책을 저술하고자 하였다. 또한 동일한 이유로 전통적인 참고문헌이나 혹은 인용문헌 대신에, 나는 키에르케고르를 더 잘 읽고 이해할 수 있는 개인적인 안내를 포함시켰다. 그럼에도 불구하고 2차 문헌의 자료가 상대적으로는 적다.

나는 거의 대부분의 인용을 1901-1907년 덴마크어로 출판된 『전집』 *Samlede Værker, Cophenhagen: Gyldendals*으로 제공하였다. 그러나 영어권 독자들의 편의를 위해서 하워드 홍Howard V. Hong이 편집하고 프린스턴 대학 출판부Princeton University Press에서 출판한『키에르케고르 전집』Kierkegaard's Writings의 페이지를 인용하였다. 이 영어판은 덴마크판의 페이지를 포함하고 있다. 나는 덴마크판을 참고하고자 원하는 독자들을 위해 부차적으로 이를 활용했다.

마지막으로 나는 1972년 이후로 나와 함께 키에르케고르 공부를 한 수많은 학생들에게 감사하고 싶다. 그들이 나를 가르쳤기 때문이다. 여러 방법으로 그들은 나를 도와 내가 이 책을 저술하게끔 하였고 나는 그들을 위해서 이 책을 저술하였다. 나는 메롤드 웨스트팔Merold Westphal에게 특별히 감사하다. 그는 수년 동안 키에르케고르에 대해서 나에게 가르침을 주었고 캠브리지 대학출판부Cambridge University Press에서 출판할 수 있도록 도와주었으며 나에게 많은 조언과 유용한 코멘트를 제공해주었다. 나는 여러 번에 걸쳐 세심한 코멘트를 해 준 나의 친구이자 동료인 로버트 로버츠Robert Roberts에게도 감사를 표한다. 또한 베일러 대학Baylor University의 철학부 구성원들, 세인트 앤드류 대학St. Andrews University의 철학부 구성원들과 그 대학에서 개최된 신학 연구 세미나에 참여한 사람들에게도 감사를 표한다. 그들은 이 책의 각 장들을 읽고 유용한 토의를 만들어주었다. 이 책은 내가 세인트 앤드류 대학에 머물고 있을 때에 완성되었다. 그 때 세인트 메리 컬리지St. Mary's College 공동체와 직원들은 나에게 이 일을 할 수 있는 훌륭한 공간을 제공해주었다. 나의 박사과정 학생인 마이크 캔트렐Mike Cantrell은 텍사스Texas의 웨이코Waco에서 나의 자료를 점검해주고 유용한 자료를 제공해주었다. 다른 박사과정인 학생인 앤드류 남Andrew Nam은 색인 작업에 도움을 주었다.

연대기

1813 코펜하겐에서 태어나다

1830 코펜하겐 대학에 신학 전공으로 입학하다

1838 소설가 한스 크리스쳔 안데르센Hans Christian Anderson을 비판한『여전히 살아있는 사람의 글로부터』From the Papers of One Still Living를 그의 첫 번째 책으로 발간하다

1840 레기네 올센Regine Olsen과 약혼하였지만 이듬해 파혼하다

1841 박사논문, "소크라테스를 지속적으로 참고한 아이러니의 개념," The Concept of Irony with Constant Reference to Socrates을 잘 마무리하고 셸링Shelling의 강의를 들으러 베를린으로 갔다가 이듬해에 돌아오다

1843 『이것이냐 저것이냐』Either/or 1, 2권을 가명으로 출판하다. 이 책은 그가 나중에 그의 "저작권"을 주장하는 최초의 책이 되다.『교화를 위한 담론』Upbuilding Discourse 시리즈를 그의 본명으로 출판하기 시작하다.『반복』Repetition,『두려움과 떨림』Fear and Trembling 다음으로『이것이냐 저것이냐』Either/or가 출판되다

1844 『철학적 단편』Philosophical Fragment,『불안의 개념』The Concept of Anxiety,『서론』Prefaces이 출판되다

1845 가명으로『삶의 방법의 단계들』Stages on Life's Way이 출판되고, 그의 본명으로『상상으로 가끔 일어나는 일에 대한 세 개의 담론』Three Discourses on Imagined Occasions이 출판되다

1846 『결론적 비학문적 후서』Concluding Unscientific Postscript가 출판되다. 이 책을 통해 그의 저작권이 완성이 되었고 그는 목회직을 감당할 수 있으리라 생각하였다. 그리고『두 세대: 문학적 리뷰』Two Ages: A Literary Review를 출판하다. 풍자적 잡지인『콜세어』The Corsair와 논

쟁에 휘말리며 그는 목회자가 되기보다는 그 직함에 남아 있기로 결정하다. 그는 『아들러에 관련된 책』*The Book on Alder*을 집필하며 하나님으로부터 계시를 받았다고 주장하여서 목사직에서 물러나게 된 덴마크 목사의 경우를 반영하였는데 키에르케고르는 이 책을 출판하지 않고 훗날 『두 개의 윤리적-종교적 에세이』*Two Ethical-Religious Essay*기록에 그중 몇 부분만 참고하다

1847 『다양측면에서의 교화를 위한 담론』*Upbuilding Discourse in Various*과 『사랑의 역사의 정신』*Spirits Works of Love*을 출판하다

1848 『기독교 담론』*Christian Discourse*과 『위기와 한 여배우의 삶에서의 위기』*The Crisis and a Crisis in the Life of Actress*를 출판하다. 『저자로서 나의 작품에 대한 관점』*Point of view for My Work as an Author*을 완성하고 가명으로 출판하다

1849 『죽음에 이르는 병』*The Sickness Unto Death*, 『두 개의 윤리적-종교적 에세이』*Two Ethical-Religious Essay*와 종교적 담화와 관련된 책인 『들에 핀 백합화와 공중에 나는 새』*The Lily in the Field and the Bird of the Air*와 『금요일 성찬식에서의 세 가지 담화』*Three Discourse at the Communion at Fridays*를 출판하다

1850 『기독교에서의 실천』*Practice in Christianity*과 『교화를 위한 담론』*An Upbuilding Discourse*을 출판하다

1851 『금요일 성만찬에서의 두 가지 담론』*Two Discourse at the Communion at Fridays*과 『저자로서의 나의 책에 관하여』*On My Work as an Author*, 『자기점검을 위하여』*For Self-Examination*를 출판하다. 『너 자신을 심판하라』*Judge for Yourself*를 저술하였지만 죽을 때까지 출판하지 않다

1854 국교회인 덴마크 루터교회를 공개적으로 공격하기 시작하다. 처음

에는 『아버지의 나라』*The Fatherland*를 통해서, 나중에는 그가 직접 출판한 계간잡지인 『순간』*The Moment*을 통해서 공격하다

1855 『공식적 기독교에 대한 그리스도의 심판』*What Christ Judged of Official Christianity*과 『변하지 않는 하나님』*The Changelessness of God*을 출판하다. 국교회를 공격하는 도중 길거리에 쓰러져 병원에서 몇 주 지난 11월 11일에 사망하다

이 책에 사용된 키에르케고르 저서의 약자

BA   *The Book on Adler*, ed. trans. Howard V. and Edna H. Hong (Princeton, New Jersey: Princeton University Press, 1998)

CA   *The Concept of Anxiety*, ed. and trans. Reidar Thomte in collaboration with Albert B. Anderson (Princeton, New Jersey: Princeton University Press, 1980)

CD   *Christian Discourses and The Crisis and a Crisis in the Life of an Actress* (Princeton, New Jersey: Princeton University Press, 1995)

CUP   *Concluding Unscientific Postscript* to Philosophical Fragments, vols. I and II, ed. and trans. Howard V. Hong and Edna H. Hong (Princeton, New Jersey: Princeton University Press, 1992) [1권은 텍스트로만 완성이 되었고 이 책에서는 1권의 내용을 인용하였다. 2권에서는 색인과 학문적인 주석과 관련된 자료를 포함하고 있다.]

EO I and II   *Either/Or, Vols. I and II*, ed. and trans. Howard V. Hong and Edna H. Hong (Princeton, New Jersey: Princeton University Press, 1987)

EUD *Eighteen Upbuilding Discourses*, ed. and trans. Howard V. Hong and Edna H. Hong (Princeton, New Jersey: Princeton University Press, 1992)

FT *Fear and Trembling/Repetition*, ed. and trans. Howard V. Hong and Edna H. Hong (Princeton, New Jersey: Princeton University Press, 1983)

JY *For Self-Examination* and *Judge for Yourself*, ed. and trans. Howard V. Hong and Edna H. Hong (Princeton, New Jersey: Princeton University Press, 1990)

PF *Philosophical Fragments*, ed. and trans. Howard V. Hong and Edna H. Hong (Princeton, New Jersey: Princeton University Press, 1985)

PV *The Point of View* (includes *On My Work as an Author* as well as *The Point of View for My Work as an Author*), ed. and trans. Howard V. Hong and Edna H. Hong (Princeton, New Jersey: Princeton University Press, 1998)

SUD *The Sickness Unto Death*, ed. and trans. Howard V. Hong and Edna H. Hong (Princeton, New Jersey: Princeton University Press, 1980)

TA *Two Ages: The Age of Revolution and the Present Age: A Literary Review*, ed. and trans. Howard V. Hong and Edna H. Hong (Princeton, New Jersey: Princeton University Press, 1978)

UDVS *Upbuilding Discourses in Various Spirits*, trans. Howard V. Hong and Edna H. Hong (Princeton, New Jersey: Princeton University Press, 1993)

WL   *Works of Love*, ed. and trans. Howard V. Hong and Edna H. Hong (Princeton, New Jersey: Princeton University Press, 1995)

1장

키에르케고르의 삶과 작품들

 키에르케고르는 19세기의 가장 영향력 있는 사상가들 중 한 사람으로 알려진다. 1813년 5월 5일 코펜하겐에서 태어나 대부분의 생애를 여기서 보냈다. 그의 생애 동안 스칸디나비아 반도 외부에는 알려지지 않았고 덴마크에서조차 아주 인기 있는 사상가는 아니었다. 그의 대부분의 책은 500권가량 출판되었지만 그가 죽든 해, 1855년 42세 때까지는 다 팔리지 않았다. 그러나 20세기 초반 되어서는 오랜 시간 묵혀졌던 폭탄이 터지듯 그의 사상이 유럽 지성계를 강타하였고, 그 후로 그의 영향력은 증대하였다.[1] 키에르케고르는 20세기 후반까지 영어권 독자들에게는 널리 알려지지 않았지만, 오늘날 그의 책들은 전 세계 주요 언어로 번역되어 북미와 유럽뿐 아니라 아시아와 라틴 아메리카에까지 많은 영향을 미쳤다.

키에르케고르는 철학자인가?

 키에르케고르의 영향은 지리적으로뿐 아니라 지적으로도 광범위하게 나타난다. 어떤 사람들은 그를 "모든 학문을 위한 사람"으로 간주하는데 그 이유는 그가 신학, 심리학, 커뮤니케이션 이론뿐 아니라 심지어 정치와 사회 이론에까지 중요한 역할을 하였기 때문이다. 하지만 그를 철학자라고 부르지는 않는다. 키에르케고르 자신은 자신이 종교 사상가로 기억되기를 원하였다. 또한 그는 진정한 선교사였는데 이교도 국가에 기독교를 소개한 선교사가 아니라 "기독교 국가에 기독교를 새롭게 소개한 선교사였다"[2]라는 수식어가 붙을 정도로 유명하였다. 어떤 사람은 정말로 키에르케고르가 철학자인지 의문을 가졌는데, 그것은 그가 다양한 관심을 가졌고 근본적인 종교적인 성향을 가졌기 때문이다.

키에르케고르는 철학자인가? 물론 만약 그가 철학자가 아니라면 그의 철학에 대한 개론을 쓰는 것은 이상한 일이 된다. 우리는 키에르케고르는 철학자인가? 라는 질문에 직면해야 하는데 그것은 그가 오늘날 대부분의 전문적인 철학자들이 한 일과는 분명히 다른 일을 하였기 때문이다. 어떤 사람들은 키에르케고르가 평범한 학문적인 범주에서는 철학자가 아니라는 것을 인정해야만 한다. 그가 철학적 내용의 박사 논문 *The Concept of Irony with Continual Reference to Socrates*을 썼지만, 그는 전혀 학문적인 위치에 처하지 않았고, 철학교수들에게 기대되는 그런 책을 저술하지 않았다. 키에르케고르의 저서는 다양성의 풍부함으로 인하여 어떤 한 범주에 맞추기에는 어렵다. 많은 교화나 "강화"upbuilding를 위한 책들은 독자들로 하여금 더 좋은 사람이 되도록 집필되었다. 그의 많은 책에서 "문학적"인 등장인물들이 나타나는데 이 인물들은 가명의 "인물들"로서 키에르케고르의 목소리와는 다른 목소리를 내고 있고, 그들끼리 관계를 맺으면서도 그들의 창조자집필자와도 관계를 맺고 있다. 다수의 책에서는 철학적 목적으로 집필된 책들도 있다. 키에르케고르는 인식론적 주제나 형이상학적 주제를 자세히 설명하거나 변증하기 위한 논문은 쓰지 않았다.

하지만 이러한 사실들이 키에르케고르를 철학자의 범주에 넣는 것을 거부하기에는 충분하지 않다. 니체Nietzsche도 처음에는 철학자의 범주에 들어가는 것에 대해 많은 의심을 받았지만 지난 150년간 그 어느 누구도 니체를 중요한 철학자로 간주하는 것에 의문을 가진 사람은 거의 없었다. 키에르케고르의 관심이 근본적으로 교화나 종교적이거나 문학적인 것에 있었다 할지라도 그는 많은 중요한 철학적 이슈에 대해서 다루었고, 자신을 서구전통의 위대한 많은 철학자들, 고대철학자인 소크라테스, 플라톤, 아리스토텔레스뿐 아니라 현대철학자인 헤겔, 칸트, 스피노자 등과 관계하며 논의를 만들어 갔다. 나는 키에르케고르가 철학자로서의 자리매김이 쉽지 않은 이유를 그가 자신을 종교적인 성향의 학자로 고백한 것에 있기보다는 그의 접근법이 관습적인 방법과는 다른 것에 있기 때문이라고 추측해본다.

종교에 관련된 연구들이 철학적일 가능성이 있을 것이라는 나의 의구심은 독특하게도 현대적이고 서구적이다. 이러한 의구심은 사실상 전통적인 인디언 철학이나 중국 철학에서는 이해할 수 없는데 이것은 플로티노스Plotinus; 이집트 태생, 로마의 신플라톤주의 철학자뿐 아니라 모든 서구 중세 철학자들, 기독교인들, 유대교인들, 이슬람교인들에게도 마찬가지다. 이러한 의구심은 주로 학문적 개념에 대한 후기 계몽주의 개념으로부터 발생한다고 본다. 학문적이라는 것은 객관성을 위한 열정에 의해서 영감을 받은 것이고, 종교는 그 결과와는 상관없이 진리를 탐구함에 있어서 개인적인 것이기 때문에 학문의 관점에서 인간의 필요종교는 일단 논외로 취급된다.

키에르케고르 입장에서 이러한 문제에 대한 가장 최선의 반응은 "철학이란 무엇인가?"라는 질문에 주의를 기울이는 것이다. 이 질문은 그 자체로 철학적인 것이고, 철학자들에게는 항상 그 해답에 대해 합의가 이루어지지 않는 한 가지 질문이었다. "철학은 자연스럽게 생겨난 것natural kinds 이 아니다." 철학은 우리가 철학자라고 부르는 사람들에 의해 수행된 행동이 어느 정도 포함되어 있다. 철학은 객관성을 요구하고, 철학자들은 반드시 객관성 아래에서 생각하기를 분투해야 한다. 스피노자의 관점에서는 이를 "영원성의 측면에서sub specie oternitatis"로 본다. 키에르케고르는 이것을 강력하게 반대하였고 이 반대는 적어도 어떤 부분에서는 철학적인 특징을 지니고 있다. 헤겔은 "철학은 누군가를 교화해야 한다는 의도를 반드시 주의해야 한다."[3]고 강조하였는데 이것은 키에르케고르에 대한 비판이다. 키에르케고르는 철학이 누군가를 교화해야 한다고 생각했는데 헤겔은 키에르케고르가 종교적으로 부적절한 견해를 가졌기 때문이 아니라 그가 인간에 대한 잘못된 이해에 근거한 관점을 가졌기 때문에 비판하였다. 이에 대한 키에르케고르의 반응은 "오직 그 진리, 교화하는 진리는 너를 위한 진리이다"라는 것이었다. 이것은 잘못 이해될 수도 있지만, 이것은 인간이 유한자라는 철학적 생각에 근거하여 "역사적인 존재의 우선적인 과제는 전인적 인간이 되는 것"[4]에 근거한 것이었다. 처음부터 의미 있는 철학적인 질문을 던지지 않으면서 어떠한 것에 대해 무작정 비철학적이라고 제외시킬 수는 없다. 만약 어떤 것이 서양철학의 정신에 반대된다면 그것은 근본적인 질문을 가질 수밖에 없다. 그 질문은 철학 그 자체의 성격에 대한 질문이고, 그 질문은 쉽게 제기될 수 없는 것이며, 그에 대한 대답조차 진지하게 고려되지 않는다. 키에르케고르를 철학자로 간주하는 것은 다음과 같은 철학의 개념으로 돌아가는 것이다. 그 철학의 개념은 고대 그리스에서부터 영향을 받은 것이고 이 철학은 선한 삶에 대한 질문과 광범위하게 관련된 것이었다. 이러한 철학적 개념은 지금의 현 세계에서는 다소 이상하게 보인다. 현 세계에서는 철학이라는 것이 특별한 종류가 되었고 기술적인 전문분야가 되었다. 이러한 환경에서 사람들은 더 지혜롭거나 더 훌륭한 사람이 되지 못한다. 그러나 이러한 현대적 철학 개념에 대한 도전은 철학적 전통의 영역 안에서 잘 나타난다. 키에르케고르의 교화적 관심은 윤리적이든 종교적이든 그것들과 함께 교화와 철학적 반성의 관계에 대한 대화를 함으로써 의미 있는 철학적인 대화가 전개되는 것을 가능하게 한다.

키에르케고르의 간략한 생애

여기에 기록된 키에르케고르의 생애는 간략하면서도 집중적으로 선택된 것이다. 키에르케고르의 생애에 대한 기록은 그에게 많은 영향을 미친 아버지 마이클 페드슨 키에르케고르Michael Pedersen Kierkegaard의 이야기로부터 시작해야 한다. 그의 아버지는 유틀란트Jutland의 서쪽의 가난한 집안에서 태어났는데, 11세에 상인이었던 그의 삼촌으로부터 일을 배우기 위해서 코펜하겐으로 왔다. 그는 일을 영리하게 잘하였고 그의 사업을 번창하게 하였다. 그는 삼촌의 후계자가 되었고 상황에 잘 대처한 좋은 투자로 코펜하겐에서 제일 부자 중에 한 사람이 되었다. 그때의 상황은 덴마크가 나폴레옹 전투 참여로 인한 경제적 붕괴로 신음하고 있던 때였다.

그의 경제적인 성공에도 불구하고, 그는 많은 사람들이 말하는 "우울감" 때문에 고통받았는데, 오늘날로 말하면 우울증 환자일 수도 있었다. 그의 아내는 아이없이 결혼 2년만에 세상을 떠났고, 그 다음해 그의 하녀 앤 쇠렌스다트 룬드Anne Sørensdatter Lund와 결혼하였는데, 결혼하기 전에 4개월이 된 그의 첫 아기를 임신하고 있었다. 쇠렌Søren은 그들의 7번째 막내로 태어났는데, 그 때 아버지의 나의 56세, 어머니의 나이 45세이었다. 그의 아버지는 헌신적이고 경건한 사람이었지만 그의 우울감이 죄책감과 혼합되어서 그의 자녀들에게는 엄격하고 가혹한 기독교의 모습을 보여주게 되었다. 루터 국교회의 독실하고 충성된 교인으로서의 키에르케고르 가문은 일요일 저녁에 있는 모라비안 모임에도 참석하였는데, 어린 쇠렌Soren에게 "복음적 경건주의"라고 일컬어지는 강력한 것을 제공해주었는데, 이것은 정통 루터교회에 생기를 불어넣어 주었다.

그 아버지에게 있었던 당한 죄책감의 이유는 무엇일까? 두 가지 추측이 가능한데, 성적인 죄와 유틀랜드Jutland에서의 한 사건인데, 마이클이 그의 가난과 힘든 삶 때문에 하나님을 저주하였는데, 이 삶은 기적적으로 나중에 변화되었다. 그 이유가 무엇이든지 이 죄책감은 그의 아들들에게 전이가 된 것 같다. 덴마크어로 "원죄"는 Arvesynd[5]인데 문자적으로 "물려받은 죄"이며 이것이 쇠렌Soren으로 하여금 그의 아버지의 죄를 문자 그대로 물려받았다고 생각하게 한 것 같다.

이 "물려받은 죄"는 키에르케고르의 생애를 의미심장하게 만들었다. 쇠렌Soren은 평생 그의 아버지에게 물려받은 우울감과 죄책감에 시달렸다. 이러한 아버지와의 관계는 그의 생애에서 가장 결정적인 사건을 유발하게 하였는데, 레기네 올센Regine Olsen과의 파혼사건이다.

1840년에 레기네와 약혼하였지만 바로 즉시 그가 큰 실수를 한 것을 깨달았다. 고통스러운 시간을 지내고 난 뒤, 그 기간 동안 레기네에게 이상한 행동을 많이 하였는데, 그것은 그녀가 그를 미련 없이 떠나기 위한 행동이었는데, 그 이듬해에 파혼하고, 집중적인 글쓰기 작업을 위해 베를린으로 떠나 버렸다. 그가 파혼한 이유는 명확하지는 않아서 그 이유에 대해서 명확하게 알 수 없다. 그러나 다음의 가능한 이유를 설정할 수 있다. (1) 그는 결혼생활을 불가능하게 할 만큼의 개인적인 장애나 결점이 있다고 믿게 된 것이다. (2) 그 문제가 무엇이든지간에, 그는 아버지의 깊은 비밀스러운 일을 누설하지 않고는 레기네에게 이것을 설명할 수 없었는데 그는 이 일을 할 수 없었다. (3) 키에르케고르는 종교적인 설명을 하였는데, 그는 레기네에게 헌신하고 결혼생활의 즐거움을 누릴 수 없는 "예외자"로 하나님께 부르심을 받았다고 생각하였다(이러한 생각은 키에르케고르가 이러한 의심을 가졌을 당시에는 맞는 것이지만, 만약 그가 진정한 믿음을 가졌더라면 그녀와의 약혼을 유지하였을 것이다).

파혼에도 불구하고, 키에르케고르는 레기네를 깊이 사랑하였다. 그는 계속 그녀를 생각하였고 그가 죽는 날까지 그녀에 대한 이야기를 그의 저널에 기록하였다. 키에르케고르의 글에 충분한 증거가 있는데, 특별히 그의 초기의 책들에서 부분적으로 레기네와의 간접적인 대화를 의미하는 글들이 나타난다. 어느 경우든지, 이 파혼은 키에르케고르로 하여금 작가가 되게 하였고, 1843년과 1846년 사이에 그는 놀라울 정도의 작품을 만들어 내는데, 많은 수의 작품들이 다음에 이어지는 장에서 다루어질 것이다. 『이것이냐/저것이냐』*Either/or*나 『반복』*Repetition*과 같은 작품에서는 소설에서나 있을 법한 등장인물들이 나타난다. 그러나 키에르케고르가 처음부터 그의 실명으로 『교화를 위한 담론』*Edifying Discourses* (Hong은 덴마크어로 된 "Opbyggelige"를 문자적으로 번역했는데 그래서 이 책 제목을 "Upbuilding Discourses"라고 번역하였다)라고 명명된 종교적이 저작들을 연속적으로 발간하였다는 사실에 주목할 필요가 있다.

키에르케고르의 생애에서 다음의 두 가지 사건도 고려해야 한다. 잡지인 『콜세어』*Corsair*와의 논쟁과 그의 생의 말미에 이루어진 "기독교국가에 대한 공격"이다. 1846년에 키에르케고르는 그의 "저작권"에 대하여 결론을 내고 시골 교구의 목회직을 받아들이려고 하였다. 그러나 그 기간 동안 그는 덴마크의 문학 잡지인 『콜세어』Corsair와의 논쟁에 휘말리게 되었다. 이 잡지는 덴마크의 지식층 엘리트들을 재미있게 풍자하였다. 이 잡지의 대부분의 글들은 익명이었는데, 이러한 익명성은 악의적이고 무책임한 공격을 가능하게 하였다(이런 바보 같은 익명성이 오늘날 인터넷에 많이 나타나고 있다).

『콜세어』Corsair는 처음에는 키에르케고르에게 날카로운 비평을 가하지 않았다. 그러나 그 잡지에 정규적으로 기고하던 뮐러P.L.Møller가 키에르케고르의 『삶의 방법의 단계들』Stage of Life's Way에 대해서 끔찍한 리뷰를 쓴 이후, 키에르케고르는 플레이터 테스터너스Frater Taciturnus라는 가명으로 반응을 하는데, 뮐러가 『콜세어』Corsair에 의해서 한 번도 "학대"당하지 않았던 가장 유일한 중요한 덴마크의 저자로 평가받는 것은 불공평하다고 불평하였다. 그리고 그의 견해에 대하여 언급하면서 뮐러와 이 잡지와의 관계도 밝혀냈다. 『콜세어』는 오랫동안 키에르케고르를 공격의 대상으로 삼았는데, 비판의 차원을 넘어서 그의 생각에 대한 비판뿐 아니라 그의 외모에 대한 조소와 그의 짤막한 바지 길이와 그의 은근한 교만함과 많은 것들을 문자와 만화로 풍자하였다.

이런 일들은 연속적으로 일어난 일은 아니었지만, 많은 사람들을 참여하게 하는 결과를 가져오게 하였다. 『콜세어』의 편집자인 마이어 골드슈미트Meir Goldschmidt는 후대에 이 기억에 대해서 기록하기를 "이 사건은 세 사람 사이의 일어난 참사 수준이었는데, 그 중에 나만이 유일한 생존자"[6]이었다고 회고하였다. 골드슈미트는 이 사건에 대해서 후회하게 되었고 마침내는 수입이 좋은 이 잡지사 일을 회개하는 차원에서 그만두게 되었다. 뮐러는 코펜하겐 대학의 교수가 되기를 원했는데, 이 논쟁으로 인해 파산에 이르렀고, 프랑스로 도망가서 죽었는데, 그를 유혹했던 두 여자만이 유일하게 친구로 남아있었다. 키에르케고르 자신의 삶은 완전히 변화되었다. 이 사건 이전에는 그의 유일한 오락은 코펜하겐 길을 걷는 것이었는데, 그곳에서 삶을 살아가는 모든 사람들과 대화하면서 시간을 보냈었다. 『콜세어』가 그를 공적으로 우스꽝스러운 사람으로 만들어 놓은 뒤부터, 평범한 사람들과 교류하던 그의 성격을 극적으로 바꾸어 놓았는데, 그에게 있어서는 코펜하겐 거리를 호기심 가득한 군중들이나 희끗거리며 조롱하는 사람들 없이 걷는다는 것은 불가능한 일이었다. 키에르케고르는 그러한 고통을 "거위들에 의해서 죽을 때까지 밟혀 죽는 느낌"[7]과 비슷하다고 서술하였다.[8]

전기 작가들은 이러한 사건에서의 키에르케고르의 행동들을 다르게 평가하였다. 키에르케고르는 그의 저널에서 그의 행동을 사심이 없는, 심지어 용기 있는 것으로 묘사하였는데 평판이 좋지 않은, 사기를 꺾게 하는 조직들과 의도적으로 맞섰고 그 결과에 따라 매우 고통스러웠는데 발터 로와이어Walter Lowrie은 이러한 키에르케고르의 주장을 동정적으로 보았다.[9] 그러나 어떤 작가들은 묄러의 삶을 어렵게 한 키에르케고르의 행동들이 정당했는지 의문을 가졌는데 묄러는 『삶의 방법의 단계들』Stages on Life's Way에 대해서 키에르케고르를 비판하였는데 그 비판이 키에르케고르 그 자신의 인격에 대한 비판이었는지 의문을 가지게 되었다. 예를 들어 요아킴 가프Joakim Garff는 키에르케고르가 묄러를 비판한 것에 대해서 "암살"이라고 표현하였고, 키에르케고르의 관점들을 자기 자신을 속이는 합리화에 불과하다고 보았다.[10]

이러한 키에르케고르의 행동들에 대한 나의 관점은 다소 혼합되어 있는데, 이러한 경우는 우리에게 종종 나타나는 일이다. 그는 『콜세어』뿐 아니라 묄러를 대적하였는데 묄러는 성적으로 방탕하였으며 진리에 대해서 부정확하였고 대단히 악의적이었는데, 그 판단은 분명한 것이었고 그렇기 때문에 그가 그들과 맞서 싸운 것은 정당한 것이었다. 키에르케고르의 행동이 "신앙심 깊은 것"으로부터 나온 것 대해서 동의한다. 그러나 키에르케고르는 그를 잔혹하게 비판한 것에 대한 개인적인 분개함이 묄러를 비판하는 것에 한몫을 하였다는 것은 가능한 일이다. 돌이켜 생각해보면, 키에르케고르가 처음에는 도덕적인 동기에 초점을 맞추었다가 그리고 그것을 무시해 버리는 것은 놀랍지가 않은데, 많은 경우 대부분의 사람들이 이렇게 행동하는데, 어떤 동기든지 이러한 것은 고결하지 못한 것이다.

키에르케고르의 동기가 그가 원했던 것보다 다소 복잡하더라도 나는 가프Garff와 다른 사람들의 말에 동의하지 않는데, 그들은 묄러에 대한 키에르케고르의 행동을 "암살"이라고 표현하였다. 키에르케고르는 이미 알고 있는 사실에 대한 공공의 관심을 이끌어 내었고 묄러로 하여금 그의 익명의 문학적 행동에 대해서 억지로 책임지게 하였다. 묄러는 『콜세어』와 오랫동안 관계를 맺었고 이것은 코펜하겐에서는 비밀스러운 것이 아니었는데, 가프는 묄러가 이런 공적인 토론을 얼슬루T. H. Erslew의 *Encyclopedia of Authors*[11]에 드러낸 것임을 인정하였다. 키에르케고르와의 논쟁적 충돌을 하고 난 이후에 묄러는 대학에 임용되지 못하였는데, 이러한 결과들이 키에르케고르와는 별 상관이 없고 이러한 논쟁 뒤에 그의 개인적인 삶이 드러났기 때문인데 묄러가 대학에 임용되지 못한 것이 그 자신의 개인적인 결함의 의한 것임을 믿는 사람들이 더 많았다. 펄킨스Robert Perkins은 묄러가 대학에 적격하지 않다는 결정적인 논의를 제공하였는데 그가 교수직을 얻을 수 있는 실질적인 기회도 없었고, 그래서 키에르케고르가 묄러를 "암

살"했다는 것은 사실이 아니라고 주장하였다.[12]

　　키에르케고르의 행동에 대한 평가가 어떠함에도 불구하고 이 사건은 근본적으로 그의 삶을 바꾸어 놓았다는 것에 대해서는 의심의 여지가 없다. 그는 시골의 목회자가 되는 것을 포기하였고, 대신에 그는 그 자신의 "위치에 머물러야"만 했는데, 다시 말해 그는 코펜하겐에서 작가로서의 역할을 계속하였다. 이러한 사건들로 인해서 그는 고립당하게 되었고, 그로 하여금 고립당하게 한 이러한 사건들은 그에게 악에 대한 것을 심오하게 깨달을 수 있게 해주었고, 이러한 악은 익명의 "공공성"으로부터 오는 것인데 이러한 것들은 오늘날 우리가 "대중매체"라고 부르는 도구들에 의해서 나타나는 것이다. 그는 진정한 기독교는 고통을 동반해야 한다는 것을 믿게 되었는데, 기독교 신앙은 기존의 사회에서 이미 만들어진 가치관을 깨트리는 것을 요구하기 때문이다. 진정한 그리스도의 제자들은 그들을 반대하는 사람들 때문에 고통당해야 하고 이 사회로부터 매장 당해야하기 때문에, 심지어 이러한 박해를 기대해야하기 때문에 진정한 기독교는 "국교화된 기독교"와는 다른 것이어야 하는데, "국교화된 기독교"라는 단어는 "안정된 기독교"를 의미하는 것이고 이것은 기존의 사회에서 존경받는 사람으로서의 기독교인이 된다는 것을 의미하는 것이다. 여기서 제시된 대부분의 주제들은 키에르케고르의 작품에 뚜렷하게 나타났는데, 그것들은 키에르케고르가 자기 본명을 걸고 저술한 작품들이다. 그 작품들은 『기독교 강화』*Christian Discourses*와 『사랑의 역사』*Works of Love*이다.

　　키에르케고르는 공식적 루터교회에 의해서 구현된 덴마크의 안정된 기독교는 진정한 기독교인으로서의 삶을 어렵게 하고 심지어 불가능하게 한다는 것을 확신하였다. 진실한 기독교인은 그리스도를 믿는 믿음을 통해서 죄 사함의 은총을 받은 사람들이다. 키에르케고르는 기존의 국교회가 자기 보호막을 가지고 있다는 사실에 대해서 의심하지 않았다. 그러나 순수한 믿음을 가진 사람은 예수를 닮아가는 사람으로서 또 그를 따르는 사람으로서 그의 믿음을 표현해야 하는데, 이것은 단순히 추상적이거나 명목적인 믿음은 아니다. 국교화된 기독교는 개인적인 삶에서 하나님의 급진적인 성격을 애써 부인한다. 그리스도의 삶은 그의 시대의 질서에 대한 결정적인 도전이었고, 그는 자신의 삶에서 이 도전을 위한 대가를 지불하였다. 키에르케고르의 관점에서 그리스도를 따르는 제자가 된다는 것은 기존 사회에로부터 박해당하거나 반대로 인한 고통을 기대해야 한다는 것이다. 국교화된 기독교는 서구사회 그 자체가 기독교화 되었기에 이러한 경우들은 더 이상 발생하지 않는다고 주장한다. 키에르케고르는 사회 자체가 진정으로 기독교화 된다는 가정을 거부한다. 그는 이 생애에서 교회자체는 전투적이어야 하고 이 세상에 반대해서 살아야 한다고 믿는다. 교회가 이미 이 사회가 만들어 놓은 선한 것을 성취하는 것에 대해서는 기대하지 않는다.

이러한 국교화된 기독교에 대한 반대는 키에르케고르의 초기 가명저작에 나타나는데, 『콜세어』와의 논쟁 이후에 그의 글들에서 이러한 주제가 더 많아지고, 1846년부터의 그의 저널에 많은 부분에서 나타났다. 키에르케고르는 교회와의 불협화음을 질랜드Zealand의 주교인 뮌스터Jakob Peter Mynster가 살아있을 때까지는 공개적으로 드러내지 않았는데, 이것은 뮌스터가 키에르케고르 아버지의 목회자이기 때문에 보여준 존경심 때문이기도 하고, 키에르케고르가 뮌스터가 지금의 기독교 국가의 상황에 대해서 언급하기를 기대하였고, 아마도 "공적 고백"을 통해서 지금의 기독교가 신약시대의 기준에 아주 많이 미치지 못한다는 것을 언급해주기를 기대했기 때문이기도 하다. 교회와의 불협화음이 뮌스터가 죽던 1854년에 공개적으로 드러났는데, 그는 자신의 후계자인 말텐센Hans Lassen Martensen에 의해서 "사도의 시대부터 지금 우리의 시대까지 시대를 가로지르는"고리에 의해 연결된 "진리를 증언하는 거룩한 연결고리"[13]라고 칭송받았다.

키에르케고르는 자신의 후기 저작들에서 기독교 신앙의 결정적인 구현으로서 "진리에로의 증인"Sandbedsvidne이라는 개념을 채용하였다.[14] 진리로의 증인은 선포되어진 진리를 위해서 죽음의 순간까지 그 박해를 견디는 사람인데, 이러한 용어는 신약성경에 나타난 순교자의 개념으로부터 비롯되었다. 어원적으로 신약성경 헬라어의 순교자라는 단어는 마르투스martus인데 기본적인 의미는 "단언하거나 증언하는 사람종종 법적인 문제에서"인데 영어로는 "증인"에 가깝다.[15] 이런 의미는 신약성경에서 "생명을 담보하는 증인, 순교자"[16]로 확장되었다. 이러한 의미를 사도행전 22장 20절에서 볼 수 있는데, 여기서 바울은 "주의 증인 스데반이 피를 흘릴 때, 내가 곁에 서서 찬성하고"라고 말했다.[17]

말텐슨Martensen의 찬사는 키에르케고르를 여러 가지 이유에서 격노하게 하였다. 말텐슨은 키에르케고르가 기존의 변질된 기독교와는 차별되는 진정한 기독교를 위해 사용되었던 개념을 기존 기독교의 대표를 찬양하기 위해서 사용한 것이다. 뮌스터Mynster는 덴마크 사회의 정점에서 오랫동안 안락한 삶을 영위하였다. 그래서 키에르케고르는 말텐슨이 뮌스터를 찬양한 것이 말텐슨의 삶을 교회의 기초를 세운 순교자의 삶과 동일하게 보고 찬양한 것으로 보았다. 그 찬사는 키에르케고르로 하여금 신문을 통해서 공개적인 반응을 유발하게 하였다: "뮌스터 주교가 '진리로의 증인'이었는가? 그가 '진리로의 진정한 증인 중의 한 사람' 이었는가?" 이러한 격렬한 폭로는 계속 이어지는 신문의 사설과 『순간』The Moment이라는 잡지에 개재

되었는데, 이 잡지는 기존 교회에 대한 이러한 격렬한 전쟁을 수행하기 위해 만들어졌다. 이러한 모든 일을 통해 키에르케고르는 "신약성경의 기독교는 더 이상 존재하지 않는다"는 관점과 기독교가 신약성경의 기독교 잘 받아들일 때, 가장 그 역할을 잘 감당할 수 있다는 관점을 보여주는 운동을 하였다.

키에르케고르는 9번째 『순간』The Moment을 출판하였다. 10권과 11권의 출판을 준비하고 있을 때, 거리에서 쓰러졌는데 그는 결국 마비로 인하여 병원으로 실려 가게 되었다. 그는 수 주 뒤인 1855년 11월 11일에 사망하였는데, "국가직" 성직자로부터 성찬식 받기를 거부하고, 대신 그의 오랜 친구였던 국교회 목사인 보센Emil Bosen에게 받기를 원하였는데, 그는 키에르케고르에게 "그리스도를 믿는 믿음과 하나님의 이름으로 그 안에서 편히 쉬는 것"[18]에 관하여 지속적으로 요청하였다. 국교화된 기독교에 대한 공격은 여전히 그리스도를 믿는 믿음 안에서 수행된 것이었다.

키에르케고르의 국교화된 기독교에 대한 공격은 단순히 기존의 국교회에 대한 거절로 보아서는 안 된다. 이것은 기독교의 정체성을 특정한 인간 문화나 사회로 규정하려는 것에 대한 거절이다. 그래서 이 공격은 국교회의 지도자인 뮌스터Mynster나 말텐슨Martensen과 같은 사람들에게 향했을 뿐 아니라, 그룬트비Nikolai Grundtvig와 같은 사람에게도 향했는데, 그는 덴마크 교회 내에서 개혁운동을 이끄는 영감적인 지도자 역할을 하였고, 이 운동에는 키에르케고르의 동생인 크리스천Peter Christian이 그 후계자로 포함되어 있었다(불행하게도 키에르케고르와 그의 동생과의 관계는 좋은 편이 아니었는데, 그의 동생과 그룬트비와의 관계가 이 상황을 더욱 악화시켰다). 그룬트비 역시 국교회와 불편한 관계에 있었지만, 그가 지향하는 기독교는 덴마크의 민족주의와 많이 혼합되어 있었고, 스칸디나비아적 열정과도 연결이 되어있었는데, 그의 기독교는 국교화된 기독교의 문제의 깊이를 볼 수 없었고, 그것을 위한 적절한 해결책은 더욱 아니었다. 키에르케고르의 관점에서는 그룬트비의 기독교는 국교화된 기독교의 또 다른 형태이었다.

키에르케고르의 국교화된 기독교에 대한 비판은 철학자보다 신학자로서의 그의 저작에 대한 연구에 더 중요하다. 이 개념은 그의 후기저작에 강하게 나타나는데 여기서는 그의 철학적 해석도 무시해서는 안 된다. 오늘날 공공연하게 논의되는 종교에 대한 문제들은 그가 그때 고민하였던 문제들의 중요성을 보여준다. 나는 지금도 이러한 국교화된 기독교의 문제가 제도적인 교회가 많지 않은 오늘날의 미국에 여전하다고 보는데, 그것은 지속적으로 기독교와 현재의 지배적인 문화를 동일시하려는 경향이다.

키에르케고르의 저술을 의미 있게 만들기: 키에르케고르는 "포스트모던"적인가?

키에르케고르는 『실명저자로서의 나의 작품에 관하여』*On My Work as an Author*에서 그가 자신의 실명으로 쓴 작품들은 처음부터 끝까지 종교적인 것과 관계가 있음을 주장하였다 (PV, 6).[19] 이러한 개념은 그의 가명으로 출판된 『실명저자로서의 나의 작품에 관한 관점』*The Point of View for My Work as an Author*에서도 계속 반복되었다. "내가 실명으로 쓴 모든 작품들은 기독교와 관련이 있다"(PV, 23). 이러한 주장은 분명한 것이며, 키에르케고르가 다음과 같이 말하는 것은 정확한 것이었다. "만약 누군가가 키에르케고르 작품이 기독교와 관련 있다는 사실을 보기 원한다면 그는 반드시 그 사실을 키에르케고르의 저서에서 볼 수 있을 것이다"(PV, 6). 키에르케고르에 관해서 영어로 쓴 대부분의 작가들은 지난 25년 동안 이러한 관점을 수용하였다.

하지만 최근 들어서 키에르케고르의 자기 평가는 급격하게 변화하였다. 그의 전기 작가인 가프Joakim Garff는 그의 작품들과 저널에 나타난 키에르케고르의 자기 이해는 정확한 자신의 의도를 기록했다기보다는 근본적으로 키에르케고르가 역사를 어떻게 이해하는가에 대한 문학적인 표현이었다고 주장하였다. 가프는 키에르케고르의 생애와 작품에 대한 그의 관점을 "키에르케고르를 신화적인 인물로 만드는 것에 대한 위험을 피하는 것"이라고 주장하였다. 이러한 신화는 "작품들 속에 전반적으로 숨어서 도사리고 있는 것"이다.[20]

가프의 이러한 함축적인 견해는 맥키Louis Mackey에 의해서 분명하게 드러났다. 맥키는 키에르케고르가 자신의 저작권을 해석하기 위해서 "관점"에 관한 키에르케고르 자기 자신의 "설명"이 정확한지를 질문한 것이 아니고 오히려 키에르케고르나 혹은 다른 사람의 이러한 "관점"이 정확한지를 질문하였다.[21] 맥키는 "관점" 외에는 키에르케고르의 저작권을 인정하기 위해서 강조되는 통합된 관점은 없다고 강조하였다. 심지어 그의 가명을 실명으로 바꿀 때 사용하였던 "Søren Kierkegaard"라는 이름도 궁극적으로는 또 다른 가명이었는데 이것은 키에르케고르가 만들어낸 하나의 등장인물이었다.[22] 키에르케고르의 저작권에 있어서 가명으로 이루어진 많은 문학적 등장인물에 주의를 기울이면서 맥키는 다음과 같이 조심스럽게 언급하였다. "어떤 사람이 키에르케고르가 한 것처럼 자기 자신을 숨기기 위해 많은 가면을 만들어 낼 때 사람들은 그 사람이 직접적으로 확실하다고 말하는 것을 신뢰할 수 없다. 그가 그 자신의 이름으로 서명을 해도 이것은 더 이상 유효하지 않게 된다."²³ 결국 진정한 키에르케고르는 우리의 눈에서 사라지게 된다. "쇠렌Søren은 한 번도 똑같은 사람이었던 적은 없다. 적어도 대부분의 경우에는 x축의 독립변수free variable이었는데 결국 그는 절대적 부재가 되었다. 하나의 지속적인 덧없이 사라짐이 되었다."²⁴

키에르케고르를 "덧없이 사라짐"에 비유하는 것은 어떤 효과가 있을까? 이것은 키에르케고르가 근본적으로 "포스트모던적"이었는데, 그는 종교적인 진리를 깨우치거나 교화하기 위해서 글을 쓴 것이 아니라, 인간의 언어는 자신이 원하는 것을 전달하려고 할 때 필수적으로 실패할 수밖에 없다는 것을 보여주기 위해서 글을 쓴 것이기 때문이다. 이러한 포스트모던적 키에르케고르는 역설적이었고 "해체주의자"였다. 풀Roger Poole은 문학을 가르치는 교수이며 키에르케고르를 해석함에 있어서 문학적인 접근이 무엇인지에 대해서 옹호하는 사람인데, 키에르케고르를 철학자로 보는 것은 그 자체가 철학에 반하는 것임을 알려준다. "키에르케고르가 글을 쓴 목적은 직접적으로 전용된 진리를 선포하거나, 이슈를 명확하게 하거나, 결정적인 교리를 제안하거나, 어떤 의미를 제공하는 것"은 아니다.²⁵ 풀Poole에 따르면 키에르케고르가 이런 방식으로 기록할 수밖에 없었던 것은 훗날에 데리다Derrida와 라깡Lacan이 더 명확하게 하려고 했던 그 어떤 것을 미리 보았기 때문이다. 이것이 사실이든 아니든 그 제안은 참고해야만 하고, 이러한 제안을 참고한다면 언어로서 진리를 정확하게 전달하는 것은 불가능하다는 사실을 알게 된다. 키에르케고르의 글들은 "라깡Lacan의 개념을 아주 자세하게 표현하고 있는데, 그것은 우리가 텍스트에 제안한 모든 것은 끊임없는 기표의 연속이다."²⁶라는 것이다. 키에르케고르는 "진리는 주체성이라고 주장한 유명한 사람"이기 때문에 그를 고대로부터 지금까지 존재해왔던 서구의 위대한 철학자들-그들은 이러한 진리를 전달하려고 노력하였는데-과 대화하는 철학자로 간주하는 것은 착오이다.

　궁극적으로 이러한 급진적인 포스트모던적 관점은 지속적으로 유지될 수는 없다. 언어가 그가 언급한 어떤 것에 대해서 정확하게 표현할 수 없다고 주장하는 사람들은, 인간 언어에 대해서 무엇인가를 요청하는 사람들이다. 비슷하게 그 사람들은 우리가 진리라고 주장하는 그 명제를, 인간의 언어를 통해서 진리인 명제로 만들 수 없다고 이야기하는 사람들이다. 내 생각에는 키에르케고르는 확실히 인간의 언어와 인간의 지식에 대한 한계를 분명히 알고 있는 철학자이지만, 그는 엄격한 사상과 주의 깊은 분별의 가치를 부정하는 철학자는 아니다. 급진적 포스트모던적인 키에르케고르를 미학적으로 이해할 수 있다. 다른 사람들에게 궁극적인 중요한 것에 대해서 말하는 한 사람으로서의 키에르케고르는 두려움 없이 사람들로 하여금 그의 문학적 기술과 스타일을 즐기게 한다. 역설적이게도 이러한 미학적인 관심보다는 키에르케고르가 나에게 뭔가 말해줄 것을 가지고 있고, 그의 목소리는 나의 신념과 가정과 내가 살아가는 모든 방식에 도전을 줄 수 있다는 것에 대해 더 관심이 있다. 한 인간과의 의미 있는 대화는 "덧없이 사라지는 것"과의 "단순한 대화"보다 더 가치 있다.

　키에르케고르 자신의 작품에 대한 자신의 이해는 다분히 반성적이기 때문에 왜곡된 것이라는 것을 어떻게 받아들여야 할까? 우리는 관점이 반성적이라는 말을 관점 자체가 왜곡되었다고 이해해서는 안 된다. 키에르케고르 자신의 작품에 대한 이해는 그가 작품을 진행하면서 진화되었다고 볼 수 있는데, 그렇기에 그가 『관점』*The Point of View*을 쓸 때의 견해는 그보다 전에 있었던 작품들을 진행할 때 가졌던 견해들과는 다르다는 것에 대해 의심의 여지가 없다. 키에르케고르는 이러한 견해에 대해서 『관점』*The Point* *of View*에서 확신하는데, 만약 그가 그의 저작물작품을 자기 실명으로 쓰는 일에 대한 이해가 처음부터 나중까지 똑같았다면 그것은 아마도 "불공평한 하나님"에 대한 이해로 연결되었을 것이다. 그 대신 그는 그가 글을 쓰면서 발전되었던 것에 대한 이해는 하나님이 섭리적으로 그를 교육하셨다는 것에 근거하고 있다. "하나님이 나를 가르치는 것은 그의 통치방식인데 그 가르침은 한 작품이 나오기까지의 과정을 성찰하게 하였다"(PV, 77). 하나님을 믿지 않는 사람들은 키에르케고르가 그의 저작물을 그의 전체작품에 관여한 하나님의 역할과 연결시키는 것에 대해서 받아들이지 않을 수 있다. 심지어 키에르케고르의 이런 관점은 하나님을 믿는 사람일지라도 의심의 가능성이 있다. 한편으로는 이러한 의심은 키에르케고르가 발전시킨 저작권에 대한 그의 개인적인 관점에 대한 관심일 수도 있는데 심지어 이 관심은 키에르케고르의 주장이 분명하고 진정성 있는 것으로 받아들인다.

키에르케고르와 관련된 책들을 비롯한 많은 책을 써본 저자의 한 사람으로서 나는 이러한 주장이 무엇인가인지에 대해 조금은 이해할 것 같다. 글을 쓰는 과정에 있어서 나는 나의 글에서 종종 무엇인가 드러나는 지점을 발견할 수 있는데 그 지점이 내가 "이것은 내가 말하려고 했던 그 무엇이야"라는 사실을 깨달은 순간이다. 이러한 경험은 글을 쓰는 사람이 반성적인 관점이 될 때만 분명하게 나타날 수 있다. 이러한 "반성적"이라는 이해가 어떤 경우나 어떤 의미에서는 지금까지 분명하지 않고 혼란스럽게 진행해온 일들을 명확하게 하는 것이다. 이것은 모든 글쓰기의 과정에서 나타나는 현상이다. 모든 작가들은 자기 자신이 궁극적으로 말하고자 했던 바로 그것이 한 문장이나 한 문구로 표현될 수 있는 경험을 하게 된다.

한 문장이나 문구가 진리라는 것은 그것이 포함되어 있는 그 책이나 책의 시리즈가 진리인가 하는 것과 관련이 있다. 나는 최근에 내가 쓴 키에르케고르에 관련된 논문들을 선별해서 편집한 적이 있는데, 그것은 20년 넘게 기록된 것이다.[27] 이 논문들을 읽으면서 나는 그 논문들의 통일성과 일관성에 대해서 놀라웠고 이러한 사실은 내가 나의 학문적 활동을 통해 키에르케고르의 특정한 관점을 정교하게 발전시키는 것에 노력했다는 것을 분명하게 하였다. 그러나 나는 그 작업의 초반부에 시도하려고 했던 것을 정교하게 연구하지는 못했다.

키에르케고르가 자신의 저술을 기록할 때 그 저술 자체의 목적이 있었지만 이러한 저술을 해 나감에 있어서 그 목적과는 또 다른 맥락으로 키에르케고르는 그의 저작권을 특정한 과업을 깨닫기 위한 지속적인 시도로 이해하였다. 모든 것은 키에르케고르의 실명으로 만들어진 작품들 안에 나타나는 일관성이 보이는가의 여부에 달려있었다. 만약 그렇다면 키에르케고르와 같은 종교적 개인이 그의 일관성을 신의 섭리(단순한 운보다는)로 귀속하고자 하는 것은 당연한 일인데, 그렇다고 해서 독자들이 키에르케고르의 저작권이 신뢰할 만한 것인가에 대한 해석을 찾기 위해 그의 종교적인 설명이 있는 작품들을 살펴볼 필요는 없다.

하지만 만약에 우리가 저작권에 대한 이러한 반성적인 관점이 유용하고 인상적이라는 것을 인정한다면 키에르케고르가 우리에게 준 특정한 기록에 대해 의심해야 할 이유가 있는가? 키에르케고르는 어떤 사람들은 당연히 의심할 것이라고 인정하는데, 사실 그는 『관점』*The Point of View*에 나타난 "저자 자신에 의한 단순한 선언"에 의지하지 않는다. 그 대신에 그는 자신의 작품들에 대해서 "완전히 객관적인 태도"를 취하려고 노력한다. "만약에 내가 독자의 입장, 즉 제3자의 입장에서 내가 말한 것에 대한 기록들로부터 좋은 것들을 만들 수 없다면 내가 잃어버렸다고 생각한 것 그의 저작권을 다시 찾기 위한 노력이 내 마음에 생기지 않았을 것이다"(PV, 33). 다른 말로 하면 우리는 저작권이 종교적인 관점을 가졌다고 단순하게 말할 수 없다. 우리가 이렇게 주장함에도 불구하고 저자 스스로는 자신의 작품과 증언이 어떻게 영향을 미치는가에 대해 이해하는 것이 중요했다. 그러나 우리는 그가 무엇이라고 생각하는지에 대해 알기 위해 그와 관련된 그의 말을 살펴볼 필요는 없다. 그는 우리에게 그의 주장의 관점 아래서 저작권에 대해 보기를 도전하는데 키에르케고르가 자신의 실명으로 된 저작에서 자신이 말하고자 하는 것이 일관성 있게 저술했다는 관점을 나타냈을 때 그의 책들도 전체적으로 일관성이 있다는 것을 보라는 것이다.

이러한 관점에서 이 책은 키에르케고르가 다음과 같이 서술한 주장을 발전시키기 위한 하나의 노력이다. 그 주장은 키에르케고르가 선언한 의도의 빛 아래서 그의 실명 저작물들을 하나의 전체로, 일관된 관점으로 읽는 것이다. 이 책의 마지막에 이러한 노력이 성공적으로 나타날지 알 수는 없지만 나는 키에르케고르의 말이 진리라는 것을 증명해 보일 것인데 적어도 최소한의 합리적인 부분에 있어서는 증명할 것이다. 키에르케고르의 실명 저작물들은 그가 말하는 방식과 같이 어우러질 것이다. 그리고 우리가 그의 총체적인 과제가 비추는 빛 아래서 읽을 때 그 실명 저작물들은 책 하나하나의 관점뿐 아니라, 그 책들 사이에 연결되어 있는 복잡한 상호관계에 의해서 키에르케고르의 말이 진리라는 것을 증명하는 작업이 드러날 것이다.

그렇다고 해서 키에르케고르의 저작물들이 다른 방법으로 읽힐 수 없다는 것을 의미하는 것은 아니며 혹 다른 방법들이 흥미롭지 않거나 도움이 되지 않는다는 것을 의미하지는 않는다. 『관점』*The Point of View*에서 키에르케고르는 그의 글을 오로지 미학적인 관점이나 감상을 위해서 읽는 사람들이 있었다고 언급하였는데, 이 계기로 인하여 그는 사람들에게 그가 제시하였던 방법 외 또 다른 방법으로 글을 읽는다는 사실을 알게 해주었다. 독자가 원하는 것이 무엇인지에만 의존한다면 이런 독서법은 아마도 유용할 수 있을 것이다. 책에 있는 내용들을 다르게 읽고, 다른 목적으로 읽는 사람들이 잘못되었다고 말할 수는 없을 것이다. 하지만 만약 키에르케고르가 그의 책들에서 우리가 배우기를 원하는 그것을 배우기를 원한다면, 이 시작하는 시점에서, 그의 의도를 견지하는 것이 공평한 처사인데, 그 견해는 저자 자신의 진술로부터 알려진 것이고 또한 그 글들 그 자체로 나타나는 것이기 때문이다.

키에르케고르의 관심은
오직 종교적인 사람들에게 있었는가?

만약 키에르케고르가 근본적으로 "기독교가 국교화된 국가에 기독교를 다시 소개"하려는 종교적인 작가라면 그것이 그로 하여금 철학적인 관심을 덜 가지게 하겠는가? 이러한 견해는 종교적인 관점에 아주 많이 반대하는 사람들이나 혹은 이러한 관점에 대해서 관심이 없는 사람들에게는 그럴 수도 있을 것 같다. 그러나 이번의 경우는 그러한 경우와는 다르다. 현대 사회에서 곤경에 처한 기독교를 바라보는 키에르케고르의 특이한 관점은 종교적인 믿음에 대해서 관심이 없거나 적은 사람들을 향한 그의 생각을 형성하게 하였다.

나는 역사적으로 키에르케고르는 비 기독교인들에게 아주 깊은 관심이 있었다는 것을 강조하면서 이 책을 시작한다. 20세기에 있어서 키에르케고르는 하이데거Heidegger, 사르트르Sartre, 까뮈Camus 등과 같은 작가들에게 큰 영향을 미쳤다. 더 놀라운 것은 키에르케고르는 일본과 같은 비 기독교권 문화에 관련된 자료들을 읽고 이해하였다.[28] 키에르케고르의 사상이 흥미 있다고 밝혀진 것과 이것이 비 기독교인들에게도 영향력이 있는 것은 이상한 것이 아니다. 그 이유를 알기 위해서 우리는 반드시 기독교 신앙의 쇠퇴의 위기라고 부르는 것들에 대한 키에르케고르의 분석을 살펴보아야 한다.

대부분의 학자들은 이러한 쇠퇴가 실제 역사적인 현상이라는 것에 대해 동의한다. 이유가 어떠하든지, 키에르케고르의 시대에 대부분의 유럽 지식인들은 200-300년 전처럼 기독교 신앙을 가지는 것에 대해 그렇게 심각하게 고민하지 않았다. 쇠퇴의 근원은 계몽주의나 혹은 그 이전시대까지 거슬러 가야 하는데, 그 쇠퇴가 오늘날까지 지속되고 있다. 미국과 유럽의 분명한 차이는 유럽보다 미국에 열정적인 크리스천들이 더 많다는 것이다.

이러한 쇠퇴의 이유는 다양하고 복잡하고 논란거리가 많다는 것이 분명하다. 그러나 하나의 특별한 기록은 일종의 "널리 알려진 견해received view"라고 불리기에 충분히 대중적이다. '널리 알려진 견해'는 일반적으로는 종교적 신앙, 특별하게는 기독교 신앙의 쇠퇴의 근원적인 이유가 지적인 것을 강조하는 분위기에 있다는 것에 근거하고 있다. 지적인 요소가 무엇을 강조하는 것인가에 따라 '널리 알려진 견해'에 대한 다양한 해석이 나타난다. 철학자들은 키에르케고르가 흄David Hume과 칸트Immanuel Kant가 주장한 자연신학을 공격한 것과 흄의 기적에 대한 비판을 공격한 것에 초점을 맞춘다. 어떤 사람들은 독일에서의 성서에 대한 고등비평의 결과 나타난 성서의 역사성에 대한 비판적 견해에 초점을 맞출 것이다. 어떤 사람들은 현대과학 발전의 쇠퇴를 추적하면서 과학적인 세계관이 종교적인 관점을 평가절하했다고 주장한 것에 초점을 맞출 것이다(물론 다윈주의의 발달이 언급되어야 하지만, 이것은 키에르케고르의 사후에 일어났다). 그 이유가 무엇이든지 간에, 그 기본적인 생각은 한때, 기독교 신앙을 포함한 종교적인 믿음이 합리적이었지만, 이제는 더 이상 아니라는 것인데 그 이유는 더 이상 그 믿음은 신뢰할 수 없다는 것에 기인한다.

나는 이후의 장에서 키에르케고르의 종교적 지식과 이것이 어떻게 획득되었는지에 관한 자세한 설명을 제공할 것이다. 지금은 키에르케고르가 이러한 '널리 알려진 견해'에 반대한다는 사실에 대해서 논할 것이다. 키에르케고르의 종교적인 믿음에 관한 기록은 어떤 증거나 그 증거에 관한 성찰의 결과로 나타난 것은 아니다. 증거는 믿음의 근원은 아니다. 증거가 불충분한 것이 믿음이 사라지는 이유가 되지 않는다. 키에르케고르의 관점에서 보면 사람들이 보다 더 똑똑해지고 혹은 자연과학에 대한 이해가 더 발달했기 때문에 믿음이 쇠퇴한 것은 아니다. 그 대신에 지금의 서구 문화에서 감성과 상상력이 결핍되어 왔기 때문에 믿음이 쇠퇴한 것이다. 우리는 문제를 정확하게 보고 그 정확한 답을 추구하는 것을 멈추고 말았다.

가장 중요한 주제는 『결론적 비학문적 후서』*Concluding Unscientific Postscript*에서 나타나는데 이 책은 키에르케고르가 자신의 이름을, 자신의 실명으로 편집자로 등록하였는데 이것은 『관점』*The Point of View*에 나타난 "실명 저작권에 있어서 전환점"(PV, 55)이 되었다. 키에르케고르에 따르면 『후서』*Postscript*에서는 "기독교인이 되는 하나의 방법에 대한 기술로서의 모든 가명으로 된 미학적 글들"이 나타나며 또한 그 글들 자체는 또 다른 방법으로 "체계로부터 물러나서 혹은 사색적으로 기독교인이 되는 것"에 대하여 기록되어 있다(PV, 55). 그래서 우리는 키에르케고르가 클리마쿠스 Johannes Climacus라는 가명으로 저작한 『후서』Postscript에서 나타난 기독교의 문제에 관한 분석은 키에르케고르 자신이 주장한 것이라는 것을 잘 알 수 있다.

현대세계에 대한 클리마쿠스의 진단은 순수하고 명료하다. "나의 원칙적인 생각은 우리의 세대에 있어서 지식은 많은데, 그 지식이 인간의 내면에 inwardness 영향을 주지 못했고, 인간의 실제의 삶에 의미 있게 다가오지 않은 것 to exist이 문제이다"(CUP, 249). 그 문제는 사람들이 종교적인 의미를 파악하는 것을 잃어버렸기 lost 때문이 아니라 "인간적으로 실존하는 의미를 파악하는 것을 잊어버렸기 forgotten"(CUP, 249) 때문이다. 키에르케고르에게는 기독교는 근본적으로 교리의 집합체가 아니라(때로는 특정한 신념이 요구되기는 하지만) 삶의 방법이며 인간이 설정할 수 있는 물음에 대한 대답인데, 그 방법은 독특하다. 그러나 우리가 그러한 질문들을 이해하시 못하면, 혹은 그 질문하기를 그치고 그 질문에 대한 관심이 없어지면, 그 질문에 대한 근본적인 대답으로서의 신념인 기독교 신앙을 이해하는 것은 불가능할 것이다.

여기서 우리는 키에르케고르의 사명이 왜 "기독교가 국교화된 국가에 기독교를 새롭게 제시하는 것"인지를 알 수 있고 이러한 사명은 또 다른 사명으로 인도하는데 그것은 삶으로서의 인간 실존의 기본적인 구조에 대한 서술이다. 물론 이러한 이유는 "실존주의의 창시자"로서 키에르케고르의 유명세를 나타내지만, 이러한 키에르케고르의 관점은 아마도 그를 추종했던 20세기 실존주의자들이 그 내용을 알았더라면 그들에 의해서 거부될 가능성이 있었던 내용들이다. 키에르케고르는 천재적인 철학자였는데 그것은 그가 인간 삶이 어떠한지와 어떻게 살아가는지에 대한 깊은 분석과 서술을 제공하였기 때문이다. 현대 세계에서 기독교 신앙을 정교하게 하는 키에르케고르의 작업에 대한 관심이 있는 사람이든지 없는 사람이든지 상관없이, 그 사람들이 키에르케고르의 글에 대해서 관심을 가졌다는 것은 놀라운 일은 아니다.

인간실존에 대해 키에르케고르가 정확하게 말하고 싶은 것은 무엇일까? 그가 우리가 익히 알지 못하는 어떤 것에 대해서 말하고 싶은 것이 있는 것일까? 이상하게도 두 번째 질문에 대한 답은 그가 말하고 싶은 것이 없다는 것이다. 키에르케고르는 그가 가명으로 저작한 글들에서 어떤 위대한 새로운 이론을 제시하지 않았는데, 그가 가명을 사용한 이유는 "어떤 새로운 제안을 하거나 전례 없는 새로운 부분을 발견하기 위한 것"이 아니었다(CUP, 629).[29] 그 대신에 그가 가명을 사용한 이유는 "개별적 인간 실존의 관계에 관련된 일차자료를 될 수 있으면 더 내면적인 방식으로 다시 한번 자세히 읽기 위한 것인데, 그 자료는 조상 때로부터 물려 내려온 친숙한 자료"이다(CUP, 629-630). 어떤 의미에서는 문제가 되는 키에르케고르의 글들은 우리가 이미 알지 못하는 것에 대해서 아무것도 알려주지 않고, 적어도 조상들이 알지 못하는 것에 대해서 알려주는 것이 없다는 것을 우리에게 알게 해준다.

키에르케고르는 철학은 하나의 행위activity인데 그 안에서 우리가 이미 아는 것을 이해한다고 주장하였다. 이러한 주장은 새로운 것은 아니다. 플라톤은 그 자신에게 배움은 단순한 "상기recollection"라고 가르쳤고, 키에르케고르는 이것에 깊이 영향을 받았다. 플라톤은 "배움"과 "이해"에 관한 여러 가지 방법들이 있다고 생각했다. 키에르케고르의 또 다른 가명저자인 안티-클리마쿠스Anti-Climacus는 『죽음에 이르는 병』*The Sickness Unto Death*에서 플라톤의 스승 소크라테스는 "아는 것과 이해하는 것to understand and to understand은 다른 것"임을 알았다고 말해준다(SUD, 90). 진리에 대한 명제적 이해와 진리가 인간실존에 어떤 의미가 있는지를 이해하는 것, 혹은 알지 못하는 방식으로 진공 속에 이미 존재하는 통찰을 분명하게 알게 해주는 것은 서로 다른 것임을 알아야 한다.

『결론적 비학문적 후서』*Concluding Unscientific Postscript*에서 요하네스 클리마쿠스Johannes Climacus는 모든 사람이 이미 다 아는 사실을 진정으로 이해하는 것이 무엇을 의미하는지에 대한 여러 가지 예시를 제시하고 있다(CUP, 165-183). 우리 인간들은 우리 모두가 결국 죽는다는 사실을 아는 데 우리는 평균 기대 수명과 사망의 주요 원인에 대해서 통계적으로 알 수 있다. 그러나 죽음이 인간의 삶에 미치는 영향과 인간이 어떻게 살아야 하는지에 대한 질문은 또 다른 문제이다. 모든 인간들은 감사함grateful이 무엇인지를 알고 어떤 사람들은 좋은 것good이 무엇인지를 경험한다. 종교적인 사람들은 반드시 하나님께 감사해야 한다고 말함으로써 이 좋은 것이 무엇인지에 대해서 보여준다. 그러나 인간들은 무엇에 대해서 감사함을 가져야 하는가? 무엇이 실제적으로 우리 인간들에게 좋은 것인가? 인간 삶 그 자체가 좋기에 모든 인간들은 반드시 감사해야 하는가? 클리마쿠스는 이런 질문들이 인간 존재에 대하여 "주관적으로 생각하는 것"이 무엇인지에 대한 단순한 예시들이라고 말한다.

키에르케고르가 "인간 개별적 실존 관계에 대한 일차자료를 자세하게 읽는 것"을 시도한 결과는 다음 장에서 자세하게 기술될 것이다. 그러나 이 시점에서 "내면성inwardness"과 "주체성subjectivity"(이 두 단어는 키에르케고르가 서로 바꾸어 종종 사용했다)에 대한 개념을 반드시 짚고 넘어가야 한다. 앞에서 보았듯이 키에르케고르가 인간 실존에 대해서 말할 때는 내면성에 관해서 말하는 것이다. 그러면 내면성이란 무엇일까?

가장 좋은 출발은 미완적이며 미래를 향해 열려 있는 인간 실존에 대해서 기억하는 것이다. 키에르케고르는 50년 후의 니체처럼, 인간 실존을 일종의 완전체로 완성된 것으로 보지 않았는데, 진행 중의 과정으로 보았다. 자기self는 단순한 지금의 나와 관련된 어떤 것something I am이 아니라 반드시 되어져야 할 나와 관련된 어떤 것something I must become이다. 자기가 실질적인 실재substantial reality이어야 한다는 것은 지속적인 되어가는 과정으로서의 무엇이라는 것을 말한다. 그러나 자기의 실질적인 실재는 가능성을 포함하기 때문에, 자기가 되는 것selfhood은 한 사람이 반드시 "이미 자기 안에 존재하는 무엇이 되어가는 것"become what one already is을 시도해야만 하는 그 과정이다(CUP, 130).

이러한 미완성적 자기는 자기 자신itself의 선택을 통해서 자기의 형태를 만들어가는데, 내가 내리는 모든 결정은 내가 되기를 원하는 인격에 대한 결정인 것이다. 그래서 키에르케고르의 실존에 대한 분석은 인간의 선택이라는 관점에 대한 분석으로 나타나는데, 여기서 내면성이 활성화된다. 키에르케고르는 인간 선택을 특별한 것으로 만드는 한 부분은 갈망하는 것을 선택하고 이것을 성찰하는 가능성을 인지하는 인간의 능력임을 이해하는데, 이것은 적어도 아리스토텔레스 때까지의 철학적 전통이다.[30] 이러한 성찰을 매도하는 것과는 달리, 키에르케고르의 목적의 일부분은 사람들로 하여금 그들이 직면해서 해야만 하는 선택에 대해서 "자각하게 하는 것"인데 이것은 사람들로 하여금 신중하게 선택하게 한다.[31]

하지만 키에르케고르는 그가 비록 성찰에 대해 반대하지는 않지만, 성찰 그 자체로는 선택을 결정할 수 없다는 입장을 견지한다. 클리마쿠스는 『결론적 비학문적 후서』*Concluding Unscientific Postscript*에서 이 관점을 분명하게 하는데, 합리적인 진지한 논의는 어떤 정해진 결론이 있는 것이 아니고, 이 진지한 논의의 과정을 마무리하는 것이 아니라는 것을 논증한다.[32] 내가 결정에 관해서 생각할 때, 나는 다른 사람과는 다른 한 가지 행동을 생각할 수 있는데, 그러나 그 이유 그 자체가 이 과정의 자연스러운 마무리를 가져올 수 없다. 나는 항상 생각을 길게 할 수 있으며 또 다른 이유를 찾고자 하고, 내가 가지고 있는 그 이유에 대한 더 많은 성찰을 하거나 혹은 내가 부여한 그 이유에 대한 무게를 고려한다. 물론 인간들은 행동하기 전에 지속적으로 진지하게 생각하지 않는다. 그러나 그렇게 하지 않을 이유가 있는가? 클리마쿠스에 따르면 인간 자신에게는 이성보다 더 중요한 무엇이 있기 때문이다. 우리는 뭔가 끝내기 위해서 심사숙고의 과정을 만드는데, 그것은 우리가 무엇인가 그 생각하기를 멈추고 행동하기를 원하기 때문이다. 키에르케고르가 인간의 자유와 책임을 강조하지만, 그는 지속적으로 신화로서의 *liberum arbitrium* (흥미 없거나 무관심한 의지)의 개념을 거부한다.[33] 우리가 욕구, 희망, 두려움, 원함, 미움 등이 있거나, 우리가 직면하는 가능성을 향한 또 다른 "관심"의 태도가 무수히 많기 때문에 결정할 수 있다. 가능성으로부터 실행성으로의 전환은 일종의 운동이며, 이 운동을 클리마쿠스는 "도약"이라고 했는데, 이 도약은 "흥미를 가짐"에 의해서 가능해진다(CUP, 340).

위의 내용들은 인간 실존에 대한 이해는 오늘날 감성적 삶이라고 일컬어지는 것들에 대한 이해가 포함되어야 함을 의미한다. 『이것이냐 저것이냐』*Either/Or*의 속표지에 나타난 표어는 키에르케고르의 모든 가명 저작물들의 표어가 되는데, 그의 교화적인 글들도 마찬가지인데 그 표어는 "오직 이성만이 홀로 세례를 받은 것이며, 열정은 이교도인가"이다. 그러나 감성이라는 것이 반드시 존재한다. 키에르케고르는 대부분의 경우 인간을 행동으로 이끄는 것은 순간적인 감정이라는 사실을 알고 있다. 아마 이러한 감정 feelings은 감성emotion인데 우리가 통제하기 어려운 것이기도 하다. 낯선 곳이나 어두운 공간에서 갑자기 기대하지 않았던 소리들은 사람들로 하여금 두려움이라는 감정을 가지게 한다. 이러한 자발적이지 않은 강한 자극들에 의해 점령되어버린 사람은 철학자 프랑크프루트Harry Frankfurt가 "제멋대로wanton"라고 불렀던 것과 유사한데, 이러한 비자발적인 감정에 휘둘리는 사람은 진정한 인간다운 삶을 살 수 없다.[34] 만약 이러한 완전히 다른 방향으로의 즉각적인 자극이 나타나면, 사람들은 삶을 주체하지 못하게 된다.

그러나 키에르케고르는 우리가 통제할 수 없는 그러한 종류의 감정에 대해서 말하고 있지 않다. 그는 인간 삶에서 연속성을 성취하는 것, 니체가 "한 방향 안에서의 오랜 순종"이라고 불렀던 성격을 강화하는 것이 가능하다고 믿었고 그래서 인간이 윤리주의자들이 성격이라고 부르는 것을 성취할 수 있었다.[35] 이러한 것이 일어나기 위해서, 각 개인은 키에르케고르가 열정이라고 불렀던 것을 발전시켜야 하는데, 이 감정은 한결같고 지속적인 감정인데, 한 인간의 삶에 형태와 방향을 제공한다.[36] 순간적인 감정과 열정의 차이는 단순한 사랑의 열병과 오랫동안 사랑에 깊이 뿌리박은 감정과의 차이이다.

이러한 의미의 열정은 사람에게 단순하게 나타나지 않는다. 열정에는 확실히 수동적인 면이 있는데, 열정이라는 것은 우리를 감동시켜야 하고, 이 의미는 열정은 어떤 것에 대한 반응이 포함된다는 의미이다. 순수한 열정은 개발 가능하고, 오랫동안 지속될 것처럼 작동해야 한다. 규범적인 의미에서 실존은 진정한 자기가 되어가는 과정인데 "실존으로 존재하는 것은 열정 없이는 가능하지 않다"(CUP, 311). 실존은 참으로 "움직임"인데 이것에는 반드시 "그 움직임을 함께 묶어주는 연속성"이 있어야 하고, 이것은 열정에 의해서 제공된다(CUP, 312).

키에르케고르에게 있어서 어떤 열정은 지속 가능한 것인데, 그것은 그 열정이 단순히 일시적인 변덕에 기인하는 것이 아닌 그가 "영원한 것"이라고 불렀던 것에 기인하기 때문이다. 그러나 비교적 오래 지속하는 "세속적 열정"도 있지만 진정한 열정은 영원성과 관련된 열정이다. 그는 "영원한 것"이라는 단어를 다른 방식으로 복잡하게 사용하지만, 이것은 단순히 이상적인 것을 가리키는데, 시간이 지나도 변하지 않는 가능성들인데 이것은 우리를 움직이며(감동시키며) 우리의 일부가 된다.

주체성 혹은 내면성은 키에르케고르가 사용한 용어들인데, 우리가 만약에 인간 실존을 이해해야 한다면 인간 삶의 이러한 감성적인 영역들이 중심을 차지해야하기 때문이다. 다음의 두 장에서 키에르케고르의 주체성에 대해서 살펴볼 것인데, 먼저 사람들이 주체성에 대해서 어떻게 의사소통 할 수 있는가에 대해서 토론할 것이다. 그리고 키에르케고르가 주장한 "간접전달"에 대해서 살펴볼 것인데, 그의 작품에서 지속적으로 나타난 가명, 아이러니irony나 유머humor의 사용을 통해서 이 기술을 시도한 방법에 대해서 주목할 것이다. 그리고 3장에서는 키에르케고르의 인간 실존의 관점에 대해서 구체적으로 살펴볼 것인데, 키에르케고르가 말하는 인간의 "단계" 혹은 "양상"에 대해서 논의하면서 시작할 것이다.

2장

가명저술과 간접전달

키에르케고르는 이미 안데르센Hans Christian Andersen을 비판한 다소 이해하기 어렵고 많이 읽히지 않는 책인 『아직도 유효한 논문으로부터』*From the Papers One Still Living*과 그의 논문 『소크라테스를 항상 참고한 아이러니의 개념에 대하여』*On the Concept of Irony With Continual Reference to Socrates*를 그의 실명으로 출판하였음에도 불구하고, 그는 자신의 실명저작이 1843에 출판된 『이것이냐, 저것이냐』*Either/Or*가 그 시작이라고 설명하고 있다. 대부분의 주석가들은 이러한 키에르케고르의 견해를 따라서 그의 최초의 실명저작을 『이것이냐, 저것이냐』로 보고 있다. 하지만 이 책의 덴마크판 속표지에 보면 키에르케고르의 이름은 그 어디에서도 찾아볼 수 없다. 그 대신에 은둔자 빅토르Victor Eremita, Victor the Hermit가 편집자로 나타나 있는데, 2권으로 된 이 책에는 빅토르 A와 B로 나타난 두 다른 사람의 글이라고 알려진 내용이 포함되어 있는데, 빅토르 B는 윌리엄William 판사임을 알게 해 준다. 이러한 책의 구조는 A의 논문들이 "유혹자의 일기"Dairy of a Seducer를 포함한다는 사실로 인해 더 복잡해졌는데, 빅토르가 이 일기의 진짜 저자가 A 그 자신임이 알 수 있는 증거가 있다고 주장함에도 불구하고 이 글은 또 다른 저자인 요하네스Johannes라는 사람의 것이라고 짐작되었던 것이기도 하였다

(EO1, 8-9). 윌리엄William이 A에게 쓴 2개의 긴 편지가 포함되어 있는 제2권은 또 다른 인물인 교구 성직자가 윌리엄에게 보낸 설교로 마무리된다.

『이것이냐, 저것이냐』는 그렇게 많은 가명저작의 책들 중 가장 첫 번째 가명저작의 책이었다. 콘스탄틴 콘스탄티우스Constantine Constantius가 저술한『반복』Repetition과 요하네스 데 실렌티오Johannes de silentio: 침묵의 요하네스가 저술한『두려움과 떨림』Fear and Trembling은 1843년에 출판되었다. 1844년에 키에르케고르는 요하네스 클리마쿠스Johannes Climacus: 7세기경 시나이 수도원에 실존하였던 기독교 사제를 암시라는 이름으로『철학적 단편』Philosophical Fragments을, 비글리우스 하우프니엔시스Vigilius Haufniensis: 코펜하겐의 수호자라는 이름으로『불안의 개념』The Concept of Anxiety을 니콜라우스 노타베네Nicolaus Notabene라는 이름으로『서문』Preface을 출판하였다. 1845년에 힐라리우스 북바인더Hilarius Bookbinder: 유쾌한 책 제본가가 "묶고 출판한"『삶의 방법의 단계들』Stages on Life's Way이 나타나는데, 이 책도『이것이냐, 저것이냐』와 마찬가지로 다수의 등장인물들이 나타나는데, 그들 중의 일부는『이것이냐, 저것이냐』에 처음으로 등장하였다. 마침내 1846년에 사람들이 키에르케고르의 첫 번째 실명저작이라고 부르는『결론적 비학문적 후서』Concluding Unscientific Postscript to Philosophical Fragments가 나타나는데 이것 역시 요하네스 클리마쿠스Johannes Climacus의 이름으로 출판된다. 키에르케고르의 후기의 저작들도 중요한 가명저작들이 있는데, 대표적인 것이『죽음에 이르는 병』The Sickness Unto Death인데 안티 클리마쿠스Anti-Climacus의 이름으로 출판되었다.

키에르케고르가 실명으로 저작한 책들에 가명으로 쓴 글들이 있기도 하고, 아니기도 하다. 1장에서 본 것처럼 그는 교화나 "개선upbuilding"을 목적으로 하는 책을 출판하는데, 이것은 분명히 종교적인 성격을 나타내며, 자기 자신의 이름으로 기록하였고, 여기에 그의 종교적인 관심이 전반적으로 나타나 있다. 그러나 그의 실명으로 쓴 책 안에 있는 가명저작의 글들은 특별히 키에르케고르의 초기저작에서 많이 나타나는데, 그 책에서 다루는 내용이 방대해서 그 영향력은 무시할 수 없을 정도이다. 그래서 키에르케고르의 저작을 이해하기 위해서는 그가 왜 가명으로 쓰는 것을 선택하였고, 그 가명으로 쓴 목적이 무엇인지 아는 것이 먼저 선행되어야 한다.

우리는 키에르케고르가 가명으로 글을 쓴 이유를 익명을 통해서 그 자신을 보호하기 위한 것이었다고 가정할 수 있다.『이것이냐 저것이냐』 *Either/Or*가 출판된 바로 직후, 코펜하겐에 있는 알 만한 사람들은 이 작품이 키에르케고르의 작품이라는 것을 다 알았다. 코펜하겐은 작은 도시이며 이런 책을 저작할 수 있는 사람은 별로 없었다. 1844년에『철학적 단편』 *Philosophical Fragments*이 출판된 이후에 그 가명저자가 키에르케고르 자신이라는 것이 다 알려지게 되었는데, 그가 그의 실명을 속표지에다 "편집자"로 기록하였기 때문이다. 모든 가명들이 바로 같은 한 사람임을 알게 되었다. 이 같은 사실을 의심하는 사람도 있었지만, 그는 1846년에『철학적 단편에 대한 결론적 비학문적 후서』*Concluding Unscientific Postscript to Philosophical Fragments*를 출판하면서 그 결론에 "처음이자 마지막 설명"*A First and Last Explanation*이라는 글을 쓰게 됨으로 이 의심을 잠재웠는데, 그 글에서 그는 이 모든 글의 저자가 자기 자신임을 공식적으로 밝혔다. 한편 그는 자신의 독자들에게 그 가명의 저자들도 이 글 안에 자기 자신의 관점을 가졌다는 것을 이해해달라고 요구하였는데, 마치 소설의 등장인물이 가진 관점들이 소설 저자의 관점과는 사뭇 달라질 수 있는 것과 같다고 하였다.

그러나 익명성이 그의 가명저자의 목적이 아니었다면, 그의 가명저작의 진짜 목적은 무엇일까? 많은 이유가 있을 것이다. 아마도 키에르케고르는 단순히 문학적 풍성함을 연습했을 수도 있다. 키에르케고르는 아주 창의적이었고 "신비화"하는 것을 즐겼는데, 그의 예술적 창의성은 그의 독자들을 혼란스럽게 하였다. 그는 자신의 초기의 문학적 작품을 "걸러져야 할" "시적 요소"라고 기술하였다(PV, 85). 그의 궁극적인 관심은 종교적인 것이었지만, 그는 이 글을 창의적으로 써야 할 필요가 있었고 그 필요가 그의 초기 가명저작들에 의해 채워졌는데, 그 안에 소설에 나타나는 인물들을 등장시켰다.

위의 내용 외에 키에르케고르가 가명저작을 쓴 이유에 대해서 우리가 주목할 또 다른 내용이 있다. 키에르케고르가 소설처럼 글을 쓴 것이 아니라 진짜 소설을 쓴 것이라고 추측할 수 있다. 다른 소설가들이 그렇게 하는 것처럼 우리는 이것을 그의 창의성을 시험한 것이라고 볼 수 있다. 하지만 소설작가들은 각자 다른 동기를 가지고 글을 쓴다. 그들은 영감을 주기 위해, 도전하기 위해, 도덕적 정치적 위치를 만들기 위해, 돈을 벌기 위해, 유명해지기 위해 등 많은 이유가 있다. 키에르케고르의 동기는 무엇일까?

돈을 벌기 위한 목적은 그 동기에서 배제될 수 있다. 키에르케고르 당시 덴마크는 작은 나라이었고, 지식층이 얇았으며, 이러한 복잡한 책을 써서 돈을 벌겠다고 생각하는 사람은 거의 없었다. 그는 명성과 지지도를 얻기 위해 책을 썼다고도 볼 수 있는데, 다소 그럴듯하게 들린다. 그는 자신의 재능을 잘 알았고, 다른 젊은 청년들처럼 그의 재능이 인정받기 위해서 노력한 것처럼 보일 수도 있다.

그러나 이러한 동기보다 더 적절한 동기들이 있다. 키에르케고르가 만약 그의 문학적 성취가 알려지는 것에 대한 야망이 있었다면 이러한 동기들이 사실일 수 있다. 사람들은 단순하게 인정받고 싶어 하지 않는다. 인정받고 싶은 그 무엇인가가 있는데 그것은 중요한 것이며 가치가 있는 것이다. 그래서 키에르케고르가 작가로서 성취하기를 원했던 그것은 바로 무엇인가? 그리고 가명저작이 이것을 성취하는 것을 어떻게 도왔는가?

내가 이미 언급하였듯이, 키에르케고르는 그의 궁극적인 관심은 종교적인 것이라고 인정하였다. 적어도 『저자로서 나의 작품에 대한 관점』 *The Point of View for My Work as an Author*을 출판할 때까지는 그의 주요 목적이 그 사회에 만연한 명목적인 기독교 신앙에 생기를 불어넣기 위해 "기독교를 기독교가 국교화된 국가에 새롭게 소개하는 것"이 분명하였다. 처음부터 그의 종교적인 사명이 나타나는 것처럼 보이기도 한다. 『교화를 위한 담론』*Upbuilding Discourse*의 시리즈를 포함한 초기의 저작들에게는 이러한 이유가 강하게 나타나는데, 초기 가명의 저작물들에서 이런 종교적인 주제가 분명히 드러난다. 예를 들어 『절망의 개념』*The Concept of Anxiety*은 원죄의 심리학에 초점을 맞추었다면, 『두려움과 떨림』*Fear and Trembling*에서는 아브라함이 하나님의 명령에 순종하여 자신의 아들을 기꺼이 희생하는 성경의 이야기를 영감을 받아서 이것이 신앙적인 관점에서 무엇을 의미하는가에 대한 성찰이 이루어졌다.

키에르케고르의 가명저작들이 어떻게 종교적인 관심을 불러일으켰는지를 이해하는 여러 가지 방법이 있지만, 그 핵심적인 요소는 "간접전달"이라고 하는 개념과 연결되어 이해하는 것이 필요하다. 키에르케고르와 그의 가명저작들은 종교적 혹은 윤리적 목적을 지향하는 전달법이라도 최소한 "간접인 성격"을 지녀야 한다고 주장한다. 무엇이 간접전달인가를 이해하는 것과 이것이 왜 종교적 전달에 중요한지는 우리에게 키에르케고르의 가명 사용을 이해시켜줄 것인데 오랫동안 논의될 것이다.

우리는 간접전달에 대한 기록을 『결론적 비학문적 후서』Concluding Unscientific Postscript에 의존할 수 있는가?

아마도 간접전달에 대한 충분한 기록은 『결론적 비학문적 후서』 *Concluding Unscientific Postscript*에서 발견 가능하다. 어떤 사람은 이 책이 그 자체로 가명저작이기에 여기에서 키에르케고르의 간접전달 사용의 동기를 찾는 것은 적절하지 못하다고 생각한다. 그러나 다음의 여러 가지 이유에서 그 생각은 적절하지 못하다.

먼저 적어도 『결론적 비학문적 후서』는 요하네스 클리마쿠스Johannes Climacus의 이름으로 저작되었기는 하지만, 키에르케고르 본인의 작품이다. 클리마쿠스는 키에르케고르의 개인적인 관점과는 다소 다른 진보된 관점들이 있기는 하지만 키에르케고르가 만든 문학적 상상력poetic의 결과로 만들어진 인물이기에 클리마쿠스의 작품은 "키에르케고르적"이다. 우리는 키에르케고르가 만들어낸 한 등장인물character로서 클리마쿠스가 전달에 관하여 무엇이라고 말해야 했는지에 대해서 관심이 있는데, 클리마쿠스에게는 이 주제를 집중적으로 토론하는데 많은 공간을 할애해야 하고, 그 토론은 키에르케고르 그 자신의 관점을 반영한다고 가정하는 것은 합리적이다. 게다가, 키에르케고르의 관점이 그의 가명저자들의 관점과 반드시 달라야 한다고 설정하는 것은 오류인데, 그는 때로는 그의 가명저자들이 그와는 다른 인물임에도 불구하고 그가 만들어낸 등장인물이기에 그들이 말하는 것에 종종 동의하기도 한다.

그러나 클리마쿠스는 다른 가명저자들과는 다른 특별한 방법으로 키에르케고르와 긴밀한 관계를 가지고 있다. 먼저 클리마쿠스의 이름으로 저작된 두 권의 책들은 둘 다 속표지에 편집자로서 "S. Kierkegaard"가 기록되어있는데, 다른 가명저작물에는 없는 특별한 것이다. 키에르케고르 자신도 편집자로서 자기 이름을 기록한 『관점』*The Point of View*에서 그는 이러한 작업을 "하나의 힌트, 적어도 이러한 일들에 대해서 관심이 있고 그러한 것들에 예민한 사람들을 위한 것"이라고 주장한다(PV, 31-32). 이 말의 의미는 클리마쿠스의 글들은 특히 『결론적 비학문적 후서』는 초기의 다른 어떤 저작보다 키에르케고르 그 자신과 긴밀한 관계가 있었고 그 자신만의 목적이 분명히 있다.[1] 이러한 클리마쿠스의 특권은 『후서』*Postscript*에서 나타나는데, 여기서 그는 모든 초기 가명저작들을 분석하는데, 이것을 통해 이 책들이 어떻게 연결되어 있고 한 개인으로 하여금 기독교인이 된다라는 것이 무엇을 의미하는 지를 이해하는데 도움을 주는지 알게 해준다. 이러한 분석을 키에르케고르는 『관점』*The Point of View*에서 활용하는데, 그 책에서 "『후서』*Postscript*는 실명저작권의 전환점이 되는 책인데, 이 책이 기독교인이 되는 *문제(저자 강조)*를 담고 있기 때문"이라고 주장하였다 (PV, 55). 그 책은 전환점이 되는 책인 이유는 진정한 기독교인이 되는 두 가지 길에 대해서 서술하고 있기 때문인데 이 책에는 "가명으로 기록한 미학적인 글들은 기독교인이 되는 한 방법으로 기록된 것인데, 미학적인 단계에서 돌아서서 기독교인이 되는 것, 체계나 추론적인 것들에서 돌아서서 기독교인이 되는 것이다"라고 기록되어 있다 (PV, 55).

그런데, 『후서』*Postscript*에서 클리마쿠스가 키에르케고르 자신과의 긴밀한 관계가 있음을 나타내는 것 외에도, 전달communication에 관해서 키에르케고르와 비슷한 견해가 있다는 증거도 발견된다. 『후서』에는 직접전달과 간접전달에 관련해서 아주 자세하고도 정교한 기록이 있지만, 키에르케고르는 자신의 실명으로 기록한 다른 책에서 이 개념에 대해서 다루기도 했는데, 『후서』에서 나타난 개념과 아주 유사한 개념들이 나타난다.[2] 『관점』에서 이 논의가 계속 확장되어서 나타나는데, 다음에서 다룰 것이다. 키에르케고르가 이 주제와 관련되어서 제안하였던 많은 강조와 더불어 『저널과 논문들』Journals and Papers에서 많은 논의가 나타나지만, 『결론적 비학문적 후서』Concluding Unscientific Postscript에 이 주제와 관련된 광범위한 의견 일치가 나타난다. 키에르케고르의 간접전달에 대한 기록은 대단히 복잡한데 그가 이 주제에 관해서 일관성이 있게 주장하는가에 대해서도 의심할 수 있을 정도이다. 적어도 클리마쿠스가 기록한 『후서』에 일관적인지 못한 문제들은 나타난다. 그래서 이 책에 기록된 간접전달이 무엇인지를 먼저 살펴보겠다.

간접전달과 "이중반사"

많은 키에르케고르의 핵심적인 개념들은 그것을 하나만 따로 설명하려고 하면 불가능한데 그만큼 서로 엮여져서 개념을 형성한다. 이러한 경향들은 주석가들을 힘들게 하는데, 왜냐하면 그 개념들은 단 한 번에 설명되어야 하기 때문인데 키에르케고르의 핵심개념들은 그렇게 설명되는 것이 불가능하기 때문이다. 간접전달과 같은 복잡한 개념을 설명할 때 가장 좋은 방법은 처음에는 개략적인 개념을 전달해주고 나중에 충분하게 설명하는 방법이다. (이렇게 하는 경우에 한 주제에 대한 반복적인 설명은 불가피하다.) 『결론적 비학문적 후서』Concluding Unscientific Postscript에서 간접전달은 많은 핵심개념들과 연결되어 있다. 그 핵심개념들은 실존의 기본적인 개념과 실존의 단계 혹은 실존의 양상의 개념과 주체성과 객관성을 비교한 개념과 소크라테스의 산파로서의 교사의 개념, 다시 말해 "산파술"의 개념들이 모두 포함되어 있다.

산파술의 개념은 독자들한테 친숙하지 않을 수도 있지만, 키에르케고르의 자기 이해self-understanding에 있어서 핵심적인 역할을 한다. 간단히 말해서 이 개념은 소크라테스가 자기 자신을 교사로 보았는데 교사를 다른 사람들에게 직접적으로 전달할 지식이 없는 사람으로 보았다. 대신에 소크라테스는 학생들 안에 이미 있는 진리를 "불러냄"으로써 학생들을 가르친다고 보았다. 소크라테스는 새로운 개념들을 학생들한테 주는 것이 아니라 그 학생들을 단지 도울 뿐인데 산파의 역할을 하는 것이고, 그 학생들 자신의 생각을 "탄생"하게 하는 것이다. 이 개념들은 플라톤의 『메논』*Meno*에 잘 나타나 있는데 여기서 소크라테스는 단순히 질문만을 하는데, 이러한 방법이 어린 소년 하인들에게 지질학적인 진리를 깨우치게 한다. 키에르케고르는 현대의 소크라테스라고 불리는데 이러한 산파술의 개념들은 개개인은 반드시 스스로 진리를 발견해야 한다는 그의 주장을 구체화시킨다. 클리마쿠스는 『후서』의 가명 저자인데 객관적 사고와 주관적 사고를 대비시키고 객관적 이해와 주관적 이해를 대비시킴으로써 객관적 전달과 주관적 전달의 차이를 구분한다. 객관적 이해는 하나의 개념이 한 사람에게서 또 다른 사람에게로 직접적으로 혹은 즉시 전달되는 개념이다. 클리마쿠스는 이러한 객관적 이해를 "결과"를 이해하는 것으로 설명하는데 아마도 역사적 지식과 수학적 지식은 이러한 이해의 적절한 영역인데, 여기서 전달은 직접적 전달이 적절하다.[3] 반대로 주관적 이해는 "지식"의 전달이 아니고 "방법"의 전달인데 이러한 이해는 직접적으로 전달될 수 없고 간접적이거나 "예술적"형태의 전달이 가능하다(CUP, 72-80).

이러한 개념을 통해 의도된 생각은 다음과 같다. 제퍼슨Thomas Jefferson이 사생아라는 사실을 아주 힘들게 발견한 역사학자가 있다고 가정해보자. 이러한 사실을 발견하는 것은 아주 많은 노력을 동반하는 것인데방법, 한번 발견되면 이러한 새로운 지식결과은 다른 사람에게 별다른 노력 없이 자연스럽게 전달된다. 여기에서 필요한 것은 역사학자의 연구에 대한 신뢰이며 그 역사학자가 설명하려고 했던 개념들의 의미를 찾아내는 능력이다. 직접 전달조차도 학습자의 입장에서 일종의 성찰 과정이 필요하지만 이러한 이해는 그 개념에 대한 추상적인 이해가 될 가능성이 더 많다.

그 반대로 주관적 이해는 한 사람의 실존을 포함하는 것인데 어떻게 살아야 할 것인가에 대한 이해가 포함된다. 클리마쿠스는 이렇게 생각하는 것이 가능하고 이런 생각을 다른 사람에게 전달하는 것이 가능하다고 보았다. 하지만 이러한 경우에서 진정한 전달이 일어나고 진정한 이해를 위해서는 전달의 수취인은 전달자가 추상적으로 말해주는 것에 대한 의미를 발견하는 것보다 더 많은 것을 발견해야 한다. 수취인은 전달된 것을 구체적으로 그의 삶과 연결해서 의미를 파악해야 한다. 이러한 의미에서 생성된 지식은 직접적인 전달에 의해서 얻어진 "결과"일 수가 없는데, 그것은 수취인의 이중(재)반사reduplicate에 의해서 얻어진 지식이며, 전달자가 따라야 하는 일종의 "방법"이다.

클리마쿠스는 이러한 과정이 "이중 반사double reflection"를 위해 필수적이라고 설명한다. 진정한 주관적 이해는 먼저 사람들에게 그 개념을 이해하게 하고일차 반사 그 개념이 그 사람의 삶에 적용될 때 어떤 의미가 있는지를 다시 생각한다이차 반사.

감사의 개념을 고려해보자. 이것은 클리마쿠스가 "주관적으로 생각하는 것"이 어떤 의미인지를 보여주는 예로 사용하였다(CUP, 177-179). 클리마쿠스에 따르면 목사님들은 하나님이 우리에게 좋은 것을 주시기 때문에 우리는 반드시 감사해야 하는데 심지어 감사할 수 없는 상황에서도 감사해야 한다고 말씀하신다고 한다(CUP, 178). 이러한 이해는 다른 상황에서의 감사를 단순히 비슷한 동의어로 이해하는 것인데 외국어를 번역하는 것과 유사하다. 감사를 삶에 적용하는 것은 완전히 다른 의미로 나타날 수 있다. 내가 이런 방법으로 살려고 하면 나는 내가 좋다고 생각할 때만 하나님께 감사해야 하는가? 아마도 하나님은 내가 좋다고 생각하지 못하는 그것도 궁극적으로는 나에게는 좋은 것이라는 것을 아신다. 만약에 내가 이러한 사실을 안다면 나는 모든 상황에서 감사해야만 한다. 이러한 의미가 내가 모든 상황에서 문자적으로 감사해야 한다는 것을 의미하는 것인가? 아니면 나에게 어떤 일이 일어나든지 내가 누렸던 좋은 것에 대해서 감사할 수 있다는 말인가?

위의 질문들은 어려운 질문들이고, 이 질문들에 대해 대답하지 못한다면 우리가 살면서 감사해야 된다는 것이 무슨 의미인지 분명히 알 수 없다. 다른 방법으로 생각해보는데 클리마쿠스는 이러한 주관적인 이해가 없으면 말하는 사람과 듣는 사람 사이의 동의는 단순히 문자적인 수준에 머물 것이다. 둘 다 "우리는 반드시 하나님께 감사해야 한다"는 것에 문자적으로 동의하지만, 이것이 무엇을 의미하는가에 대해서는 아주 다르게, 혹은 상반된 견해를 가질 수 있다. 클리마쿠스는 "객관적" 전달은 이러한 "이차반사"를 요구하지 않는데, 일종의 "말잔치"이며 "단순한 이해"를 가져오게 한다. 키에르케고르는 "기독교가 국교화 된 국가"를 부분적으로 이러한 관점에서 이해하는데, 키에르케고르 당시의 덴마크 사람들은 세례를 받는 다는 것을 객관적으로 받아들였는데, 기독교인이 된다는 것을 순전히 문자적으로 이해하였다고 믿었기 때문이다. 사람들은 이것이 기독교인으로서의 삶이 어떠해야 하는지에 대해서 말할 수는 있지만, 그것이 그들에게 구체적으로 무엇을 의미하는가에 대해서는 이해할 수 없었다.

클리마쿠스는 인간의 실존과 관계되는 전달은 반드시 간접전달일 수밖에 없는데, "이중 반사"가 반드시 일어나야 하고 그 개념을 전달받는 수취인의 활발한 참여와 전유이해가 포함되어야하기 때문이다. 이것은 직접전달은 별 의미가 없음을 알려준다. 하지만 직접전달이 이와 같은 방식으로 진정 사람들을 도와줄 수 없는가에 대한 의구심은 여전히 남아있다. 어떤 한 사람을 잘 아는 사람이 그 사람에게 감사하게 사는 것이 어떤 의미라는 것을 말로 전달할 수 없을까? 이것은 아마 가능할 것인데, 우리는 클리마쿠스가 말하는 이러한 사실이 이런 고민과 일관성을 가지고 있음을 알아야 한다. 이러한 것을 이해하기 위해서 우리는 키에르케고르의 인간 실존에 관한 이해를 더 깊이 알아야만 한다. 이러한 이해는 키에르케고르가 말하는 간접전달의 두 가지 다른 방법을 구분하는 데 도움을 줄 것인데, 이 방법은 언제나 분리되어 있는 것만은 아니다. 간접전달은 한 사람을 도와주는 기술 혹은 전략이며, 실존적인 지혜를 다른 사람들에게 성공적으로 전달impart하는 방법이다.

인간실존에 대한 키에르케고르의 이해: 열정과 선택

키에르케고르가 인간을 독특한 존재로 보았고, 이러한 인간의 독특한 형태를 강조하기 위해, 덴마크 언어에 "실존" 혹은 "존재"를 뜻하는 단어가 하나 이상이 있었던 것을 활용하였다(키에르케고르의 생각이 대부분

드러나는 글은 클리마쿠스의 『결론적 비학문적 후서』*Concluding Unscientific Postscript*이다. 키에르케고르 자신의 대표적인 관점들이 이 책에서 드러난다). 인간은 단순히 형식적 실체인 숫자나 지위 같은 추상적인 실재*Realitet*가 아니고, 식물이나 바위처럼 어떤 시간*vore tid*에 특정한 장소를 채우기 위해 존재하는 것도 아니다. 그보다 인간은 중요한 역할을 선택하는 과정을 통해 스스로를 만들어 가는 방식으로 실존*existre*한다. 이러한 강조는 키에르케고르로 하여금 "실존주의의 아버지"라는 명성을 얻게 하였다.

『철학적 단편』에서 클리마쿠스는 이 개념을 다음과 같이 표현하여 인간 실존의 이중적 구조를 나타낸다. "그 자신이 실존으로 들어오는 것과 함께 실존으로 들어온다"(PF, 76). 인간은 자연의 한 부분으로 실존하는데, 다른 물리적 객체가 하는 방식으로 실존하는데, 이러한 의미에서 인간들은 "실존으로 들어온다." 하지만 인간들은 가능성들이 포함된 자연적 질서의 한 부분으로 실존하는데, 인격체들로서의 그들 자신의 존재는 일종의 과정인데, 이 과정 안에서 어떤 가능성들이 실존으로 들어오게 된다. 자연적 질서의 다른 부분도 물론 가능성들을 가지고 있는데 식물은 땅에서 싹을 트게 될 것이고, 바위는 폭풍우 속에서 깎여 나갈 것이다. 하지만 인간은 단순히 가능성들을 가지게 되는 것은 아니고, 어느 정도 그 가능성들이 그들 자신의 자각에 의해서 구성된다. 가능성은 이러한 방식으로 인격의 존재를 구성하는데, 비인격체*non-persons*는 이 경우에 해당하지 않는다.

어떻게 우리는 이 가능성들을 활성화시킬까? 어떻게 실존이 가능한가? 생각과 성찰이 중요한 역할을 한다. 우리가 "영원"을 자각하는 것은 성찰을 통해 가능한데, 이 영원은 일종의 가능성으로 다른 가능성과 같이 시간이 흘러도 변하지 않는 실재인데 하지만 어떤 인간이 깨닫기 위해 분투함으로 그 이상을 알아차릴 수 있을까? 그러나 그 자신에 의한 생각은 실존과 같은 의미일 수 없다. "생각 안에서 하나는 생각하고 하나는 실존한다. 실존하는 것은 생각하는 것과의 관계 안에서 그것의 결과로 별다른 것이 나타나지 않는다면 그것은 생각이 없는 어떤 것과 유사한 것이다(CUP, 254-255). 생각함 없이 실존할 수 없지만, 생각만 한다고 해서 실존한다는 것은 아니다.

왜 이 경우인가? 1장에서 키에르케고르가 이러한 주장을 한 이유를 논의하였는데, 여기서는 그 논의를 확장할 것이다.[4] 클리마쿠스는 인간 생각 그 스스로는 멈출 수가 없는데, 인간 행동이 그 종료를 요구한다고 주장한다. 행동은 아리스토텔레스의 비모순의 법칙the principle of non-contradiction을 결정적으로 확인하는데, 이것은 어떤 p가 참이라면 "p가 아닌 것"은 반드시 거짓이다라는 것을 말해준다.[5] "한 사람은 동시에 선하거나 악하거나가 가능하다. 하지만 동시에 선이 되어가거나 악이 되어가거나를 할 수 없다"(CUP, 420). 헤겔은 이러한 아리스토텔레스의 논리를 비판하였는데, 서로 모순이 되는 두 개의 가정이 부분적으로는 참이라는 사실을 보여주기 위해서 노력하였다. 헤겔의 이런 논리가 참이든 아니든, 이러한 헤겔의 논리는 행동의 영역에서는 유효하지 않는데, 행동 A가 수행되는 것은 A가 아닌 것을 거부하는 것이기 때문이다.

그러나 왜 사고thought는 인간이 행동을 위한 의지를 결정하는 것을 허락한다는 결론을 야기하지 못하는가? 우리는 확실히 그 행동의 이유를 성찰할 수 있고, 어떤 특정한 행동을 수행하지 않을 이유도 동시에 성찰할 수 있다. 하지만 이러한 성찰 그 자체가 행동을 야기시키는 것은 아니다. 우리가 고려하는 어떤 행동을 우리가 충분히 오래 성찰하였는지를 어떻게 알 수 있나? 다른 고려해야 되는 이유가 있는가? 우리는 우리가 고려했던 그 이유에 부여했던 비중이나 평가를 다시 고려해야만 하는가? 클리마쿠스는 한 원리 안에서 인간은 하나의 행동을 영원히 성찰한다고 생각했다(내 아내는 내가 무엇을 먹을 것인지 그 선택의 가능성들에 의해서 마비되는 그 식당은 더 이상 가지 않을 것이라고 생각한다). 물론, 우리는 영원히 성찰할 수 없다. 대부분의 경우 다음과 같이 말할 수 있다. "나는 이것에 대해서 충분히 오래 생각하였다. 자 이제 먹을 시간이다."(결국 나는 몹시 짜증 난 종업원에게 내가 먹기를 원하는 것을 말할 수 있다.) 그러나 무엇이 우리로 하여금 이러한 일을 가능하게 하는가? 하나의 대안적 가능성이 최선의 선택같이 보인다는 그 생각인가? 어떻게 생각 그 자체가 앞으로의 생각하는 것을 불가능하게 하는지를 알아보기는 어려운데 그것은 우리가 그 생각이 정확한 것인지 아닌지를 더 많이 생각하기 때문이다. 우리는 생각과는 다른 어떤 것이 느껴질 때, 생각하기를 멈추는데, 이것은 인지적인 삶보다는 심리학자들이 말하는 감성적 삶이라고 말하는 영역이다. 키에르케고르는 1장에서 이것을 "열정"이라고 말하였다.

삶은 유한적이고 우리가 생각으로 보내는 시간은 행동을 지연하게 한다. 우리는 생각하기를 멈추고 행동할 수 있는데, 그것은 열정이 있기 때문이다. 이 열정은 원함, 갈망, 희망, 바램, 사랑 등과 같은 수천가지의 감정적 태도이다. 어떤 생각이 "A는 내가 수행할 수 있는 최선의 행동인데, 그것은 내가 아는 바에 있어서 가장 합리적이기 때문이다"라고 할지라도 이것이 나를 A라는 행동을 위해 움직이게 하는 필수적인 요소는 될 수 없다. 그것은 내가 무엇이 최선인지 고민*can*하지 않고, 또 무엇이 합리적인 것인가를 원하지*want* 않는다면 그러한 행동이 나타날 수 없기 때문이다. 키에르케고르는 이런 인간의 행동하게 하는 영역에 대한 다양한 용어들을 사용하였는데, 이것이 내면성 혹은 주체성으로 사용되기도 하였다. 우리는 클리마쿠스의 "열정 없이는 실존이 가능하지 않다"(CUP, 311)라는 말을 이제 이해할 수 있다.

그러나 열정은 그저 열정일 수 있다. 대부분 인간의 선택은 키에르케고르가 말한바 "미학적"이거나 "즉각적"인 열정일 수 있는데, 생물학적 욕구나 다른 사람들에게 맞추기 위한 필요에 기초한 일시적인 경향일 수 있다. 이러한 종류의 열정은 자연적이며 많은 경우 자발적이지 못한 것인데 우리는 우리가 아이스크림을 원하는 것을 발견할 수 있고, 어두운 거리에서 우리를 바라보는 사람에 대해 두려움을 느낄 수도 있다. 이러한 열정은 키에르케고르가 말하는 열정과는 아주 다른 것인데, 그가 말하는 열정은 한 사람의 삶에 방향성과 연속성을 제공해주는 끊임없는 그리고 지속적인 돌봄과 같은 것이다.[6] (하지만 그는 이러한 용법에 완전히 동의하지 않는다.)

즉각적인 열정의 고전적인 예는 "첫눈에 반하다"라와 같은 것이다. 한 사람이 다른 사람을 보고 즉각적으로 함께하고 싶고 관계를 맺고 싶은 욕구를 느끼는 것이다. 그러나 이러한 "즉각적인 사랑"에 빠지는 것은 지속되지 못할 것이다. 이것은 두 사람이 삶을 통해서 서로를 풍요롭게 하는 깊고 지속적인 사랑과는 다를 것이다. 이러한 종류의 열정은 오랜 시간을 거쳐서 훈련되어야 하고 개발되어야 하는데 그래서 사람들은 이러한 것에 대한 책임을 가지게 된다. 그것들은 삶에 방향성을 제공하기에, 이러한 열정에 의해 형성된 자기는 어떤 특정한 시간에는 일체성을 가지게 되며, 시간에 따라서는 연속성을 가지게 된다.

지금 시대의 단어를 사용한다면, 키에르케고르는 사람은 지혜롭기 위해서, 어떻게 사는지를 알기 위해서 감성 지능을 가져야 한다고 생각하였다. 전제된 명제적 진리를 아는 것으로만 충분하지 않다. 우리는 가능성을 "감지해야" 하는데 그것들은 두려움과 갈망과 희망과 열정을 인식하는 것으로, 이러한 것을 통해 우리는 그러한 가능성들의 성격을 "밀도있게" 인식할 수 있다.

우리는 지금 한 사람이 다른 사람에게 자신이 실존한다는 것에 대해서 뭔가를 배울 수 있도록 돕는 것이 왜 가능한지 혹은 그러한 도움을 주는 데 있어서 어떤 한계가 있는지를 알게 된다. 반면에 열정은 개발되고 길러져야 한다는 그 사실이 한 사람으로 하여금 다른 사람에게 자신이 실존한다는 것에 대해 뭔가를 배울 수 있도록 도와주는 것이 가능하게 한다. 하지만 각각의 인간은 자기self를 형성하는 스스로의 열정을 발전시켜야 한다. 열정적인 돌봄의 성격은 그 돌봄을 제공하는 바로 그 사람에 의한 것이다. 나는 다른 사람이 내가 사랑하는 것을 지식적으로 배울 수 있도록 도울 수 있지만, 나의 사랑을 다른 사람에게 단순히 전달할 수 없다. 다른 사람이 발전시켜야 하는 열정은 실제로 개인적인 것이다. 이러한 관점에서 내가 다른 사람에게 전달하려고 하는 것은 간접적이어야 가능하다.

이러한 것은 키에르케고르가 객관적 전달이라고 부르는 것에도 적용할 수 있다. 어떤 사람이 나에게 컴퓨터 프로그램의 어려운 부분을 가르쳐 준다고 할 때, 그 지식은 내가 뭔가 노력하는 부분이 없이는 단순하게 그냥 전달되지 않는다. 객관적인 전달과 주관적 전달 사이의 차이가 키에르케고르가 생각한 것처럼 절대적이지 않을 수도 있지만, 주관적인 것을 전달하는 것은 그 전달을 수용하는 사람의 측면에서의 깊은 관여가 요구된다.

예술로서의 간접 전달

키에르케고르는 이러한 실제적인 지혜 혹은 실존적 이해가 현대 사회에서는 사라졌다고 확신하였다. 이와 같은 확신의 부분적인 이유는 우리가 실존 혹은 삶의 진실은 일종의 전제에 갇혀있는 것이고, 수학이나 역사 같은 객관적인 것을 배우는 것을 통해서 알 수 있다는 환상 아래서 살아가고 있다는 이유에서 찾아볼 수 있다. 이러한 오류가 우리의 세계에 편만하게 존재한다는 그의 생각이 옳다는 증거가 있다. 예를 들어 비윤리적인 경영으로 2001년에 파산 신청을 한 미국의 엘론 에너지 회사Enron Corporation의 사례를 보자. 이 사태가 일어난 후에 비즈니스 스쿨의 교육과정에 윤리를 첨가해야 한다는 제안들이 질풍같이 일어났지만, 윤리 이론을 공부한다는 것이 사람들을 더 윤리적으로 만든다고 볼 수는 없다. 과목을 추가하는 것은 상황을 더 악화시킬 수도 있는데 그것은 윤리 이론이 윤리적 성격을 형성하고 혹은 대체한다는 환상 때문이다.

키에르케고르는 이미 형성된 기독교 문화에는 "객관적 지식"이 만연해있고, 진정한 주체적인 이해는 아주 쉬운 어떤 것으로 여겨졌는데, 평범한 사람들이 고차원적 지식을 배울 때는 무시해도 되는 어떤 것이었다. 감사와 희망으로 삶을 살아가는 순수한 사람이 되는 것은 쉽다고 생각할 수 있다. 그러나 감사, 희망, 순수함에 대해서 이론적 분석을 하는 것은 어렵다고 생각한다. 클리마쿠스는 여기에서 그의 과제는 단순한 실존적인 과제가 얼마나 힘든 것임을 보여주는 것이라고 말했다(CUP, 165-181, 186-187). 그의 일은 사람들이 그들이 이미 알고 있는 것을 성찰하고 이해하는 것을 돕는 것이었다. 1장에서 키에르케고르의 가명저작에 관한 관점들을 보여주는 글을 인용했는데 여기서 다시 한번 인용하겠다.

그것들의 중요성은 새로운 제안을 한다거나 들어보지 못한 것을 발견한다거나, 새로운 부분을 발견한다거나 더 많은 것을 알게 되는 것 등을 의미하는 것은 아니다. 반대로 그것은 개개인의 인간 실존 관계와 관련된 일차자료 혹은 조상들로부터 내려온 더 오래된 자료들을 자세하게 읽는 것인데 가능하다면 내면적인 방법을 동원하는 것이다(CUP 629-630).

왜 키에르케고르가 그의 독자들과 소통하는 것에 대해서 많이 고민하였는지를 우리는 쉽게 알 수 있다. 문제는 사람들은 도덕적이고 종교적인 진리에 대한 지식은 많았지만, 그것들을 그들 자신의 삶과 연관지어 생각하지는 않았던 것이다. 이러한 상황에서 진리의 전달은 일종의 "재잘거림"이 될 수 있고, 일종의 "무턱대고 외우는" 수준일 수 있다. 키에르케고르는 이러한 문제를 방지하기 위해서 사람들에게 도움이 되는 새로운 정보를 추가하기를 원했다. 그래서 그는 간접적으로 전달하는 방법을 고안하였고 이 방법은 사람들로 하여금 "이중 반사"에 참여하게 하였고 이것은 주체적 이해를 위한 필수적인 것이 되었다. 그는 단순한 지적 이해를 위한 동기부여가 아니라 "이중 반사"에 대한 동기를 부여하기를 원했는데, 이중 반사는 사람들에게 자신의 삶이 어떤 의미인지를 이해하는 것을 요구한다.

과도한 객관적 지식과 이러한 지식을 전달하는 것에 어려움을 겪고 있는 시대에 키에르케고르는 무턱대고 외우는 수준의 또 다른 이론을 제시해서 그 상황을 악화시키는 것을 원하지 않았다. 그 대신에 그는 그의 독자들에게 하나의 형태/form를 전달하기를 원했는데 그것은 "이중 반사"의 필요성에 대한 그의 자각을 보여주는 것이었고, 그는 자신의 독자들이 이러한 주체적 사고의 과정에 참여하도록 동기 부여하기를 원하였다.

가명을 활용하는 것은 일종의 "예술적" 전달인데, 독자가 그 스스로 생각할 수 있도록 전략적으로 고안되었다. 이러한 가명을 통해서 키에르케고르는 그의 독자들에게 인간이 어떻게 살아야 하는지에 대한 다양한 관점을 보여주었고, "인간이 어떻게 존재해야 하는지"에 대한 다양한 해결책을 제시하였다. 가명의 저작들은 이러한 질문에 대한 대답을 단순하게 제공하지 않았다. 그들은 이 대답을 구체적으로 보여주었다. 그들은 그저 그들의 삶의 관점에 대해서 말하는 것이 아니라 구체적인 어떤 방법으로 살아간다는 것이 우리 삶의 무엇을 의미하는 것인가에 대해서 보여주었다. 우리는 키에르케고르와 도스토옙스키를 비교할 수 있다. 『카라마조프가의 형제』에서 도스토옙스키는 인간의 고통과 관련되어 하나님을 믿는 것에 대한 무신론적인 도전을 단순히 말로만 하지 않고 이반 카라마조프라는 인격을 구현해서 그 도전이 무엇을 의미하는지를 말한다. 비슷한 방법으로 키에르케고르는 삶의 목적을 미학적 만족의 성취에 두는 것이 실존적으로 무엇을 의미하는지를 단순히 말로만 하지 않고 『이것이냐, 저것이냐』 1권에 있는 "유혹자의 일기"의 저자인 요한네스와 같은 인물을 만들어냄으로 그와 같은 삶이 무엇인지를 보여준다.

이러한 소설을 통한 의미전달과 같은 전략의 장점은 분명하다. 첫째, 키에르케고르는 이러한 방법이 그의 이력에 치명적인 결과를 가져다줄 수 있었음에도 불구하고 이러한 방법을 통해 삶에 대한 특별한 관점이 줄 수 있는 장점을 분명히 보여주었는데 이것은 도스토옙스키가 그의 기독교 신앙에 오점을 남길 수 있음에도 불구하고 이반 카라마조프의 인격을 통해 무신론의 힘을 보여준 것과 마찬가지다. 둘째, 이러한 소설적 전략은 키에르케고르가 그의 독자들이 참여하기를 원했던 실존적 성찰 혹은 주체적 성찰을 동기 부여하기 위해서 잘 고안된 방법이다. 사람들은 이러한 인물들과 만남을 통해서 다음과 같은 질문을 할 수 있다. "나는 이 사람과 비슷하게 되기를 원하는가?" "나는 이 사람과 비슷한 사람인가?" "내가 이 사람한테서 찾은 매력적이거나 혹은 혐오스러운 부분은 무엇인가?" 독자들은 처음 책을 읽을 때부터 그의 삶에 적용하기를 동기부여 받는다.

키에르케고르는 인간이 삶을 살아가는 방법이 아주 다양하지만 비교적 적은 수의 개념으로 유목화 할 수 있다고 믿었다. 그는 인간 실존의 "단계" 혹은 "양상"에 대해 다양하게 서술하였고, 나는 이것에 대해서 다음 장에서 자세히 논의할 것이다. 그는 인간이 직면하는 실존적 선택에 대한 "이론"을 서술하는 방식을 택하였다. 그것은 다음에서 분명히 나타난다.

> 나는 지금 아무것도 성취한 것은 없지만 그럼에도 불구하고 나는 실존의 상황을 고려한 아주 정확하게 남기고, 경험을 바탕으로 한 관찰을 남기기를 원한다... 나의 도해diagram를 이용함으로 젊은 사람은 바로 그 전의 단계에 대해서 아주 정확하게 볼 수 있을 것인데, 이것은 가격표와 같은 것인데, 만약 당신이 지금의 단계를 넘어선 그 다음 단계의 조건들에까지 모험하는 삶을 살아서 그 조건들을 해결한다면 당신은 그 다음 단계를 성취하게 되고, 만약 당신이 지금의 단계까지만 모험하게 되면 그 다음 단계들을 위한 조건이 남게 된다.[7]

하지만 키에르케고르가 일종의 "도해"를 통해서 구현되는 이론을 가지고 있었음에도 불구하고 그가 왜 단순히 이 이론을 심리학적인 관점으로 나타내지 않았는가를 알 수 있다. 이러한 관점을 "객관적" 방법으로 나타나는 것은 "재잘거림"이나 "억지로 암기하는" 그러한 문제들을 더 조장할 수 있기 때문이다.

"삶의 방법의 단계들"이라는 글에서 키에르케고르의 핵심은 실존적으로 성장한다는 것은 적절한 열정을 개발하는 것을 요구하는데 이것은 단순히 전제를 아는 것으로 성취되지 않는다는 것이다. 만약 이것이 사실이라면 단순히 미학적인 삶에 머물러 있는 것은 일종의 "징벌"이며 이것은 키에르케고르의 독자들이 원하지 않는 것이다. 그들은 이러한 우리의 삶에서 가능할 수 있는 미학적 삶에 머무르는 것이 가져다줄 수 있는 혐오감에 대한 "감정적 지각"을 발전시켜야 한다. 키에르케고르는 그가 가명 "등장인물"을 만들어 냄을 통해서 이러한 것들을 잘 수행하였다고 믿었다. "실제 존재하는 사람들은 그들의 도덕적 제한이나 심리적인 제한 때문에 선과 악을 고려하는 것을 신중하게 생각해야 하는데, 가명의 인물들은 그러한 제한을 벗어나서 마음이 무너지는 상황이나 아주 재미있는 상황, 절망의 상황이거나 자랑스러운 상황, 고통의 상황이거나 환희의 상황이든지 상관없이 선과 악을 고려하는 것에 대한 경솔함을 나타낼 수 있다" (CUP, 625).[8]

우리는 키에르케고르의 가명 사용을 일종의 "예술적" 전달에 참여하는 전략으로 이해할 수 있는데, 이것은 주체적 사고를 함양하는 것을 의도한다. 그러나 간접전달과 가명을 사용하는 것을 동일시하는 것은 실수이다. 키에르케고르는 독자들의 주체적 이해를 동기 부여하기 위한 다른 많은 방법들을 활용한다. 예를 들어 그는 종종 그의 실명저작이나 가명저작에서 이야기나 비유를 활용한다.[9] 다수의 기법들은 특별한 코멘트가 필요하다.

그러한 기법들 중의 하나는 아이러니와 유머를 사용하는 방법이다. 키에르케고르의 문학석사(오늘날의 철학박사와 같은 학위)를 위한 논문 제목이 『소크라테스를 지속적으로 참고한 아이러니의 개념』*The Concept of Irony with Continual Reference to Socrates*이기에 그는 종종 그 자신을 "아이러니의 대가"Master of Irony라고 간주하였다. 키에르케고르는 그의 덴마크에서의 위치를 고대 그리스에서 소크라테스의 위치와 유사한 것으로 간주하였다. 소크라테스는 자기에게 어떠한 지혜가 없다고 간주하였지만, 나중에는 그가 그리스에서 가장 지혜로운 사람이라는 아폴로의 신탁을 주저하면서도 받아들였다. 소크라테스는 그 이유를 설명하였는데 소크라테스와 그의 동시대의 사람들은 똑같이 지혜가 없었지만, 소크라테스는 자기의 지혜가 부족하다는 것을 인정하였기 때문에 다른 사람들보다 더 지혜로운 사람이라는 것이다.[10]

소크라테스는 그의 동시대의 사람들을 그 자신의 부정적 지혜를 이해하도록 도왔는데 그 방법은 아이러니하게도 그 사람들로 하여금 질문에 참여하게 하는 것이었다. 정치인이나 교사들과의 지혜에 대한 논쟁을 할 때 소크라테스는 그들이 가지고 있는 확신에 찬 가치들을 받아들였고, 그들이 이미 소유하고 있는 경건, 아름다움, 지식에 대한 이해를 얻기 위해서 그들에게 질문하였다. 이러한 소크라테스의 질문방식을 통해서 그는 그와 논쟁하는 자들이 주장하는 것과 실제적인 통찰 사이의 차이를 분명히 보여주었다.

키에르케고르는 기독교가 국교인 국가의 가식적인 형태를 보았고 이것의 문제점을 드러내기 위해서 소크라테스식 질문법을 도입하였다. 여기에서 키에르케고르는 그의 간접전달의 또 다른 정당성을 주장하고 있다. 그 당시의 사회는 국교화된 기독교가 진정한 기독교라는 "망상"에 사로잡힌 "환상"을 믿고 있었다(PV, 48). 그러한 망상은 직접전달로 떨쳐버릴 수 없는 것이었다. 키에르케고르에 따르면 망상을 떨쳐버리기 위해서 전달자가 "자기 자신이 전달하고자 하는 것을 *바로 직접적으로* 전달하는 것으로 시작하는 것이 아니라, 다른 사람이 가지고 있는 망상을 보여줌으로 시작해야" 한다(PV, 54). 이러한 아이러니는 일종의 속임수이지만 키에르케고르는 이것이 비윤리적이지 않다고 주장하는데 그 이유는 이 경우에는 사람을 속이기 위한 것이 아니라 사람을 "진리에게로 인도"(PV, 54)하기 위한 것이기 때문이다. 그리하여 키에르케고르는 직접전달로 가능하지 않은 것을 아이러니를 통해 간접적으로 전달하는데 이것은 "은밀하게 소크라테스적이 되는 것"(PV, 54)이다.

간접전달자의 또 다른 무기는 유머다. 나는 유머에 대해서 키에르케고르의 실존의 양상과 관련된 기록과 연결에서 설명할 것인데, 유머는 종교적인 삶과 윤리적인 삶의 경계를 구분해주는 것으로 나타났고, 진정한 종교적인 사람의 위장된 모습으로 간주되었다.[11] 유머는 그 자체로 권리를 가지는 영역으로 간주되었다. 여기서 나는 키에르케고르가 모든 유머를 모순과 부조화를 받아들이는 일종의 근원으로 보는 것에 대해서 설명하겠다. 키에르케고르는 이러한 모순은 스피노자와 같은 철학자들에 의해서 나타난다고 생각했는데 그들은 "영원의 관점 아래에서" 생각하라고 주장한 사람들이다. 키에르케고르는 이러한 주장을 코미디 같은 모순이라고 생각했는데 마치 그들이 하나님의 관점에서 세상을 바라보는 것과 실제 그들의 유한한 실존과의 차이가 분명했기 때문이다.

키에르케고르의 이러한 주장은 스피노자를 겨냥한 것이 아니라 헤겔과 그의 추종자들을 겨냥한 것이었다. 헤겔의 총체적인 방법은 그에게 강력한 반대자를 만들게 하였다. 헤겔은 모든 실제가 체계적으로 이해될 때만 진리의 표현이 가능하다는 관점을 보여주기 위하여 다른 철학자들의 통찰을 활용하였다. 키에르케고르는 헤겔을 반대하는 것이 단순히 이 거대한 체계 안에서의 "순간"으로 받아들여지는 것에 대해서 두려움을 느꼈고, "전체 책 내용 중에 한 문단"으로 전락되는 것이 두려웠다.[12] 클리마쿠스에 의해서 구현된 유머 넘치는 사람으로서의 해결책은 사변적인 철학자의 방법을 추구하는 것에서 벗어나는 길이었다. 키에르케고르는 헤겔의 체계가 잘못되어서 다른 더 좋은 것으로 보완될 필요가 있다는 것이 문제가 아니라고 생각하였다. 분명한 문제는 그러한 체계는 존재 자체가 불가능한 것이었고, 특별히 이러한 지적인 체계는 실존적 지혜를 생산하기에 불가능한 것이었다. 유머에 의한 풍자가 "체계"에 대한 직접적인 공격보다 효과적이었다.

간접전달의 마지막 단계는 키에르케고르가 사용한 단어 "실험"*Experiment*에 관한 것이다. 홍Hong은 이 단어를 "상상적인 구조"로 번역했는데 나는 이러한 번역은 도움이 되지 못한다고 생각한다. 영어에는 이 단어와 어원이 비슷한 단어가 있지만 홍은 다음의 두 가지 이유에서 그 단어를 사용하지 않았다.[13] 첫째, 영어의 실험이라는 단어는 자연과학에서 주로 사용되는데 실험도구에 화학약품을 넣거나 쥐를 실험을 위해 활용하는 무심한 과학자와 관련 있는 단어이다. 그래서 키에르케고르가 의미하는 것과는 거리가 멀다.

둘째, 홍은 키에르케고르가 동사형 *at experimentere*를 사용한 것에 주목하였는데 만약에 명사형이 "실험"으로 번역이 된다면 동사형은 "실험하다"로 번역될 것이다. 그러나 키에르케고르는 이 동사를 *At experimentere en Figur*라는 맥락에서 번역하는 데 이것은 "캐릭터인물, 성격를 실험한다

experiment a character"라고 번역될 수 있다. 그러나 "캐릭터를 실험한다"라는 것은 영어에 있어서 전치사와 함께 사용되지 않으면 의미가 없는데 덴마크 말에는 뚜렷하게 전치사들이 빠져있다. 그래서 홍은 *Experiment*를 번역할 때 "상상적인 구조"를 선택하였고 동사 형태로는 "상상적으로 구성하다"라고 번역하였다.

셋째, 이러한 선택은 좋아 보이지만 나는 아직도 이 번역이 그다지 합당하다고 보지 않는데 "상상적인 구조"라는 말은 영어권 독자들에게는 의미가 거의 전달되지 않기 때문이다. "상상적"이라는 말보다 "상상력이 있는"이라는 말이 더 나은 것 같은데 "상상적"이라는 말은 다소 실제적이지 않고 허구적인 의미가 포함되는데 이러한 것은 의도하지 않은 결론을 도출할 수 있다. 그러나 나는 키에르케고르가 어원이 비슷한 이런 단어들을 사용할 때 과학자들의 실험에 대해서 얘기한 것보다는 철학자들에 의한 "생각 실험"에 대해서 말 하였다고 생각한다.(홍은 때때로 *Experiment*를 생각 실험으로 번역한다.) 철학적 '생각 실험에 대한 유명한 사례들은 그 자신을 그를 끊임없이 속이는 악령의 창조자라고 상상했던 데카르트의 경우로부터 오늘날의 외계로부터 온 훌륭한 과학자들에 의해서 전기적 자극을 받는 뇌에 대한 공상과학의 경우까지이다. 철학적 사고실험은 과학적 실험과는 다르지만 하나의 상황이나 특징을 상상적으로 존재하게 하는 노력인데 그것은 우리의 개념적 직관을 실험하고 분명하게 한다. 키에르케고르의 생각실험은 어떤 일을 상상적으로 발전시키는 것인데 그 일은 우리로 하여금 한 가지 주제에 대한 가장 기본적인 이해를 분명하게 해준다. 이러한 일을 가능하게 하는 간접전달로서의 기법은 상상력과 관련된 것이고 그 안에서 가능성이 추상적으로 서술되는 것이 아닌 실제 삶으로 나타나고 그 가능성은 실제적으로 구현된다.

산파술의 개념과 간접전달의 한계

앞에서 나는 "예술적" 전략으로서의 간접전달과 더 나아가 키에르케고르가 그의 독자들과 소통하려고 했던 전략으로서의 간접전달에 대해 설명하였다. 하지만 영어 동사의 "전달하다"는 두 가지 다른 방법으로 쓰이는데 덴마크 언어에서의 *meddele*도 비슷한 방식으로 기능한다. 한 가지는 어떤 사람이 어떤 것을 다른 사람에게 전달하려고 노력하는 의미로 사용된다. 이러한 의미의 경우는 내 아내가 나에게 쓰레기통을 치우는 것을 잊지 말라고 말했을 때 내가 그녀의 말을 들었거나 혹은 그녀의 말에 대해서 주의 깊게 들은 것과는 상관없이 그녀는 무엇인가를 전달했다는 것을 의미한다. 하지만 이 단어는 우리가 보통 "그 전달이 실제로 이루어짐"과 관련되어서 사용되는 경우도 있다. 이러한 경우에는 그 전달이 성공적으로 이루어졌다는 것을 의미하는데 그때야 비로소 무엇인가가 전달된 것이고 전달을 받는 사람들에 의해서 적절하게 받아들여진 경우에만 성립한다. 이러한 경우에는 내가 만약 아내의 말을 듣지 않았다면 그녀의 말이 전달된 것이 아닌 셈이다. 물론 그 결과에 따른 비난은 나의 책임이다.

간접전달에 관련된 주요한 자료인 클리마쿠스의 저작에 있어서 이러한 주장들은 실존과 관련된 진리를 존중하는 것인데 간접전달은 단순히 가치가 있는 것이 아니라 필수적인 것이라는 것이다. 실존에 대해서 전달하려고 하는 사람들은 반드시 간접전달을 사용해야 한다. 키에르케고르가 그의 실명저작물 안에서 후대에later 두 번째 생각을 가지고 있었다는 것을 아는 것이 중요하다. 적어도 전달자는 실존의 기독교적 관점에 대한 것을 말하려고 했어야 했는데 간접전달보다 더 이상의 어떤 것이 필요하다는 것을 알게 되었다. 기독교의 가치를 전달하는 사람은 반드시 어떤 부분에 있어서는 그가 믿는 것에 대한 직접적인 증거를 보여주며, 간증을 들려줄 수 있어야 한다. 키에르케고르는 이러한 직접적인 증거를 후대의 그의 저작에서, 자기 실명으로 기록한 종교적인 저작들, 보여주었는데 그 내용은 국교화된 기독교에 대한 공격[14]이었고 주로 신문과 잡지에 실린 글들이었다. 그가 저작한 그의 실명 저작물들은 그가 생전에 출판된 것도 있었고 사후에 출판된 것도 있었다.[15] 『저자로서 나의 작품에 대한 관점』에서 키에르케고르는 그의 간접 전달의 필요성을 변호하는데 그 간접전달은 가명의 저작으로 나타났다. 이 방법은 그 동시대의 환상으로부터 벗어나는 방법이면서 한편으로는 직접적 전달의 필요 또한 깨닫게 해주었다. 그는 기독교를 국교화한 국가에서 종교적 글을 쓰는 사람들은 "글을 쓸 때 미학적으로 시작하며 어떤 부분까지는 미학적 가능성에 대해 열어 놓아야 한다. 그러나 결국에는 자각을 위한 것이기 때문에 이러한 방법은 반드시 한계가 있다"고 주장하였다(PV, 53).

키에르케고르가 계획한 전달Communication에 대한 연속된 강의에서 그는 시속적으로 이와 같은 수상을 하였지만 실제로는 전혀 구현되지 못했다.[16] 이 기록들에서 키에르케고르는 객관적 지식의 전달과 그가 언급하였던 "역량"을 전달하는 것의 차이를 구별하였다. 전자의 경우는 직접적으로 전달이 되지만 후자는 간접전달이 요구된다. 키에르케고르에 따르면 윤리적 전달은 근원적으로 간접적인데, 인간들은 소크라테스와 플라톤의 학풍을 이미 알고 있었고 그들이 무엇을 해야만 하는지에 대한 사전지식을 소유하고 있었기 때문이다. 전달자의 역할은 사람들로 하여금 그들이 이미 무엇을 해야 하는지 아는 것을 실천할 수 있는 능력을 개발하도록 도와주는 것이다. 더 나아가서 그 사람이 이미 가지고 있는 것을 실현시켜주어야 한다. 그래서 간접전달은 소크라테스의 산파술에 대한 개념을 제공하는데 각각의 사람은 자기 안의 진리를 가지고 있고, 전달자의 역할은 그 사람들 자신이 가지고 있는 진리를 낳게 해주는 산파 역할이다. 모든 사람은 이미 옳은 것과 그른 것에 대해서 알고 있기에 그 "역량"을 배양하는 것이 필요하다는 관점은 인간의 본성에 대한 낙관적인 견해이다. 이러한 견해는 도덕적 지식을 전수함에 있어서 문화적 전통과 실천의 영향, 그리고 선과 악에 대한 영향에 대해서 과소평가하는 듯하다. 이러한 전제는 기독교적 관점에서 보았을 때 이중적으로 의심의 여지가 있다.

키에르케고르는 여전히 산파술의 개념을 집착하는데 적어도 그가 윤리적 전달이라고 불렀던 영역에서는 그런 것 같다. 키에르케고르가 간접전달의 필요성을 강조할 때 그는 소크라테스의 관점을 수용하였다. 그 관점은 한 개인으로서 진리를 포착할 수 있는 자율성과 책임성을 강조한 것이다. 하지만 키에르케고르를 더 잘 이해하기 위해서는 그가 간접전달의 필요성을 주장할 때, "성공하는 동사success verb"로서의 "전달"의 개념을 사용했음을 유의해야 한다. 어떤 사람이 주관성이나 열정을 다른 사람에게 성공적으로 전달했을 때 그 전달자는 단순한 "촉진자"에 불과하다. 수용자는 그 자신을 위해서 전달된 것을 반드시 전용appropriate(적절하게 내 것으로 활용하는 것)해야 한다. 이 성취를 위해서는 간접전달이 필요한 것이다.

하지만 간접전달은 일종의 예술이고 일종의 전략 또는 기교인데 성공적인 실존적 전달을 위해서는 아직 부족한 요소들이 많이 있다. 만약에 삶을 전달하는 사람이 그의 통찰을 이론이나 전제의 틀로 전달한다면 그 전달은 실패로 끝날 것이다. 키에르케고르는 이러한 전달은 아마도 "기계적 지식"과 "재잘거림"의 전달에 불과할 것이라고 생각하였다. 하지만 예술적으로 전달하려고 하는 사람 또한 그가 어떤 기교가 있다 할지라도 역시 실패할 것이다. 왜냐하면 전달은 그것을 수용하는 측면에서 정확하게 받아들여지고 전유될 때 성공적인 것이기 때문이다. 이것에는 특별한 기교나 전략이 필요하지 않고 그것이 소설적이든지 아이러니컬하든지 실험적이든지와는 관계가 없다. 사실 키에르케고르 자신의 천재적이면서 복잡한 미학적 작품이 독자들에게 심각한 실존적 성찰을 제공하지 못했던 이유는 독자들이 단순한 미학적 즐거움과 만족에만 그쳤기 때문이다.

게다가 전달의 직접적인 형식이 "기계적 지식"과 "재잘거림"을 양산한다는 위험은 단지 위험일 뿐 꼭 그렇지만은 않다. 예술적으로 전달하는 사람이 그 전달을 성공적으로 할 수 있다고 보장할 수 없듯이 직접적인 전달을 활용하는 사람도 때로는 다른 사람들을 도와줄 수 있는 경우가 있다. 그 경우는 전달받는 측면에서 주관적인 성찰에 참여하는 경우이다. 우리가 만약 "간접전달"을 하나의 예술로 생각한다면 그것은 인간실존에 관해서 사람들이 깊게 생각하는 것을 도와주게 된다. 하지만 그것이 가치 있고 도움이 됨에도 불구하고 간접전달이 필수적이라고 주장하게 되면 일종의 과장이 되는 것이다. 그러나 우리가 만약 성공적인 전달을 생각한다면 그 전달은 일종의 주관적인 방법을 활용하는 것이다. 그것은 전유를 요구하는 것이고 그리하여 실존에 대한 전달은 간접전달이 필수적이게 된다. 그래서 이러한 종류의 지식은 "이중반사"를 필요로 하는데 이것은 전달받는 측면에서 이루어지는 것이다. 그러나 이러한 일이 일어나기 위해서 특별한 기교가 요구되거나 필요한 것은 아니다.

키에르케고르는 윤리적 전달을 넘어서 종교적 전달로 갈 때 간접전달은 더 이상 충분하지 않다고 주장한다. 적어도 기독교적인 관점에서는 이것이 타당하다. 왜냐하면 기독교는 예수의 삶과 죽음, 부활과 같은 역사적인 사건에 기초하고 있고 모든 사람들이 이미 알고 있거나, 반드시 "상기"[17]

할 수 있는 것은 아니기 때문이다. 기독교는 반드시 헌신해야하는 내용이 있다. 그럼에도 "역량"은 중요한 것이기 때문에 키에르케고르는 기독교를 존중해서 "윤리적, 종교적 전달"은 "직접적-간접적"이어야 된다고 말했다.[18] 여기에서 직접적 전달은 그리스도에 대한 증거와 증언이 반드시 포함되어야 한다.

하지만 기독교인들이 이렇게 직접적으로 전달할 때는 소크라테스의 산파술을 활용할 수 있다. 기독교는 인간 개인 각자 안에 진리가 내주한다는 소크라테스의 가정을 받아들이지 않는다. 그 대신 죄 때문에 진리가 가려졌다고 생각한다. 하지만 키에르케고르는 사람들이 죄에 사로잡혀있다는 기독교적인 관점은 단순한 정보만으로 이해되지 않는다고 주장한다. 이러한 사람들에게는 "역량"이 필요한데 이것은 클리마쿠스가 『철학적 단편』에서 말한 "진리를 얻기 위한 조건"을 말한다(PF,14). 이러한 조건은 신앙적이어야 한다. 물론 신앙은 신념을 포함하고 있지만 키에르케고르는 그 신앙을 일종의 열정과 내면성으로 표현하였다. 궁극적으로 한 인간은 다른 인간에게 신앙을 줄 수는 없다. 그것은 하나님이 우리에게 주신 선물이다. 한 사람이 다른 사람에게 전달하는 직접적인 증언은 믿음이 나타나는 한 가지 경우에 불과하다. 사람은 다른 사람에게 믿음을 단순히 전달할 수는 없다. 더 나아가서 믿음이라는 선물은 다른 사람에게 강요하지 않는다. 키에르케고르는 한 개인이 선물로서의 믿음을 가지지 못하면 그는 기분이 상할 것이라고 생각하였다. 직접적인 증언을 하는 기독교인이라 할지라도 여전히 산파술은 활용된다. 어떤 한 사람이 "전달"을 성공하는 동사success verb로 취할 때 자신의 믿음에 대한 직접적인 증언을 할지라도 기독교적 증거는 간접적으로만 전달될 것이다.[19]

3장

진리와 주체성

 헤겔은 그의 책 『정신 현상학』 서문에서 다음과 같이 주장한다. "모든 것은 진리를 이해하고 표현하는 것인데, 그것은 실체Substance뿐 아니라 주체Subject에게도 적용되는 것이다."[1] 키에르케고르는 헤겔의 비판자였지만 그는 이 문구를 자주 사용하였다. 그러나 이 문구에서 헤겔주의가 강조하는 "절대the Absolute"로서의 "진리the Truth"를 인정하지 않는다. 키에르케고르는 인간 그 자체는 "설대"에 노날할 수 없고, "신리"를 알 수 나고 비판한다. 절대적 이상주의자로서의 헤겔은 전체로서의 실재reality는 자기의식이라는 통일체로서 이해되어야 된다고 생각하였다. 이러한 생각은 스피노자와 같은 철학자들이 주장한 것이다. 그들은 실재를 하나의 "실체"로 보았는데, 이것은 부분적으로는 옳다. 이러한 생각은 실재는 전체로서의 실체에 연결되어있다는 생각을 전제로 한 것이다. 그러나 스피노자의 이러한 개념은 "정신"으로서의 실재의 역동적인 성격을 이해하는데 실패한다. 실재는 정신이며 정신은 역동적이고 끊임없이 펼쳐져 있는 자기 의식적인 것인데, 이러한 개념들은 헤겔의 실체의 개념으로는 파악하기 힘들다.

 키에르케고르의 인간에 대한 관점은 여러 가지 측면에서 유사한 점이 있다. 키에르케고르는 자기self가 실체적인 실제라는 것을 인정한다. 그러나 우리가 자기를 단순한 "독립체" 또는 단순한 "실체"라고 생각한다면 자기의 독특한 특성을 이해하기는 힘들다. 자기가 된다는 것은 무언가가 되어가는 과정을 시작하는 것이며 자기됨에 대한 성취의 기대가 있는 것이다.

『죽음에 이르는 병』에 나타난 자기: "자기 자신과 관계하는 자기 자신"

키에르케고르는 헤겔이 제시한 정신으로서의 실제의 개념은 반대하였지만 그는 인간을 "정신"으로 생각하였고 그의 이러한 정신에 대한 개념은 헤겔의 영향을 받은 것이다. 헤겔이 실체로서의 실재의 개념을 스피노자에게 빌려와서 그 개념을 정신이라는 개념과 다시 연결한 것처럼 키에르케고르도 자기의 지배적인 개념을 서구철학에서 채택하였다. 그것은 자기를 실체 혹은 독립체로 보는 것이고 이 개념을 정신의 개념과 연결하여서 생각하였다.

키에르케고르가 설정한 기독교인의 성격을 가진 가명 저자 안티-클리마쿠스의 책 『죽음에 이르는 병』을 통해 그는 기독교적 메시지기독교적 이상를 전달하는 것은 개인적으로 가치가 없다고 생각하여 자기는 반드시 정신spirit으로 이해되어야 한다고 강하게 주장하였다(SUD, 13)². 안티-클리마쿠스는 설정된 자신의 성격과는 무관하게 이것이 어떤 의미인지 설명한다.

> 자기는 자기 자신과 관계하고 있는 관계이다. 그 관계 안에서 자기 자신과 관계하는 관계이다. 자기는 관계 그 자체는 아니고 자신과 관계하는 관계이다. 인간은 유한과 무한의 종합이며, 시간과 영원의 종합이며, 자유와 필연의 종합이다. 한마디로 인간은 종합인 것이다. 이 종합은 둘 사이의 관계이다. 이렇

게 볼 때, 인간은 아직 자기가 아니다(SUD, 13).

이 문장을 통해서 우리는 무엇인가를 구분할 수 있다. 키에르케고르는 자기는 본질적으로 관계적인데 그 관계적이라는 것은 여러 가지를 의미한다고 생각한다. 첫째, 자기는 일종의 "종합"으로 모순되는 요소를 결합하며 시간과 영원, 자유와 필연과 같은 상반되는 요소를 결합한다. 그러나 이러한 결합은 자기됨을 충분히 설명하지 못한다. 왜냐하면 그 관계 혹은 결합은 반드시 "자기 자신이 자기 자신과 관계"해야만 하기 때문이다.

여기서 키에르케고르는 자기의식이 가능한 존재로서의 자기에 내재되어있는 이중성을 생각한다. 자기는 윌리엄 제임스William James가 이야기한 내가 의식하는 것으로의 "me-self"라는 개념과 의식 그 자체로서의 "I-self"의 개념이 있다.³ 자기의식은 자기라는 개념에 이중성을 제공한다. 내가 되어지는 것을 의식할 수 있는 자기가 있는데 그것은 변할 수 없는 과거에 의해 구성된 것이다. 또한 나의 이상에 의해 구성된 것으로 그것은 내가 되고 싶은 누군가에 의해 구성된 나에 대한 개념이다. 근본적인 자기에 대한 임시적인 성격이 나타난다. 여기서 우리는 "결합"의 근본적인 이중성이 어떻게 나타나는지 알 수 있다. 자기는 부분적으로 유한하며 과거에 의해서 제한되어있다. 그러나 이것 역시 이상에 의해서도 구성되는데 그것은 "영원"한 것이고 무한한 성격을 가지고 있다.

하지만 자기는 내적으로만 관계적인 것이 아니라 근본적으로 다른 사람과의 관계로도 구성되어 있다. 안티-클리마쿠스는 자기의 추상적인 가능성에 대해 인지한다. 근본적으로 자율적이며 독립적이고 아마도 하나님이 그런 존재이지 않을까 하고 주장한다: "그 자신과 관계하는 관계는 그 자신에 의해서 만들어지거나 혹은 다른 사람에 의해서 만들어지는 것이다."(SUD,13). 그러나 인간 자기는 자율적인 자신이 아닌데: "인간 자기는 관계에 의해서 형성되며 그 관계는 그 자신과 관계하는 관계이며 그 관계는 "타자Other"와 자신과 관계하는 관계이다."(SUD, 13-14). 자기로서의 우리의 정체성은 우리 자신 밖의 무엇인가와 연결되어 있는데 우리 자신이 되는 과정은 "타자Other"와의 관계에 의해서 수행된다.

키에르케고르의 이러한 개념은 프로이트보다 오십 년 전에 나타났다. 이 개념은 프로이트와 그의 추종자들의 핵심적인 개념 중 한 가지인 대상관계이론[4]Object Relations Theory이다. 프로이트의 이론을 전체적으로 볼 때 그의 개념에 오류가 많지만 인간으로서의 우리의 정체성과 관련되어서는 몇 가지 옳은 관점들을 가지고 있다. 인간의 정체성은 처음에는 부모님과의 관계를 통해서 형성되고 나중에는 다른 사람들과의 관계에 의해서 발달된다. 그 관계는 내가 본받아야 할 기준이나 내가 거부해야 될 기준을 설정하는데 도움이 된다. 자기는 부분적으로 일련一連의 이상들set of ideals이며 그 이상들은 단순하게 나타나지 않고 타자들과의 관계를 통해서 발전된다.

키에르케고르의 자기에 대한 개념은 "타자"와의 관계와 연결되어있다. 이것은 키에르케고르의 하나님에 의해 창조된 기독교적인 개념의 자기와 사르트르와 같은 후기 실존주의자가 말하는 인간, 다시 말해 자율적이며 자기 자신이 스스로를 창조하는 자기 개념과는 분명한 차이가 있음을 알 수 있다. 다시 말하면, 자기가 자기 자신과 관계하기 위해서 관계하는 그 "타자"에 대한 언급은 바로 하나님에 대한 언급으로 보는 것이 일반적이다.

위와 같은 이해는 정확하다. 키에르케고르는 인간을 하나님의 창조물로 보았고 하나님을 의지해야 하는 존재로 여겼다. 그러나 여기에서 안티-클리마쿠스가 사용하는 추상적인 언어에 집중하는 것이 필요하다. 앞에서도 언급했듯이 안티-클리마쿠스는 기독교적인 가명인데, 그는 신학적 용어를 분명하게 사용하는 것을 주저하지 않는다. 『죽음에 이르는 병』 후반부에서 안티-클리마쿠스는 그 책의 전반부에서 밝혀진 인간에 대한 관점이 인간 자신에 대한 충분한 신학적 관점이 반영되지 않았다고 주장한다.[5] 인간이 형이상학적으로는 하나님을 의존하고 심리적으로는 다른 "능력"에 의해 구성됨에도 불구하고, 안티-클리마쿠스는 그 이념을 설명하기 위해 이 책의 첫 번째 부분에서 선택하였던 그 언어를 사용한다.

하나님이 인간을 창조하였기 때문에 인간은 하나님을 의지해야만 한다. 그러나 하나님은 인간에게 자유라는 선물을 주셨다. "하나님은 인간을 관계적으로 창조하였고 그의 선에서 벗어날 수 있도록 허락하였다. 그것은 자기 자신과 관계하는 관계와 유사하다"(SUD, 16). 키에르케고르는 인간은 하나님을 중심에 두고 살아야 하고 하나님과의 관계를 위해서 창조되었고 그 관계없이는 가치 있는 삶을 살 수 없다고 분명하게 생각했다. 하지만 하나님이 자기의식으로서의 인간에게 부여한 자유는 종종 하나님과는 다른 타자와 관계를 맺게 한다. 그러나 자기의 관계적 존재는 여전히 남아있는 것이다. 우리는 무로부터 우리 자신을 만들어낼 수는 없다.

이러한 개념들은 『죽음에 이르는 병』 후반부에서 더 분명해지는데 여기서 자기는 그 "기준"에 의해서 기술된다. 그 기준은 사람들에게 그들 자신을 측정할 수 있는 방법을 제공하는 이상적인 "타자"이다.

양들 앞에서 직접적인 자기인 목동은 낮은 자기이다. 비슷하게 노예 앞에서의 직접적인 자기인 주인은 실제로 자기 자신이 없는 것이다. 두 경우 모두 하나의 기준은 결핍이다. 부모로부터 물려받은 기준을 가지고 있는 아이들은 그 기준을 수용하며 어른으로서의 자기가 된다. 나중에는 하나님을 기준으로 받아들이며 무한한 자기 자신이 된다! (SUD,7)

자기 자신의 정체성을 자기가 기르는 양들과 비교해서 성취하려는 목동은 진정한 자기가 될 수가 없는 것은 그의 기준이 아주 낮기 때문이다. 내가 소보다 우월하다는 것에 흡족 한다면 진정한 나 자신이 될 수 없다. 노예의 주인이 그의 정체성을 그 노예보다 우수하다는 것에서만 찾는다면 진정한 자기가 될 수 없다. 물론 어떤 면에서 노예도 사람이지만 그 노예의 주인은 노예를 인격으로 간주하지 않고 재산으로 간주한다. 그렇기 때문에 자기 자신됨의 기준이 그 노예라면 노예 주인이 간절히 원하는 자기됨은 진정으로 이루어지지 않는다.

한 아이는 자기 부모의 기준을 내면화함을 통해서 진정한 인격이 된다. 그 아이가 더 넓은 세계로 나가고 그 세계로부터 배운 가치관과 혹은 더 넓은 세계인 국가가 제시하는 기준들을 배우고 비교할 때 그 부모가 제시한 이상을 비판적으로 수정하고 거부할 수 있다. (여기서 우리는 헤겔의 이상을 볼 수 있다.) 진정한 자기됨은 내면화되는 것이다. 안티-클리마쿠스는 우리 자신이 타자와의 관계를 통해서 우리의 "기준"을 발전시키거나 "측정기준"을 개발해야 한다고 주장한다. 키에르케고르의 "개인주의"는 자기를 형성함에 있어서 다른 사람이나 사회로부터의 영향을 거부하는 것과는 거리가 멀다. 대신 이러한 관점에서 자기는 자기 바깥의 다른 것과의 관계가 없이는 자기 자신이 될 수 없다. 하나님과의 관계가 중요한데 그것은 그 사회로부터의 영향을 상대화하는 하나의 방법이기 때문이다. 그리하여 그 사회로부터의 영향을 부분적으로 초월할 수 있다. 인간 자기는 완벽하게 자율적일 수 없지만 그 자기는 "하나님 앞에 서 있는 자"로서의 자기 자신을 본다. 그의 정체성은 하나님과의 관계에서 비롯된 것이고 지배적인 사회적 가치를 극복할 수 있는 능력이 있으며 하나님의 도우심으로 "자기 자신으로 든든한 자리매김"을 할 수 있다.[6]

"너 자신이 되는 것":
실체와 성취로서의 자기

우리는 키에르케고르의 자기 이해가 복잡함을 알 수 있다. 한편으로 자기는 하나님에 의해 창조된 통합체로서의 실체적인 실제이다. 다른 한편으로 자기는 내가 존재할 수밖에 없는 어떤 나 자신이다. 그러한 나 자신으로의 자기는 독특한 통일체로 가능성의 부분으로 구성되었다. 그러한 의미에서 자기는 내가 반드시 되어야 하는 어떤 것이다. 그래서 자기됨은 일종의 성취이다.

자기됨의 이러한 두 가지 관점은 서구의 지적 전통에서 발견된다. 인간을 실체, 사물의 자연 질서 안에서의 통일체로 보는 관점은 최소한 아리스토텔레스로부터 기인된 것인데 그는 인간을 관계적 동물로 규정하였다. 이런 관점은 중세까지 지배적이었고 데카르트가 인간을 생각하는 존재라고 규정지을 때까지도 여전히 지배적인 관점이었다. 데카르트는 심지어 "실체"를 무형의 영혼으로 간주하였다.

하지만 오늘날의 많은 논의들은 자기됨 그리고 인간됨에 관하여 성취의 덕으로서 어떤 것이 나타나는 특별한 위상의 범주로 묘사한다. 예컨대,

툴리Michael Tooley는 영아 살해를 도덕적으로 허락할 수 있다고 주장한다. 그 이유는 막 태어난 아이는 반성적인 자기 이해의 능력이 없기 때문에 범죄의 대상으로서의 인격이 아니기 때문이다.[7] 이러한 관점은 인간됨을 실체의 관점으로 보지 않고 어떤 규범적인 상태를 소유하는 것으로 보는 것이다.

키에르케고르는 두 가지 관점(하나님의 창조물로서의 자기, 되어져야 할 자기)을 다 지니고 있다.[8] 그의 유신론적 관점은 인간을 하나님의 자연 질서의 일부로서의 창조물로 간주한다. 그러나 하나님은 인간을 특별한 존재로 창조하였고 그들이 되고자 하는 것으로 되어가야 하는 책임을 부여하셨다. 그리하여 자기가 된다는 것은 하나의 과제를 부여받는 것이다.

요하네스 클리마쿠스는 『결론적 비학문적 후서』의 가명 저자인데 이러한 생각을 아이러니하게 표현했다. "나는 지금 모든 인간이 어떤 주체라고 이해한다. 그러나 나는 누군가가 이미 되어버린 그것이 되어버렸다. 누가 이런 것을 만들기 위해서 시간을 허비하겠는가?"(CUP, 130). 인간의 과제는 진실로 자기 자신이 되는 것인데 어떻게 보면 이것이 중요하지 않을 수 있다. 그것은 이미 누군가가 만들어놓은 어떤 것일 수 있기 때문이다. 진정한 자기의 성격에 대한 이해는 그 과제가 하찮은 것이 아닐 때 나타난다. "이미 누군가가 된 사람"what one already is은 완전한 자기 자신으로 되기 위해서 반드시 실현되어야 하는 가능성을 포함하고 있기 때문이다.

인간 자기는 "실존하는 자기"인데, 이것은 지난 장에서 기술되었던 실존에 관련된 잉태의 의미가 있다. 클리마쿠스는 안티-클리마쿠스가 『죽음에 이르는 병』에서 사용한 비슷한 언어를 사용하여 인간 실존을 시적으로 표현한다. "실존이란 무엇인가? 그것은 무한과 유한, 영원과 시간 사이에 잉태된 아이이며 끊임없이 분투하는 어떤 것이다"(CUP, 92). 이것은 실존을 예술로 만드는데 이런 일은 쉬운 일이 아니다. 클리마쿠스는 자기로서의 실존이 되는 과정을 다른 두 말에 실린 무기를 옮기는 것과 비교한다. 하나는 "페가수스 같은" 말이고 하나는 "쓸모없는 말"이다.

> 실존한다는 것은 그것을 의식한다는 의미이다. 영원성이란 날개 달린 말이며, 무한하게 빠르다. 시간성은 늙은 말과 같다. 실존한다는 것이 사람들이 일반적으로 실존한다고 말하는 그런 것이 아니라면, 실존하는 사람은 바로 마차의 운전사이다. 사람들은 실존하는 사람을 그 마차 운전사가 아니라 그 옆 조수석에 탄 술에 취한 농부라고 생각하는데, 그는 술에 취해 곯아떨어져서 마차에 누워있는데, 말들 스스로가 그들을 통제하도록 내버려 둔다. 물론 그도 역시 운전을 하고 짐을 옮긴다. 많은 다른 존재하는 사람처럼. (CUP, 311-312).

인간은 실존하지 않을 수 없다. 훗날 하이데거와 사르트르는 이 용어를 사용하여 우리는 "자유에로의 선고를 받고" "실존으로 내몰렸다"라고 선언하였다. 그러나 대부분의 우리는 단순히 인생을 표류하며, 우리는 그 말들을 말들 그 자신들이 원하는 것으로 가게 한다. 키에르케고르는 그의 독자들이 진정으로 자기 자신이 되기를 원한다.

키에르케고르는 "급진적 선택"의 지지자인가?

그러나 진정한 자기가 되어간다는 것이 무엇을 의미하는가? 자기됨에 대한 규범적 이상이 있는가? 그렇다면 그것은 무엇을 의미하는가? 특정한 이상이 있고 이 이상에 반대되는 견해들이 나타났을 때, 그럼에도 불구하고 그 사람들이 이 이상에 어떻게 헌신할 수 있을까? 어려운 문제들이 많고 그러한 문제들은 우리로 하여금 키에르케고르가 말한 함축적 인식론implicit epistemology에 대해 고민하게 한다.

다음의 세 개의 장에서 나는 키에르케고르의 실존의 세 단계 혹은 실존의 세 가지 양식-미학적 삶의 양식, 윤리적 삶의 양식, 종교적 삶의 양식-에 대해서 서술할 것이다. 그리고 나는 키에르케고르가 이러한 양식들에 순위가 있다고 생각하였다는 것을 믿는데 윤리적 삶의 양식은 미학적 삶의 양식보다 우수한 것이고, 종교적인 삶의 양식은 윤리적 삶의 양식보다 우수한 것이다. 그러면 무엇이 하나의 단계가 또 다른 단계보다 우수하게 만드는가?

하나의 대답은 아마도 이것은 "실존주의자"의 대답이 될 수 있는데 객관적으로 하나의 단계가 다른 단계보다 우수할 수는 없지만 그러나 그 단계를 더 "낫게"하는 것은 자기의 확신 혹은 자기의 선택에 달려있다. 이러한 관점에 따르면 키에르케고르가 각 단계의 순위를 정한 것은 그의 개인적인 선택이며 다른 사람에게는 또 다른 선택의 가능성을 열어두는데 이 말은 이런 맥락에서 순위가 다르다는 것은 결국 순위가 없다는 것을 의미하기도 한다. 이러한 관점에서 사람의 가장 기본적인 선택을 우리는 "급진적 선택"이라고 부를 수 있다. 이러한 선택의 이유는 존재하지 않는데 왜냐하면 그 선택은 근본적으로 하나의 선택인데, 그 선택은 결국 사람을 위한 선한 이유가 되기 때문이다.

이러한 키에르케고르의 관점은 대단한 영향력을 보였는데 이것은 사르트르가 그의 유명한 수필 "실존주의"에서 주장한 내용과 유사한데 그 책에서 그는 선택되어진 것의 가치는 선택 그 자체의 기능만큼 선한 것이라고 주장했다.⁹ 키에르케고르가 "실존주의의 선구자"라고 불리었기에 사르트르의 관점이 때때로 키에르케고르를 생각나게 하는 것은 놀라운 일은 아니다.

키에르케고르의 많은 영향을 받은 사르트르의 관점이 잘 나타나는 책 중의 하나는 매킨타이어Alasdair MacIntyre의『덕의 상실』After Virtue이다. 그에 따르면 계몽주의는 전통과 종교를 재배치하기 위해서 윤리의 이성적 기반을 제공하는 역할을 하였다. 그에 따르면 키에르케고르는 이러한 시도가 성공하지 못할 것이라고 예상한 첫 번째 사람인데, 그는 키에르케고르가『이것이냐 저것이냐』에서 이러한 통찰을 구현하였다고 주장하였다. 키에르케고르가 실제로 시도하려고 한 것은 윤리의 근본을 이성에 두기보다는 의지의 급진적인 행동에 두려고 한 것이었다.

키에르케고르와 칸트는 도덕성이라는 개념에는 일치한다. 그러나 키에르케고르는 도덕성에 이성적 정당성을 제시하려는 시도가 실패하였다는 개념을 함께 물려받았다. 칸트의 실패가 키르케고르의 출발점을 제공했던 것이다. 그것은 이성이 할 수 없었던 일을 하기 위해 선택의 행위act of choice를 요청해야 했다는 것이다.¹⁰

『이것이냐 저것이냐』는 독자들로 하여금 이 책의 1부의 A면에 나타난 미학적 삶을 살 것인가, 혹은 B면에 나타난 윤리적 삶을 살 것인가의 선택을 하게 한다. 그러나 독자들은 누가 옳은지에 관해 듣지 못했고 그들 스스로가 선택해야만 하는데, 여기에는 그 선택에 정당성을 확인해주는 어떤 외부적인 "결과"는 없다. 매킨타이어는 키에르케고르가 이러한 선택을 급진적이며, "기준이 없는" 선택이라고 생각하였다고 주장하였다.

어떤 사람이 윤리적인 삶과 미학적 삶 사이의 선택의 기로에 놓였다고 가정해 보자. 그는 어떤 것을 더 선호하는가에 대한 이유들reasons을 제공받을 수 없을 것이다. 만약에 윤리적인 삶을 지지하는 이유들이 주어진다면, -그 윤리적인 삶은 의무를 충실히 수행하는 삶, 혹은 도덕적 완전을 수용하는 삶을 사는 방식인데, 이것이 어떤 종류의 행동에 의미를 제공하는 것인데- 윤리적 삶이나 미학적 삶을 아직 수용하지 않는 사람들은 이 이유를 그 수용의 결정에 영향을 미치는 힘으로 다룰지 혹은 다루지 않을지에 대해서 선택해야 한다. 만약 그 이유가 이미 그에게 영향을 미쳤다면 그는 이미 윤리적 삶을 선택한 것인데, 이것은 그는 아직 선택하지 않았다는 가설을 벗어나게 된다. 이것은 미학적 삶을 지지하는 이유에도 같이 적용된다.[11]

이러한 논쟁은 결정적인 것과는 거리가 멀다. 다음에 따라 나오는 논쟁을 고려해보자, 정치이론 수업에서 나는 국가의 자유주의적 관점에 찬성할 것인가? 혹은 반대할 것인가를 학생들로 하여금 논쟁하게 하였는데 그 때 나는 내가 어디에 찬성하는지를 분명히 나타내지 않았다. 그 수업에 학생들이 국가의 자유주의적 관점에 익숙하지 않고, 그러한 방법에 헌신하지 않았다고 가정해보자. 이러한 경우에 우리들은 학생들이 "한 개념보다 다른 개념을 선호하는 이유를 제공받을 수 없다"고 말할 수 있을까? 자유주의에 관한 논쟁을 고려하고 있는 학생들은 "어떤 강제성이 있는 이유"를 다룰지 혹은 다루지 말지를 선택해야 한다고 말할 수 있을까? 만약 그 혹은 그녀가 이것을 어떤 강제성으로 본다면 그 학생은 이미 자유주의를 선택한 것인데, 이것은 학생이 아직 그 자유주의에 헌신하지 않았다는 가정과는 반대가 된다. 분명하게도 이러한 상황에서 학생들이 그 분명한 이유를 찾는 것은 가능하다. 학생들이 어떤 사안을 결정하기 위해서 급진적인 선택을 해야 한다는 논쟁에는 뭔가 틀린 부분이 있다. 그리고 이러한 부분이 매킨타이어가 키에르케고르를 고려할 때 나타나는 결점이다.

결점을 찾아내는 것은 어려운 일은 아니다. 한 개인이 어떤 강제성을 가지게 하는 그 이유를 선택해야만 한다는 그 가정에서부터 문제가 나타난다. 이것은 그 이유가 작용하는 방법은 아니다. 평범한 경우에 어떤 사람이 나에게 어떤 정책을 지지하거나 혹은 반대하는 이유를 나타낼 때, 그 이유는 나에게 어떤 정도의 강제성으로 작용할 수도 있고, 작용하지 않을 수도 있는데 이것은 나의 자발적인 통제력 안에 있을 수도 있고 아닐 수도 있다.

다음의 두 개의 장에서 나는 키에르케고르의 미학적 단계와 윤리적 단계에 대해서 자세히 논할 것이고 무엇이 키에르케고르가 정확하게 말하려고 했던 것인지를 논할 것이다. 미학적 삶과 윤리적 삶 사이의 논쟁은 한쪽의 삶이 다른 한쪽의 삶에 호소할 수 있다고 믿는 그 이유에 대한 논쟁이다. 미학적인 삶을 사는 사람과 윤리적인 삶을 사는 사람 둘 다 갈망과 필요가 있는 한 개인으로 그려진다. 미학적 삶을 사는 사람은 그들의 갈망을 채우기를 원하고, 권태로움을 피하기를 원하는 삶이고, 윤리적인 삶은 각 개인의 이러한 실존의 만족을 제약하거나 과소평가한다. 윤리적 삶을 사는 사람들은 그 윤리적 삶이 미학적 삶보다 더 우수하다는 것을 보여주려고 하는데 심지어 미학적 기준에 의해서 판단될 때도 그러한데 윤리적 헌신이 없는 인간의 삶은 의미가 없거나 불만족스러운 삶이기 때문이다. 이것은 전혀 급진적이지 않은데 각각의 삶에서 전혀 기준 없는 선택이 아닌 것이다.*

> ***옮긴이 주**
> 어떤 행동을 위한 선택의 이유는 기준이 없고 급진적이야 한다는 매킨타이어의 견해-그는 키에르케고르도 그런 부류다고 생각하는데-에 이 저자는 반대하고 있다. 키에르케고르의 행동은 전혀 급진적이지 않고, 오히려 단계적이며, 전혀 기준이 없는 것이 아닌데, 그 실존의 단계를 구분하는 기준이 분명히 있다는 것이다.

키에르케고르의 주체성과
고전적 정초주의에 대한 거부

하지만 키에르케고르가 분명한 결론을 주지 않는다는 사실이 매킨타이어MacIntyre가 반드시 옳다는 것을 보여주는 것일까? 미학적 삶을 사는 사람들이나 윤리적 삶을 사는 사람들이 다른 사람들에게 자신들의 삶을 호소해야 한다고 한 논쟁의 사실이 어떤 관점도 다른 관점보다 객관적으로 더 우수한 관점이 아니라는 것을 보여주는가? 키에르케고르는 둘 중 어떤 것이 나은 삶이라는 분명한 증거를 보여주지 않는다. 그래서 지금까지 우리가 아는바, 어느 삶이 더 나은 삶이라는 것은 확실히 알 수 없다. 윤리적 삶을 사는 사람들은 유혹이나 정사에 굴복하지 않고, 미학적 삶을 사는 사람들은 그들의 추문을 뉘우치지도 않고 결혼과 책임의 방법을 선택하지도 않는다.

현대의 서구 철학은 오늘날 "고전적 정초주의"classical foundationalism라고 일컬어지는 인식론적 개념에 사로잡혀있다. 고전적 정초주의는 두 가지를 주장한다. 첫 번째, 진정한 지식은 아주 높은 확실성에 의해서 알려진 진리의 기초에 근거해야 한다. 데카르트는 그의 『성찰』Meditation에서 "이성은 총체적으로 확실하지 않거나 믿을 수 없는 것들로부터 그리고 오류라고 보이는 것들로부터 나 자신을 멀리하라고 이미 설득했다"[12]고 강조하였다. 확실성의 기준은 아주 높고 그래서 오류의 가능성조차 의심의 근거가 되었다.

고전적 정초주의의 두 번째 주장은 그러한 확실성을 취득하는 유일한 방법은 총체적으로 객관적으로 되는 것인데, 이것은 왜곡과 편견에 근원으로 보이는 감정적인 것과 "주체적"인 태도를 멀리하는 것이다. 데카르트는 탁월한 본보기를 보여주는데 다음과 같이 인용하면서 자신이 확실성을 획득하는 유리한 위치에 있음을 보여준다. "오늘날, 시의적절하게 나는 나의 사고를 모든 걱정으로부터 분리하였으며 (나는 열정이라는 감정 때문에 흔들리지 않는다). 그리고 나는 나 자신의 평안한 은퇴가 보장하는 한가한 삶을 확실히 얻었기에, 나는 결국 나를 흔들어놓는 어떤 것에서 자유로운 삶을 구비하였다."[13]

고전적 정초주의의 관점에서 보면 키에르케고르의 미학적 관점과 윤리학적 관점의 논쟁은 결정 불가능하다. 양쪽 다 자신들의 우수성에 대한 증거를 발전시키거나 논쟁의 결정을 위한 필요한 증거를 보여주지 못한다. 그래서 고전적 정초주의자들은 이성이 결정하지 못한 어떤 이슈에 직면할 수밖에 없고 이 문제를 해결하는 유일한 방법으로 급진적 선택과 같은 것을 고려할 수밖에 없게 된다.

하시만 키에르케고르의 관점은 근본적으로 다르다. 키에르케고르는 인식론적인 관점에 대해서 많이 다루지는 않았지만, 그의 전체적인 구도는 고전적 정초주의자들의 개념에 대한 일종의 도전이었다. 위에서 언급하였던 고전적 정초주의의 관점들은 모두 거절되었다. 반면 현대 서구 철학에 의해서 추구되었던 절대적 확실성은 유한한 인간 존재에게는 성취가능하지 것이 아니다. 인간은 역사적인 상황 아래 놓인 존재이다. 그리고 인간은 영원이라는 관점에서 sub specie aeternitatis 사유할 능력이 없다. 이는 마치 스피노자가 우리가 행동하기를 열망해야 한다고 생각했던 것과 같다.

키에르케고르의 관점에서는 절대적으로 확실한 지식을 가지는 것은 완전하고 최종적인 지식을 가지는 것인데 이것은 헤겔이 강조한 "체계"를 가지는 것이다. 클리마쿠스는 실존의 체계를 가지는 것을 포기하라고 선언하였다. 클리마쿠스는 "논리적 체계는 가능하다" 그러나 "실존의 체계는 불가능하다"고 주장하였다(CUP 109).[14] 그는 최종적이고 객관적인 진리를 부정하지는 않았는데 왜냐하면 "실존 그 자체가 체계인데 그것은 곧 하나님"이기 때문이다(CUP 118). 문제는 인간은 하나님이 아니라는 것이고 우리는 하나님의 관점에서 세상을 볼 수 없다는 것이다.

이러한 키에르케고르의 관점으로부터 불확실성은 인간 조건의 일부분이며 고전적 정초주의자들에게 필요한 열망은 그들의 한계를 초월하는 열망이다. 그래서 윤리적 삶을 사는 사람들이나 미학적 삶을 사는 사람들이 어느 관점이 더 우세하다는 논리적 증거를 나타내지 못한다는 것에 대해 절망할 필요는 없다. 우리 인간은 불확실성을 고통스럽게 발견하고 그것으로부터 탈출하려고 한다. 존 듀이는 서구철학의 역사를 "확실성을 추구하는"[15] 역사라고 하였다. 하지만 실제로 대부분의 우리는 대부분의 시간을 불확실성을 해결하는 방법을 찾는데 소요하고 있다. 우리의 제한성에도 불구하고 우리는 헌신에 근거하여 확신과 행동을 발전시킨다.

우리는 어떻게 이런 일을 할 수 있는가? 여기에 키에르케고르의 고전적 정초주의의 인식론에 대한 두 번째 도전이 나타난다. 고전적 정초주의자들은 인간의 감정을 왜곡된 필터와 편견으로 보고 있다. 그래서 그들은 인식론적인 과제를 이러한 감정적인 것들을 분리하고 순전히 이성적이고 객관적으로 되는 것으로 보았다. 그러나 내가 지난번 장에서 논쟁했던 것처럼 키에르케고르는 그가 "주체성"과 "내면성"이라고 보았던 그러한 것들이 인간 실존의 핵심이라고 보았다. 갈망, 희망, 두려움 그리고 사랑이 없이는 인간의 삶은 불가능할 것인데 왜냐하면 인간의 선택과 행동은 이러한 것 없이는 불가능하기 때문이다.

우리의 제한성에도 불구하고 키에르케고르는 회의주의를 받아들이지 않는데 적어도 우리가 "실존적 인간 지식"이라고 부르는 관점에서는 그렇다. 이러한 지식은 인간들이 총체적인 인간이 되기 위해서, 그리고 진정한 인간 삶을 살기 위해서 소요해야만 하는 지식이다. 우리는 완전한 중립성과 객관적인 위치에 서 있을 수 없으며 진리를 순전한 논리적 입장에서 취할 수 없다는 것은 사실이다. 어떤 사람이든지 네이글Thomas Nagel이 명명한 "분명하지 않는 곳으로부터의 관점"the view from nowhere에서 우세한 방식만 고집하려고만 하는 사람은 인간 삶을 총체적으로 인식하는 데 실패하고 말 것이다.[16] 대신에 진리로의 길은 우리로 하여금 주체성을 수용하게 한다. 잔인함이 악하다는 것은 그 잔인함에 대한 감정적 불쾌함을 수용하지 않고는 인지할 수 없듯이 사람의 선함은 그 사람의 감정적인 탁월성을 받아들이지 않고서는 그것을 인지할 수 없다.

하지만, 내가 앞에서도 주장하였듯이 감정은 감정이다. 우리의 과제는 이러한 주체성을 올바른 방법으로 형성하고 발전시키는 것이다. 이것이 키에르케고르가 주장한 "진리는 주체성이다"는 것을 잘 설명하는 데 꼭 필요한 일이다. 그리고 이러한 작업은 이 장의 나머지에서 진행될 것이다. 이러한 작업은 우리에게 계속되는 장에서 논의될 키에르케고르의 "삶의 방법의 단계들"에 나타난 발달 심리학에 대한 관점을 제공하여 줄 것이다.

"진리는 주체성이다"

요하네스 클리마쿠스가 『비문학적 후서』에서 주장한 "진리는 주체성이다"는 주장은 많이 알려져 있지만 키에르케고르적인 관점에서 제대로 이해되지 못한 주장이다. 클리마쿠스는 이러한 주장이 "소크라테스적"이라고 말하는데 이것은 키에르케고르의 관점보다는 가명저자의 관점이 드러난 것으로 보인다. 기독교인으로서의 키에르케고르는 이러한 소크라테스의 관점을 인간의 죄성을 기록한 기독교 교리에 대한 키에르케고르의 헌신이 반영된 "진리는 주체성이다"라는 관점, 소크라테스의 관점과는 확연히 다른, 이 관점이 소크라테스의 관점과 변증법적으로 균형을 이루기를 원했다.[17] 그러나 두 가지 주장에서 나타나는 모순이 명백하기에 키에르케고르가 소크라테스의 논지에 몰두하였다는 것에 대해서는 의심의 여지가 없다.*

진리는 주체성이란 말이 과연 무엇을 의미하는 것일까? 우리는 이것이 의미하지 않는 바를 말함으로 시작할 수 있다. 이것은 인식론적 주관주의나 상대주의를 지지하는 것은 아니다. 이것은 키에르케고르가 "힌두교에서 비슈누가 신이라는 힌두교의 신앙 혹은 알라가 신이라는 이슬람의 신앙, 크워트*kwoth*가 신이라는 누에르족의 신앙, 심지어 모든 것이 진리이며 하나님은 없다는 무신론적인 관점을 받아들이는 것은 아닌데 이 각각의 신앙에서의 객관적인 불확실성은 강렬한 열정에 의하여 수용되는 것이다."[18]

『결론적 비학문적 후서』에 나타난 연관된 부분은 해석하기가 어려운데 왜냐하면 클리마쿠스가 잘 연결되지 않은 두 가지 이슈들을 함께 가져오기 때문이다. 그것은 인식론과 구원론을 연결하는 것인데 구원론은 신학자들이 말하는 구원에 관한 이론이다. 그는 진리에 대한 두 개의 고전적인 철학적 정의를 고찰함을 통해서 인식론에 대한 논쟁을 시작한다.

*옮긴이 주
둘 사이의 모순이 명백하다는 것은 키에르케고르가 소크라테스의 구조는 가져왔지만 그 내용은 다르다는 것에서 알 수 있다. 마치 키에르케고르가 헤겔의 양적변증법적인 구조를 빌려왔지만 그 내용은 질적변증법으로 발전시킨 것과 마찬가지다.

그 첫 번째는 그가 경험주의 이론이라고 부르는 것이다. 오늘날 철학자들은 경험주의를 진리의 인식을 실제 세계와의 관계로 보는데, 이 세계와 어떻게 관계 맺느냐는 관점correspondence view으로 이해하는데 이것은 진리를 "존재와 더불어 생각하는 것"thinking with being으로 보는 견해이다.(CUP 189) 또 하나의 관점은 클리마쿠스가 말하는 "이상주의적 관점"인데, 오늘날 철학자들이 말하는 참된 진리는 그 전제가 어떤 전제와 일관성 속에서 나타난다는 coherence theory 관점이다. 이 관점은 진리를 "사고와 더불어 존재하는 것"being with thinking으로 보는 관점이다(CUP 189). 첫 번째는 실제를 독립적이고 객관적으로 보는 것인데 사물이 실제 하는 것과 동일하게 받아들이는 것(실제와 어떻게 관계하는가)으로의 전제를 받아들인다. 두 번째는 인간 이성의 힘에 대한 확신이 있는 이상주의적 형이상학자들과 이성주의자들에 의해 주장된 것인데 궁극적 실제는 이성적으로 믿어지는 것이고 그래서 실제는 이성으로 확인된다.

진리에 관한 두 가시 견해를 제시한 후에 클리마쿠스는 그 각각에 대한 비판을 하는데 그것은 고전적 철학의 문제와 관련된 것이다. 그 문제는 "존재"being라는 것이 무엇을 의미하는지와 관련된 것이다. 만약 우리가 그 의미를 실제적이고 구체적이고 경험적인 것으로 간주하면 진리를 존재와 더불어 생각하는 관점correspondence view으로 보아야 하는데 이것은 열망 desiderantum을 의미하는 것이고, 그리고 이것은 결코 완전히 구현될 수 없는 근사치의 개념인데 구체적으로 존재한다거나 혹은 경험적 실제로 존재한다는 것은 항상 유동적in flux이기 때문이다(CUP 189). 이 세상은 과정을 통해 알게 되며 이 세상을 알기 원하는 실존하는 존재는 "일종의 존재함을 통해 무엇인가를 아는 정신"인데 이것은 "되어 짐becoming의 과정에 있는 그 자체"이다(CUP 189). 하나의 전제는 이상적인 것이고 영원한 통일체이며, 하나의 전제와 현실태 사이의 "동의"나 "부합"은 그 전제와 추상적으로 개념화된 실제 사이의 합의임이 틀림없다.

지금까지는 클리마쿠스가 이전에 주장하였던 인간 학습자를 위한 "존재의 체계"는 없다는 것을 반복하는 것처럼 보인다. 실제는 하나님을 위한 체계일 수 있는데 하나님의 관점은 절대 진리를 제공할 수 있는데 우리의 인지적인 노력으로 그 근사치에 접근할 수 있다. 그러나 우리는 이 근사치가 아무리 유용하고 가치 있을지라도 진리 그 자체와 그 근사치를 혼동하지 말아야 한다.

이 부분에서 클리마쿠스는 그의 진짜 하고 싶은 말을 분명하게 한다. 그의 관심은 진리에 대한 철학적 이론의 정확성이 아니라, 진리를 소유한다는 것이 인간에게 어떤 의미가 있는지에 대한 것이다. 이것의 중요성을 깨닫기 위해 우리는 어떤 전제를 중요하게 생각하는 현대 철학의 특징적인 방법으로 진리를 생각하는 것이 아니라, 진리에 대한 확신을 중요하게 생각하는 고대 사상가들의 방법으로 접근해야 한다. 키에르케고르가 소크라테스와 플라톤을 잘 이해했는데, 그것은 진리 그 자체가 인간 삶의 중요한 역할을 하고 진리를 소유한다는 것이 인간 삶을 살아있게끔 하도록 하는 역할을 한다는 점에서 이해한 것이다. 그러나 우리는 키에르케고르를 더 깊이 이해해야 하는데, 그것은 예수께서 그의 제자들에게 약속하신 "진리를 알지니 진리가 너희를 자유롭게 하리라"[19]라는 말씀을 이해하는 것과 같은 것이다. 진리를 소유한다는 것이 신학적으로 기독교인들에게는 "구원"을 말하는 것이고, 불교도들에게는 "깨달음"을 말하는 것이기도 하다.

키에르케고르는 요하네스 클리마쿠스가 쓴 『철학적 단편』을 통해 이미 진리에 관한 소크라테스의 퍼즐을 언급한 바 있는데 그것은 "진리가 학습될 수 있는가?"라는 질문이다(PF 9). 이 글에서 클리마쿠스는 진리는 인간이 이미 소유하고 있는 어떤 것이고, 그래서 그것은 단순히 "상기" 되어져야 한다는 소크라테스와 플라톤의 관점을 인간은 진리를 상실했다는 기독교적 관점과 대비시킨다. 기독교적 관점에 따르면 하나님 그분만이 인간에게 진리를 나타낼 수 있으며, 그는 인간들을 변화시켜야 하며, 재창조해야만 하는데, 그래서 인간은 진리를 얻을 수 있는 능력이 생기게 된다.

그래서 우리는 클리마쿠스가 진리에 관한 철학적 이론을 논의하는 것에서 그가 실제로 관심을 가지는 이슈로 전환하는 것에 대해 놀랄 필요가 없다. 인간은 어떻게 인간의 삶을 가치 있게 하는 진리를 소유할 수 있을까? 어떻게 인간은 "진리에 맞게"true-ly 살 수 있을까? 그는 "객관적인" 대답과 "주체적인" 대답사이의 분명한 대안을 제시한다.

> 진리에 대한 질문이 객관적으로 이루어신다면 그 진리는 학습자가 그 자신과 관계하는 어떤 사물로서 객관적으로 반영된다. 그 관계에 대한 성찰은 없고 그 자신이 그와 관계하는 그 사물 자체가 바로 진리이며 진실이 된다. 그 자신과 관계하는 그 사물 자체가 진리라고 하면, 그 사물 자체가 진리 안에 있는 것이다. 진리에 대한 질문이 주체적으로 이루어진다면 각 개인의 관계는 주체적으로 반영된다. 만약 진리와의 관계에서 오직 '어떻게'만 진리 안에 있다면, 각 개인 자체가 진리 안에 있는 것인데, 심지어 각 개인이 비진리와 관계 맺고 있을 때도 그 개인은 진리 안에 있게 된다(CUP 199).

클리마쿠스는 더 이상 진리에 관해서 철학적 정의를 고려하지 않고, "진리는 근본적으로 실존과 관련되어 있다"라는 것을 논의한다고 이 문장에 각주를 덧붙였다.

위의 글에서 클리마쿠스는 명제적 진리로서의 객관의 존재를 거부한 것이 아니라 그 객관적인 것에 어떤 것이 있다고 설명하는 것이다. 그가 알고자 하는 것은 객관적 진리가 무엇이라고 아는 사람이 인격적으로 "진리 안에서" 그것을 아는 것인가에 대한 것이고, 그의 신념이 객관적으로 오류가 있음에도 불구하고 진리로서 서술될 수 있는 가능성이 있는가에 대한 것이다. 유명한 생각실험을 통해서 주어진 정답, 그 안에서 그는 어떤 종류의 "기독교인"들과 열정적인 이교도들을 비교한다.

> 만약 어떤 사람이 기독교적 분위기에서 사는데 그 사람이 하나님의 집, 진정한 하나님의 집으로 가는데, 하나님에 대한 진정한 개념의 지식을 가지고 기도를 하는 사람이 있다. 반면 우상이 가득한 땅에 사는 어떤 사람이 무한성의 열정을 가지고 기도하는데 비록 그의 눈은 우상들로 가득 찬 이미지에 초점이 맞춰 있는 그곳에서 기도한다고 했을 때, 어느 것이 더 진리에 가까울까? 한 사람은 우상을 경배하면서 진리 안in truth에서 하나님God께 기도하는 사람이며, 다른 사람은 비 진리in untruth 안에서 진정한 하나님께true God 기도하는데 그래서 진리 안in truth에서 우상을 경배한다(CUP, 201).

클리마쿠스는 이점에 있어서 논쟁할 필요를 찾지 못한다. 그는 자신의 대답이 "과학의 도움으로 완전히 실패하지 않은 어떤 사람에게는 분명한 것이다"고 생각한다(CUP, 210).[20]

아마도 분명하지는 않지만 클리마쿠스가 변호하는 관점은 분명히 합리적이다. 만약 우리가 인간의 삶을 "참"되게 하는 것이 무엇인지를 결정하려고 한다면 그것은 아주 타당한 것으로 받아들여져야 되는데 다시 말하면 객관적으로 참인 지적인 신념인데 그것은 참되게 사는 것이 무엇인지를 결정하는데 필요충분조건은 되지 못한다. 이러한 신념만으로는 충분하지 않은데not sufficient 왜냐하면 한 사람을 진리 안에서 살도록 하기 위해서는 정확한 명제를 확인하는 것만으로 충분하지 않기 때문이다. 그 사람은 반드시 그의 신념을 그의 삶으로 전환해야 한다. 클리마쿠스는 이점을 설명하기 위해서 종교적 예를 활용하지만 우리는 비종교적인 예도 활용할 수 있어야 한다. 예를 들어 전 지구적인 온난화는 인간 활동의 결과로서 나타난다는 것은 참된 사실이다. 나는 인간들이 그들이 사용하는 화석원료를 사용하지 말아야 하고 온실효과를 줄이기 위해서 다른 행동들을 해야 한다고 믿는다. 그러나 내가 이러한 정확한 신념을 가지고 있다는 것만으로는 충분하지 않은데 더 결정적인 것은 이것들이 나의 행동을 형성해야하고 적절한 방식으로 나의 행위를 변화시켜야만 하는 것이다.

참된 객관적 신념이 필요하지 않나not necessary는 말노 위에서 신술된 것처럼 설명이 가능하다. 인간이 인간의 삶이 다른 사람을 돕는 사랑과 긍휼함에 헌신하는 것이 가장 최선의 삶이라고 가정하는 어떤 하나의 순간을 생각해보자. 한 사람이 이것을 믿게 되는 과정을 상상해보자. 니체Nietzsche와 랜드Ayn Rand를 읽고 긍휼은 일종의 범죄라는 것을 알게 되었고 진정한 윤리적인 사람은 자기 자신만을 돌본다는 것을 알게 된 사람이 있다고 가정해보자. 이런 객관적으로 잘못된 신념에도 불구하고 이 사람이 실제로 인간의 고통과 직면했을 때 진정한 긍휼과 사랑으로 반응하는 것은 가능한 것이다. 무엇이 궁극적으로 윤리적인가? 혹은 종교적으로 진리인가? 에 상관없이 인간의 반응은 그 이론들보다 훨씬 좋거나 혹은 나빠질 수 있다. 키에크케고르적인 관점은 이것이 주체적인 것이며 내면화된 감정과 열정이 인간 삶을 형성하고, 인간의 행동을 자극하고, 이것이 차이를 만든다는 것이다.*

진리에 사는 것과 진리를 아는 것

"진리는 주체성"이라는 이론에 대한 두 가지 반대를 제시하고, 그것에 관련된 키에르케고르의 관점을 살펴볼 것이다. 첫 번째 반대는 철학적 관점인데 인간의 삶을 참된 것과 거짓으로 단순히 문자적으로 나누는 것은 부적절하고 잘못된 것이라는 견해이다. 많은 철학자들은 명제만이 참이거나 거짓일 수 있고, 인간 삶에 대한 이야기는 비유로서의 최선이라고 생각하는 경향이 있다.

이러한 관점은 철학적 제국주의의 관점이며 이 제한적인 관점은 "참된true"과 "진리truth"와 같은 단어들이 어떻게 정당화되는지에 대해서 이해하기 힘들다. 형용사인 "참된"은 오직 명제나 진술에만 적용이 되는데 이와 같은 것은 평범한 인간의 언어생활과는 다소 거리가 먼 것이다. 사람들은 자주 "참된 친구" 혹은 "흔들리는 진리를 명확하게 할 것" 또는 "참된 사랑"과 같은 표현을 한다. 이런 평범한 사용들은 어떤 특별한 것을 측정하기 위한 이상ideal이기도 하다. 이상적인 우정을 평가할 수 있는 친구는 참된 친구이다. 만약 인간 삶에 이러한 이상이 있다면 그것은 인간이 깨달아야 하는 하나의 본보기이다. 하나의 명제가 참된 것을 표현할 때 그 참된 것의 근사치로 나타내는 것approximate이 적절한 서술방식으로 받아들여진다. 그러나 왜 인간 삶, 그 삶의 참된 것이 그 이상(ideal)의 근사치임에도 불구하

*옮긴이 주
객관적 지식은 진리를 형성하는데 있어서 충분하지도 않고not sufficient 필요하지도 않다not necessary는 의미는 다음과 같이 정리될 수 있다. 충분하지 않다는 것은 인간이 뭔가 안다면 그 안다는 것은 인간 행동을 변화시켜야 되는데 그렇지 못하다는 점에서 충분하지 않다는 것이다. 필요하지 않다는 것은 비록 잘못된 객관적 지식을 가질지라도 인간의 반응은 그 지식보다 나아질 수 있다는 의미이다.

고, 그것이 참된 것으로 서술될 수 없다고 하는 그 이유를 나는 알 수 없다.

물론 여기에서 "만약"이라는 전제가 논쟁적이지만 많은 사람들은 이러한 인간의 이상은 존재하지 않는다고 생각한다. 그러나 키에르케고르의 종교적 세계관은 인간의 이러한 삶의 방식이 가능하다고 여겨지는데 그것은 키에르케고르는 이상적인 자기로서의 우리는 창조주로서의 하나님의 의도된 방식으로 되어져야한다고 믿기 때문이다. "주체성으로서의 진리"에 대한 논쟁은 요한복음에 나타난 예수의 주장과 관련된 것이다. "내가 길이요 진리요 생명이다."[21] 이 문구는 키에르케고르의 관점과 잘 들어맞는데 이것은 단순히 진리를 가르치라고 주장하는 것이 아니라 진리가 되어라 라고 주장하는 것인데 진리가 된다는 것은 특별한 인간의 삶과 하나의 길에 동일시된다는 것이기 때문이다.

키에르케고르는 이상적인 자기상을 "하나의 잘 맞는" 모형으로 설명하지는 않는다. 이상적 인간에 관한 그의 개념은 다분히 개인주의적이다. 이상적으로 되기 위한 그리고 인간 실존의 보편적 구조를 위한 요소들이 있지만, 하나님은 모든 인간을 특별한 개인으로 창조하셨고 그분의 의도는 그 독특성을 축하하는 것에 있다. 그러나 이러한 개인성의 강조에도 불구하고 모든 사람을 위한 객관적인 어떤 기준이 필요한데 그것은 하나님의 의도에 의해서 결정된 것이다. 만약 우리가 추구해야 하는 이상적인 자기와 같은 것이 있다고 생각하는 키에르케고르가 옳다면 우리의 삶을 그 이상의 구현으로 서술하는 것은 의미가 있는 것인데 그 이상 자체는 참일 수도 있고 거짓일 수도 있다.*

*옮긴이 주
이상이 중요한 것이 아니라 그것을 구현해 내는 것이 중요하다. 그 이상에 대한 이성적인 논쟁이 참과 거짓을 판명하는 것이 아니라, 그것과는 상관없이 비록 그 이상이 논리적으로 받아들여지지 않는다 할지라도 그것이 구현된다면, 인간들이 삶을 통해서 나타낼 수 있다면 이것이 진리가 된다.

위의 내용들이 내가 의논하고자 하는 두 번째 문제를 야기한다. 인간의 삶을 참과 거짓으로 이야기하는 것이 의미가 있다 할지라도 왜 우리는 객관적인 진리와 주체적인 진리가 서로 상호 보완하는 조건으로 이해되어야만 하는가? 한 사람이 참된 것을 믿지만 거짓 행동을 한다는 것을 알 수 있는데 그래서 옳은 신념을 수용하는 것만으로는 충분하지 않다. 그리고 잘못된 신념을 가진 사람일지라도 어떤 면에서는 진실한 삶을 살아갈 수도 있다. 그렇다면 참된 신념을 가지고 참된 행동을 하는 것은 좋지 않다는 말인가? 참된 신념은 인생을 바른 방법으로 형성해줄 수는 없는 것일까? 잘못된 신념들은 사람들이 진정한 삶을 사는 것을 방해하지 않는가? 그렇다면 키에르케고르의 이교도적인 방식으로 "무한성의 내면의 열정"을 가지고 하나님 앞에서 참된 삶을 살아갈 수 있지 않을까? (예를 들어 그는 하나님이 인간의 희생을 요구하신다는 사실을 알게 된 그것이다.) 내가 앞에서 언급하였던 예를 통해 본다면 동정compassion을 일종의 악이라고 보는 니체주의자들에게는 동정으로 가득한 삶compassionate을 사는 것이 가능한 것인데 그에게는 이렇게 사는 것이 힘들 수도 있지만, 그가 완전히 니체의 신념에 헌신했다면 앞에서 언급했던 삶을 살 수 없을 것이다. * 그래서 그 사람은 참된 신념을 가지고 있고 동정에 대한 가치도 가지고 있고 그러한 신념에 대한 적절한 감정적 반응도 가지고 있다.

*옮긴이 주
동정을 악으로 보는 니체의 신념에서는 동정으로 가득한 삶을 산다는 것은 모순된 것이지만 그런 삶은 가능하며 또 그렇게 사는 사람들도 있다. 만약 그가 완전히 니체의 신념을 따른다면 그렇게는 살지 못했을 것이다. 그 말은 사람들은 자기가 추구하는 신념은 있지만 삶은 다른 방식으로 살 수 있다는 것이다. 이런 의미에서 키에르케고르는 신념을 추구하는 객관성보다 삶의 자리를 우선시하는 주체성을 강조한다.

나는 키에르케고르가 이러한 내용을 인정하기 위해서 생각의 경계선에서 압박을 깨달았다고 생각한다. 키에르케고르는 중요한 저널의 서문에서 클리마쿠스가 객관성을 가치 있게 생각하지 않았다는 관점을 거부한다.

평소의 모든 언급에는 요하네스 클리마쿠스가 겨우 주관적 실체에 불과하다는 등의 말을 모두가 한다. 그러나 그가 마지막 부분 중 하나에서 강조하였던 다른 구체적인 것에 덧붙여 완전히 간과되었던 놀라운 것이 있다. 그것은 "어떻게"가 지닌 특징이다. 만약에 "어떻게"가 세심하게 주어진다면, "무엇"또한 주어지는데, 그것이 바로 믿음의 "어떻게"이다. 바로 여기서, 이것이 가장 중요한 부분인데, 내면성은 객관성으로 드러난다.[22]

명목적인 기독교인과 이교도적인 사람들이 예시로 제시되었는데 위선적인 그리스도인 보다 이교도들이 그들의 삶에서 더 진리에 가까운 삶을 살고 있었다는 주장이 제기되었다. 그 이교도들의 상황은 이상적인 것은 아니었다. 이 말은 키에르케고르가 "당신 자신이 신실하다면 무엇을 믿든지 상관없다"라는 것을 의도하는 것은 아니다. 요점은 한 사람이 그의 신념에 대해서 열정적인 이상, 예를 들어 나치에 대해서 헌신 된 충성스러운 사람 혹은 종교적으로 고무된 테러리스트 등과 같은 인물, 그들이 인간 삶의 본보기가 된다는 것은 아니다. 물론 우리의 신념이 어떤 신리를 추구하는 것인가는 중요한 질문인데, 클리마쿠스는 다음과 같은 사실을 인정하였다. "만약 진리라는 것이 어떤 한 사람이 두 가지 중의 하나를 더 선호하는 방식으로 선택된다면 이것은 진리가 받아들여지는 그 방식이 중요한 것이다"(CUP, 247).

여기에서 단어들이 조심스럽게 선택될 수 있다. 주체성은 하나의 객관성, 명제적 진리로서 "정확하게 공평하게 중요한 것"인데, 이것은 한 사람이 둘 중에 하나를 선택하도록 강요받을 때 선호하는 방식으로 나타난다. 그렇다면 이러한 선택으로서의 강요는 언제 일어나는가? 그 선택의 강요는 객관적 진리는 주체성을 완전히 억제하는 것을 요구할 때 나타나는데 그것은 "분명하지 않는 곳으로부터의 관점"the view from nowhere을 활용한 것인데 나는 이것(객관성이 주체성을 억제하면서 나타나는 객관적으로 진리를 이해하려는 방식)에 감성과 열정을 덧붙였고 그리고 우리의 객관적 이성에 근거해서 나타나는 것만 믿으려는 방식을 해결하였다.

우리는 이제 참되게 산다는 논쟁이 진리의 이론에 대한 철학적 논쟁과 함께 시작된 이유를 이해할 수 있다. 키에르케고르의 관점에서는 순수한 객관성을 선택한 사람은 그의 삶과 신념에서 진리를 잃어버린다. 주체성을 선택한 사람은 두 영역에서 모두 진리를 획득할 가능성이 있다. 확실성을 추구하는 것은 신념의 관점에서의 회의주의와 가치의 관점에서의 허무주의로 인해 막을 내릴 수 있는데, 그것은 인간은 유한하고 역사적인 존재이기 때문인데, 인간은 그들이 "분명하지 않는 곳으로부터의 관점"the view from nowhere을 인정하게 되면 아무것도 볼 수 없는 존재이다. 키에르케고르는 보편적인 의심universal doubt에 대해서 지속적으로 주시하는데, 이것은 현대 철학의 기초가 되기에는 불가능한 것이다. 그리고 이것은 좋은 일인데, 만약 보편적 의심이 받아들여진다면 그것은 극복할 수 없는 것이기 때문이다.[23] 우리가 보기 위해서는 분명한 곳somewhere에 서 있어야만 하고, 우리의 관점에 대한 신뢰를 가져야만 하는데, 이것은 이 세상에 대한 우리의 감성을 포함시키는 것으로, 그것이 유한하든지 제한적이든지 상관없이 우리로 하여금 무엇인가를 보게 해준다.

키에르케고르의 격렬한 비판은 철학적 전통과 직접적으로 대치되는데 그 철학적 전통은 우리는 무엇보다도 먼저 지성적 질문을 설정해야만 하고 그 다음에 우리의 관심을 우리가 우리의 믿는 바가 어떻게 실제로 나타날 수 있을까로 전환해야 한다고 주장하는 것이다. 키에르케고르는 어떤 면에서 우리의 질문은 전혀 "설정"될 수 없다고 믿었는데 그것은 우리가 체계system가 없기 때문이다. 의심은 언제나 일어날 수 있고, 질문은 언제든지 제기될 수 있다. 우리가 우리의 확신을 살아내기 시작하기 전에 지적인 확실성을 요구받는다면 우리는 평생 살아내지 못할 것이다.

인간의 신념에 있어서 불확실성의 역할은 『철학적 단편』의 4장과 5장 사이에 있는 막간에 잘 나타나 있다(PF, 72-88). 이 막간에 나타난 핵심적인 내용은 나사렛 예수가 하나님이 인간의 몸을 입고 이 땅에 오신 분이라는 주장을 변호하는 것인데 사실 이런 주장은 지적으로는 불가능한 것이다. 자세한 내용은 7장에서 다루도록 하겠다. 하지만 요하네스 클리마쿠스는 일반적인 인식론적 관점을 이용해서 이 주장을 옹호한다. 흄David Hume이 주장한 "사실에 관한 문제"와 비슷한 일반적인 그림이 제시되는데 흄은 확실성에 대해서는 우리가 알 수 없는데 그것은 "생각들의 관계"relation of ideas를 통해서만 가능하다고 주장하였다.[24] 비슷하게 클리마쿠스는 신념에 대한 사실적인 성격은 "실존으로 참여함"을 필요로 하는데 이것은 일송의 불확실성을 내포하고 있는 것으로 그 불확실성은 이와 같은 사실에 내재되어 있는 만약의 가능성에 해당하는 것이다(PF, 72-88). 흄이 "사실에 관한 문제"가 논리적으로 표현될 수 없다고 주장한 것처럼 "실존으로 참여함"이라는 것이 논리적으로 확실하다고 말할 수 없다. 우리가 주장하는 것과 그 증거들 사이의 논리적인 차이는 사실 의심을 가능하게 한다. 궁극적으로 클리마쿠스는 의심은 우리의 인생에서 존재할 수밖에 없다고 주장한다. 우리는 이성을 통해서 의심을 극복할 수 없지만 의심하지 않겠다고 결단할 수는 있다(PF, 82). 우리는 신념이나 혹은 신앙에 근거해서 살 수 있지만, 이성만으로는 살아갈 수 없다(덴마크 단어에는 신념과 신앙을 한 단어로 표현하는데 그것은 *Tro*이다).

이 논의의 결론은 우리가 참된 신념을 가지게 되는 과정과 더 좋은 사람이 되는 과정을 명백하게 구분할 수 없다는 것이다. 만약 우리에게 우리가 가지고 있는 신념에 대해서 살아보기 전에 그것에 대한 지적인 확실성을 요구한다면 우리는 그 지적인 질문에 대한 해결을 진행하지 못할 것이다. 우리가 "본질적 진리", 삶에 대한 진리라고 부르는 것을 고려한다면 지적인 질문에 대한 대답을 하는 과정은 더 나은 사람이 되어가는 과정과 더불어 나타날 것이다. 이것은 전혀 새로운 생각은 아니다. 진리를 안다는 것에 그가 더 좋은 사람이 되기를 노력하는 것이 요구된다는 것은 고대로부터 공통적인 견해였다. 아리스토텔레스는 가난하게 자라서 나쁜 성격을 가진 사람이 윤리를 공부한다는 것은 의미가 없다고 말했다.[25] 키에르케고르는 "좋은 것만이 좋은 것을 안다"only like knows like라는 고대의 원칙을 수용하는데 이것은 선한 것이 무엇이라는 것을 알기 위해서는 선한 사람이 되어야 한다는 의미이다.

그래서 우리의 신념에 관한 문제는 우리가 무엇을 하는 가와 관련이 있고, 이것은 실제로 우리가 그러한 종류의 사람이 되기를 노력하는 바가 그러한 신념에 대한 이성적인 질문을 설정하는 것보다 더 중요한 것임을 알게 된다. 주체성은 우리가 우리의 신념을 행동으로 옮기는 것에서 중요한 역할을 할 뿐만 아니라 그 신념을 습득하는 것에도 중요한 역할을 한다.

이것은 우리로 하여금 키에르케고르가 왜 윤리적 진리와 종교적인 진리가 객관성을 통해서 나타나는 것에 대하여 거부하고, 이러한 활동이 "급진적인 선택"을 하는 것과 전적인 의지의 활동을 가져오는 것에 실패하지 않았다고 생각했는지에 대한 이유를 알 수 있게 해준다. 미학적 삶을 추구하는 사람에게 윤리적인 삶을 살라고 동기 부여하는 윤리주의자의 이성은 미학적 삶을 추구하는 사람을 변화시킬 수도 있고 그렇지 않을 수도 있다. 만약에 이성이 미학적 삶을 추구하는 사람을 움직일 수 있다면 그것은 윤리주의자들이 실제적인 한 개인으로서의 갈망과 희망, 두려움과 같은 것들로 그 미학적 삶을 추구하는 사람과 만났기 때문일 것이다. 실제적인 개인으로서의 만남을 통해 사람을 변화시킬 수 있다는 주장은 주체성을 풍성하게 한다.

키에르케고르가 어떤 포스트모던 사상가들이 시도하는 것과 같은 진리에 대한 이상을 해체하기 위한 고전적 정초주의의 실패를 말하는 것은 아니다. 이러한 포스트모던 사상가들은 자신들이 생각하는 것보다 더 많은 부분에서 근대 사상가들의 영향을 받았다. 근대사상가든지 포스트모던 사상가든지 다음의 전제에 영향을 받았다. "만약 객관적인 진리가 존재한다면, 우리가 그것에 접근할 방법이 반드시 있을 것이다." 데카르트로부터 후설에 이르기까지 근대 철학자들은 이 전제를 수용하였는데, 그 방법이 무엇인지에 대한 합의를 보지 못함에도 불구하고 그 방법이 반드시 있을 것이라고 결론을 맺었다. 회의론적인 포스트모던 사상가들은 우리가 그러한 방법이 있는가에 대한 의문을 제기하고 객관적인 진리는 포기해야 한다고 주장한다.

키에르케고르는 이 두 가지 종류의 사상가들의 가설을 모두 다 거부한다. 실제는 하나님을 위한 시스템이며, 내가 그것을 얻을 수 있든지 없든지에 상관없이 하나의 진실한 방법이 존재한다. 우리가 방법을 모른다는 그 사실 자체가 근대 철학자들이 추구하던 근본적인 확실성인데 그래서 객관적 진리를 포기해야 할 이유가 없는 것이다. 그래서 그는 미학적 삶을 추구하는 사람과 윤리적 삶을 추구하는 사람의 특정한 삶을 기술할 수 없을지라도, 윤리적 삶이 미학적 삶보다 나은 삶이며, 종교적 삶이 윤리적 삶보다 나은 삶이라는 것이 가능하다고 생각하였다. 우리가 주체성으로부터 벗어날 수 없으며, 실수의 가능성으로부터 자유롭게 할 어떤 논리적 기술은 존재하지 않는다. 키에르키고르가 사람이 진실한 삶을 위해 알아야 하는 그 무엇을 발견할 수 있다는 믿음이 있었지만, 그는 이것이 가능하기 위해 하나님이 고안하신 그 과정은 주체성을 통해 알 수 있다고 믿었다.

> 하나님이 물고기로 하여금 영양분이 있는 한 특정한 호수에 살게 해 두신 것, 그렇지 않았으면 식물이 자랄 수 있는 그곳을 지정해주고 그곳에 살라고 하신 것이 희박한 것처럼, 인간을 그들이 참으로 고려해야만 하는 것이 무엇인지를 알지 못한 채 내버려 둘 가능성은 희박하다... 추구해야 하는 것은 그 추구하는 과정 중에 있는 것인데, 아직 믿음을 가지지 못한 것을 고려하는 중에서의 믿음, 아직 사랑을 가지지 못한 것을 고려하는 중에서 사랑... 그 필요는 자양분을 가지고 오는데, 그 자체로부터가 아닌 하나님의 섭리 덕에 의해서 가능한 것이다(CD, 244-245).

비진리로서의 주체성

유한한 인간 지식의 역량에 대한 낙관적인 평가는 한 가지 면에서만 인정된다. 이 장의 앞부분에서 언급하였듯이, 키에르케고르는 기독교 사상가로서 인간이 유한할 뿐 아니라 죄인임을 믿었다. 『후서』의 같은 장에서 요하네스 클리마쿠스는 진리는 주체성이라는 것을 기독교적 입장에서 신중히 고려해야 함을 주장하였는데, 그 주체성이 비진리로 보일 가능성이 있었기 때문이다. 이 주제에 대한 완전한 논의는 키에르케고르의 종교적 삶에 대한 기록을 살펴보고, 기독교적 실존의 관점을 논의하기 전까지는 가능하지 않는데, 이것은 6장과 7장에서 논의될 것이다. 그러나 이 주제는 여기서 적어도 최소한으로 언급되어야 할 것이다.

주체성은 비진리라는 주장은 주체성은 진리라는 주장과 정면으로 모순이 되는 것처럼 보이지만, 클리마쿠스가 말한 것처럼 그것은 그렇지 않다. 그가 말하기를 기독교적인 관점에서 "주체성이나 내면성이 진리라는 논의는 주체성이 비진리라는 그런 방식으로부터 시작된다."[26] 이것은 이론적으로 진리가 인간 삶에 관계하기 위해서는 주체성을 통해서만 가능하다는 의미이다. 기독교적 관점에서의 실제 인간 존재는 완전한 진리와는 거리가 멀다. 과제는 남아있지만, 인간의 상태를 의미하는 것이 소크라테스가 상상했던 것보다 더 어려운 과제이다.

4장

미학적 실존: 순간을 위한 즉흥성

2장에서 나는 키에르케고르가 인간의 삶을 세 가지, 미학적, 윤리적, 종교적으로 나눈 것을 소개하였다. 이것이 잘 알려진 "삶의 방식에 대한 세 가지 단계"이다. 어떤 사람은 이러한 것이 내면성이나 혹은 주체성과는 다른 형태이고 인간 삶에 독특한 형태를 가져다주는 돌봄과 열정의 구성과는 다른 것이라고 말할 것이다. 키에르케고르는 이런 인간 삶의 형태를 "단계"라 봄으로써 발달하는 양상 안에 있는 인간 실존에 관해서 말하고자 한다. 어떤 의미에서는 어린아이처럼 미학적 단계가 시작되며 그리고 윤리적 단계로 발달하여, 결국 종교적 단계에 도달하는 이런 단계가 인간 존재에게 자연스러울 것이다.

하지만 키에르케고르는 이런 관점을 "실존의 양상"으로도 보았다. 그래서 처음으로 제기되는 질문은 단계와 양상이 어떻게 같이 존재할 수 있는가이다. 그에 대한 대답은 인간의 자기됨의 영적인 성격을 다시 기억하는 것에 있다. 인간은 부분적으로 자기 자신의 발달에 자유롭게 참여하는 자기 결정적인 존재이다. 키에르케고르는 인간이 미학적 단계로부터 윤리적, 종교적 단계로 발달하는 것이 창조자에 의해서 의도된 것이라고 생각하였고 이런 관점에서 그 발달은 "자연적"이지만, 영적인 발달은 전혀 자동적으로 혹은 필수불가결적으로 이루어지지는 않는다. 영적으로 성숙하다는 것은 얼굴에 수염이 나거나 사랑니가 생기는 것을 요구하지는 않는다. 그 대신 사람은 어떤 한 단계에 "고착"되는데 만약 한 사람이 그 단계를 깨닫고 그가 거부한 더 높은 가능성의 단계를 깨달았다면 바로 그 깨달은 단계가 실존적으로 선택된 실존의 양상이 되는 것이다.

"자연적"이란 단어는 이 맥락에서는 애매모호하다. 만약 "자연적"이라는 의미가 건강하거나 적절함을 의미한다면, 이런 의미는 사실은 하나님이 그의 피조물에게 의도한 것인데 (키에르케고르의 관점에서) 단계를 통한 이러한 발달은 자연적인 것이다. 그러나 "자연적"이란 의미가 "보통," 즉 규칙적으로 일어나는 것을 의미한다면 이 발달은 자연적이지 않는데 그 이유는 키에르케고르는 대부분의 사람이 미학적 단계의 삶을 산다고 믿었기 때문이다. 물론 어린 아이일 때의 미학적인 삶과 어른이었을 때의 미학적인 삶은 분명한 차이가 있을 것이다. 적어도 윤리적인 관점에서 어른의 삶은 죄책감으로 나타날 것인데, 이러한 종류의 비판적 판단은 모든 미학적 단계에 사는 사람들에게는 적용되지 않는다.

실존의 단계나 자발적인 실존의 상태를 나타내기 위해 "미학적"이란 용어를 쓰는 대신에 키에르케고르는 적어도 두 가지 다른 용어를 사용했다. 그 용어는 주로 예술과 실제적인 관계 맺음을 하는 것으로 특징되는 데 특별히 예술을 이론화하는데 사용된다. 예를 들어 레씽Lessing은 『결론적 비학문적 후서』에서 "미학적 삶"을 사는 사람은 "시와 시각예술 사이의 경계"를 설정하고 그의 독자들에게 "미학적 관찰의 풍요로움"을 제공해준다 (CUP, 64). 이러한 관점에서는 목회자들의 설교가 미학적으로 평가된다면,

그것은 신학적인 건전성이나 경건함을 불러일으키는 효과성에 있는 것이 아니라 그 설교가 구조적, 문체적, 전달성에 있어서 얼마나 예술적인 우수함을 담보하는가에 달려있다.

키에르케고르에 의해서 사용된 용어들은 내가 인간 삶의 영역을 나타내기 위해 사용된 용어들이다. 예를 들면, 윤리적 삶이나 종교적 삶을 살기를 시작하는 사람은 미학적 삶을 완전히 떠날 수 없는데, 그것은 이러한 현상이 인간 삶의 보편적인 영역이기 때문이다. 하나의 설교를 미학적으로 판단하는 것이 가능하다는 사실은 미학이 인간 삶 어디에나 존재할 수 있다는 것을 나타내는데, 설교는 사람들을 즐겁게 할 수 있고 혹은 짜증이 나게 할 수 있고, 또는 아름답게 표현될 수 있거나 서투르게 표현될 수 있고, 또는 재미있게 할 수 있고 지루하게 할 수도 있다. 키에르케고르가 실존의 단계를 제공할 때, 이러한 점이 고려되었다는 것을 알아야 한다. 윤리주의자들은 만약 한 사람이 윤리적으로 사는 것을 선택했다면 그 윤리적 삶의 우수성을 주장할 것인데, 그 사람은 미학적인 삶을 완전히 포기하지 않아도 된다. 사실은 우리가 다음 장에서 보게 되겠지만, 『이것이냐 저것이냐 II』에서 판사는 미학적 삶의 목적, 다시 말해서 삶의 미학적 영역의 만족이나 충족은 미학적 삶 그 자체에서 보는 것보다는 윤리적인 삶 안에서 더 잘 이해된다고 설명한다.

비슷한 방법으로 윤리적 삶에 비교해서 종교적 삶의 우수성은 단순히 윤리적 기준에 의해서 판단되는 것보다 종교적인 삶이 윤리적인 삶보다 더 우수하다는 주장에 의해서 더 명확해진다. 만약 이것이 사실이라면 윤리적인 영역은 종교적인 영역에 의해서 보존되어야 하는데, 윤리적인 것이 종교적인 것으로 변화되었을 때도 마찬가지고, 이것은 미학적 영역이 윤리적인 영역이나 종교적인 영역 안에서 보존되어야 하는 것과 비슷한 이치이다.

키에르케고르의 이러한 세 단계 혹은 세 가지 양상은 인간 실존자들이 직면할 가능성이 있는 개념적인 '지도'를 제공하는 것임에도 불구하고, 그는 이러한 생각들을 단순히 배워야 할 심리학적인 이론을 제시한 것이 아닌데, 그 이유는 '간접적인' 전달방법 때문이었다. 그의 목적은 그의 독자들이 지적으로 수다를 떨기 위한 것도 아니었고 실존의 세 단계와 관련된 키에르케고르의 관점을 단순히 나열하는 것도 아니었다. 그 대신에 독자들이 이러한 삶의 가능성에 대해서 감성적으로 이해하기를 원했다. 2장에서도 설명하였듯이 키에르케고르는 단지 미학적 삶에 대해서 얘기한 것이 아니라 미학적 특징과 미학적 삶에 심취되어 있고 그 것에 대한 열정 혹은 반감을 보이고 있는 사람들에 대해서 설명하였다.

키에르케고르가 다른 목적으로 시대를 달리해 다양한 양상의 각기 다른 특징들을 제공하였다는 것을 아는 것은 중요하다. 만약 키에르케고르가 경직된 형이상학적 이론을 제시하려고 했다면 이들 중 일부분은 모순으로 나타날 수도 있다. 그러나 실존의 양상은 각각이 복잡하고 다양한 형태로 구성되어 있다. 그래서 각각의 양상은 다른 각각의 양식과 더불어 비슷하기도 하고 또한 다르기도 한 복잡한 구조를 형성한다. 이러한 복잡성 때문에 그 차이들이 각기 다른 상황에서 자세히 설명된 것은 놀라운 일이 아닌데, 그 이유는 어떠한 목적 때문에 어떤 유사성은 다른 유사성보다 더 중요하게 취급될 수도 있기 때문이다. 그러므로 우리는 키에르케고르가 윤리적 삶과 종교적 삶의 공통점을 강조할 때도 있었고, 어떨 때는 서로 다른 점도 강조한 것을 발견할 수 있다. 미학적 삶은 어떤 면에서 윤리적인 삶 보다는 종교적인 삶과 거리가 더 멀 수 있는데 또 어떤 면에서는 미학적 삶이 종교적인 삶과 더 가까울 경우도 있는 것이다.

즉흥성으로서의 미학적 삶: 순간을 위한 삶

미학적 삶이 다양함에도 불구하고 공통적으로 소유하는 요소가 있다. 그것은 키에르케고르가 말한 '즉흥성'the immediate인데 이 단어는 인간 실존 의식의 핵심에 자리 잡고 있는 자연적이고 저절로 일어나는 감각을 일컫는 단어이다(우리는 곧 키에르케고르의 즉흥성에 대해서 더 많이 알게 될 것이다). 이 단어는 지각 또는 감각을 뜻하는 *aisthesis*로 그리스어에 뿌리를 두고 있는데 거기로부터 현대 영어 단어인 "anesthesia"마취가 나왔고, 이것은 사람들의 의식적인 감각을 제거하는 의학적 과정을 의미한다. 키에르케고르에 있어서 미학적 삶의 다양한 양상은 이러한 감각과 직접적으로 연결되어 있다. 어린아이는 자연적으로 미학적 삶을 살아가는데 그 아이는 "순간"을 살기 때문인데 이러한 삶은 즉흥적인 욕구가 우세한 삶이다. 그 어린아이에게 "나는 그것을 원해요"는 참으로 강력한 주장이다. "만족을 단념하는 삶"이라는 것은 그들에게는 성취하기 어려운 요구인데 이러한 삶은 어른들에게서도 찾아보기가 힘들다. 예술은 즉흥성과 연결을 가지고 있는데 왜냐하면 예술은 어떤 점에서 감각에 호소하기 때문이다(오늘날 "개념 예술"은 이러한 주장에 대한 반대의 예로 나타나는데 키에르케고르는 이러한 발달을 기대하고 있었고 미학적 용어에 대한 이해가 있었다). 미학적 삶을 사는 사람들 역시 "순간"을 사는데 삶의 방식에서 만족을 추구하는 방법으로 살아가는 경향이 있다. 그리하여 『이것이냐 저것이냐 II』에서 윌리엄 판사는 "미학적 삶을 사는 사람은 그 자신 자체가 즉흥적인 삶을 추구한다"(EO II, 178)고 말한다. 이 미학적 삶은 한 사람을 주어진 그대로로 받아들이는 것이고 만족하기를 원하는 것에 집중하고 있고 가능한 많은 만족을 추구하려고 하고 있다.

이 시점에 있어서 키에르케고르의 미학적 삶과 철학자들이 얘기하는 쾌락주의의 관계를 살펴보는 것이 중요하다. 쾌락주의란 쾌락이 유일한 본질적인 선이며 그래서 선한 인간의 삶은 가능한 많은 쾌락으로 가득 차야 하고 그리고 최소한의 고통이 있어야 한다고 주장하는 관점이다. 두 개념 사이의 비슷한 점도 있겠지만 두 가지 개념은 다른 것이다. 쾌락주의자가 미학적 삶의 한 유형일 수 있겠지만 쾌락주의가 전형적으로 주장하는 내용과 비교했을 때 키에르케고르의 심리학은 더 미묘하고 더 복잡하다.

쾌락의 추구로서의 인간의 삶을 서술할 때 쾌락주의자들은 쾌락 그 자체를 추구해야 할 목적으로 강조하며 그 목적은 어떤 삶의 방식을 다른 것들보다 합리적rational으로 만드는데, 그들이 우리가 추구하는 좋은 것good thing을 추구하도록 허락하기 때문이다. 쾌락주의는 인간이 자신들의 신념이 비합리적일 수 있고 자기 패배적일 수 있다는 것을 인정한다. 하지만 가장 기본적인 동기는 특별한 목적을 향하는데 그것은 삶의 쾌락이다.

키에르케고르는 인간은 자연적인 욕구를 가지고 있고 그 욕구는 만족을 요구한다는 쾌락주의자들의 주장에 동의하지만, 인간 모두가 우리가 쾌락이라고 부르는 동일한 개념의 욕구를 추구한다고 특징화시키는 것은 잘못된 것으로 생각한다. 인간의 욕구는 놀라우리만큼 다양한데 피학대 도착주의자masochist들은 고통을 갈망하는데, 슬픔의 느낌을 즐기는 사람들 중에도 여전히 피학대 도착증이 아닌 사람들도 있다. 어떤 사람들은 만족을 즐기는데 그들이 비참할 때만 행복한 만족을 느낀다고 생각하는 사람들도 있다.

키에르케고르는 쾌락에 초점을 두지 않고 욕구 그 자체에 초점을 둔다. 미학적 삶을 사는 사람들이 원하는 것은 그것이 무엇이든지 상관없이 단순히 그들이 원하는 것을 얻는 것이다.『이것이냐 저것이냐 I』에서 가명 저자 A는 이 책의 서론격인 "Diapsalmata"에서 이 개념을 완전히 정리한다. "내가 물 한잔을 요청했을 때 아주 순종적인 나의 하인이 세상에서 가장 비싼 와인을 가장 비싼 잔에다가 맛있게 만들어서 가져온다면 나는 그에게 즐거움이라는 것은 내가 즐기는 내용에 있는 것이 아니라 나의 즐김의 방식에 있다는 것을 알도록 할 것이다."(EO I, 31.)

우리는 미학적 삶을 사는 사람이 행복이나 만족을 추구할 것으로 생각하지만 이러한 주장은 정보로서 가치가 없다. 어떤 면에서는 이 말은 미학적 삶을 사는 사람이나 종교적인 삶을 사는 사람에게 똑같이 적용될 수 있다. 미학적 삶을 사는 사람이 특징적인 것은 즉흥적인 욕구의 만족과 연결되어 있는 행복의 방법인데 이러한 욕구는 매우 다양하다.

키에르케고르가 미학적 삶을 특징짓는 또 다른 단어는 시간이다. 미학적 삶을 사는 사람은 "순간" 안에서 살고 순간을 위해서 산다. 이것이 왜 이렇게 되는지 아는 것은 어렵지 않은데, 즉흥적인 욕구는 이러한 순간적 성격을 지니고 이러한 욕구 만족을 위해서 사는 사람들은 만족하는 순간의 삶을 연속적으로 즐긴다. 아이스크림을 원하는 아이는 지금 원하는 것인데 어른도 비슷한 긴급함을 가지고 있을 수 있다.

키에르케고르에 있어서 실존의 세 가지 양상에 있어서 다른 성별과의 특별한 관계를 나타내는 예시들이 있다. 미학적 삶에서는 그 관계는 성적인 정사인데 열정이 불타는 것이지만 헌신은 없다. 윤리주의자들에게는 그 예는 일부일처제이며 종교적 삶을 사는 사람에게는 자발적인 독신주의로 나타날 수 있는데 그것은 에로틱한 삶을 포기하는 것이다.

즉흥적 미학적 삶과 성찰적 미학적 삶

우리가 상상할 수 있듯이 미학적 삶은 그 범위가 다양한데 인간 욕구 그 자체의 광대함을 나타낸다. 그럼에도 불구하고 미학적 삶은 소위 "즉흥적 미학적 삶"으로부터 "성찰적 미학적 삶"에 이르기까지의 연속체로서 구성될 수 있다. 이 두 가지 형태는 극단적으로 볼 때 신화적 인물로 상징화될 수 있다. 돈 주앙Don Juan은 전형적인 즉흥적 미학을 추구하는 사람으로 볼 수 있고 반면 파우스트Faust는 매우 지적인 인물인데 성찰적 미학을 추구하는 사람으로 상징화될 수 있다.

미학적 실존이 전체로서 즉흥성이라는 형태로 특징화될 때 미학적 삶의 즉흥적인 형태와 성찰적인 형태를 어떻게 구분할 수 있을까하는 의문을 가질 수 있다. "성찰적 즉흥성"은 소위 "거대한 새우"와 같은 모순이 되는 개념이 아닌가? 새우가 다양한 크기를 갖고 있듯이 즉흥성도 이러한 정도의 차이가 있다는 것을 알게 되고 그러므로 실존의 형태는 다른 것과 비교되는 상대적인 즉흥성의 한 형태라는 것이 가능해진다. 우리가 실제적인 인간 욕구를 살펴보게 되면 그 감각의 정도에 따라 그 특징들이 다르다는 것을 알 수 있다.

하루 종일 뜨거운 태양 아래서 일해서 갈증을 느끼는 사람과 캘리포니아로부터 생산된 삐노 느와pinot noir(캘리포니아의 대표적 와인)를 원하는 와인 전문가의 차이를 고려해보자, 둘 다 음료수를 마시고 싶다는 욕구가 있지만 그 동일성은 거기에서 끝이 난다. 첫 번째 사람의 욕구는 몸의 원초적인 구조가 반응하는 것인데 그것은 물을 필요로 하고 갈망하는 것이다. 이러한 욕구를 가지는 것에는 반성이나 교육은 필요 없다. 삐노 느와Pinot Noir와 카르베네 쇼비뇽Cabernet Sauvignon(호주의 대표적 와인)의 차이를 음미하기 위해서 맛의 감각을 개발할 필요가 있는데, 이것은 언어로 표현했을 때 그 포도주의 미묘한 "맛"note을 나타내는 일종의 상상력이다.

욕구의 어떤 형태는 다른 사람들에게는 진실함이 될 수 없는 지적이고 상상적인 개념이 본질적으로 포함되어 있는 경우가 있다. 미학적 삶의 다양한 형태의 차이를 최소화한다고 할지라도 키에르케고르는 매일 밤 단순하게 술을 원하는 사람과 자기 자신의 정련되고 품격 있는 미각을 자랑스럽게 생각하는 사람과의 광범위한 차이를 분류화하기를 원했다. 두 종류의 삶 모두 다 사람들에게 일어날 수 있는 욕구 만족에 집중하였는데 그것은 어떤 의미에서 "즉흥성"의 감각이다. 그러나 후자의 욕구는 정련되고 교육된 것이며 성찰적 자각의 정도가 전제되어 있는데 그것은 상상력이 욕구와 관계하기 때문이다.

어떤 사람은 이러한 성찰적 미학을 단순히 즉흥적인 것으로 보는 것에 반대할 것인데, 그 이유는 이러한 삶이 교육에 의해서 발달된 어떤 것을 전제로 하기 때문이다. 어떤 면에서 이 말은 확실히 옳다. 성찰적인 미학적 삶을 사는 사람은 매우 교양이 있는 사람인데, 이 사람은 잘 훈련된 지성을 가지고 있고 잘 개방된 상상력을 가지고 있다. 그러나 키에르케고르는 이러한 사람도 일종의 즉흥적인 감각을 가진 사람이라고 말하는데, 그 이유는 키에르케고르가 지적인 발달과 발달 그 자체를 구분하기 때문이다. 어떤 사람은 즉흥성이란 감각이 성찰적이라는 것과 반대되는 개념으로 생각할 수 있지만, 또 한편으로는 즉흥적인 사람은 윤리적인 사람이나 영적인 사람과 대비될 수가 있다.

여기에서 우리는 다시 한번 키에르케고르가 가정한 자기에 대한 관점을 한 번 더 살펴볼 필요가 있다.[1] 자기는 선택에 의해서 형성되는데 지성으로만 무엇인가를 선택하기에는 부족하다. 어떤 결정을 위해서는 감정과 열정이 동반되어야 한다. 하지만 아주 고도로 지적인 사람들은 그 지적인 능력이 그로 하여금 그 개인의 삶과는 거리를 두려는 경향이 있다. 어떤 종류의 반성과 지식은 그 자체로 충분하지만 때로는 그 지식에 대해서 우리가 구경꾼의 관점이라고 부르는 것들이 요구될 수 있는데 그 구경꾼들은 자신의 개인적인 참여가 없는 상태로 어떤 사안에 대해서 관찰할 수 있는 사람들이다. 예를 들어 어떤 사람이 윤리적인 삶을 살아가지 않고서도 그 윤리적 이론에 대한 지식을 알 수 있는 것이다. 이것은 지적으로는 가능한 일이지만 실존적으로는 가능하지 않은 것인데 이것은 여전히 즉흥성이라는 감각과 연결되어 있다.

성찰적 미학과 관련되어서 나타나는 즉흥성이라고 말할 수 있는 또 다른 부분들이 있다. 헤겔은 "즉흥적인"이란 것은 자기 충족적이며 이것은 "타자"를 고려하지 않는 것인데, 그래서 풍성함과 결정을 가능하게 하는 관계라는 관점이 결여되어 있다고 설명하고 있다. 키에르케고르의 성찰적 미학은 정확하게 이런 종류에 고립되어 있는 개인을 의미하는데 이 개인은 다른 사람과의 실제적인 관계로부터 단절되어 있다. 우리가 3장에서 보았듯이 키에르케고르는 그가 "개인주의자"라는 명성에도 불구하고 헤겔주의가 주장하는 자기에 대한 관점을 공유하는데, 그 관점은 자기는 타자와의 관계를 통해서 정체성을 형성한다는 것이다. 그래서 성찰적 미학은 아직 개발되어야 하거나 "즉흥적인"[2] 것으로 판명이 되는 것이다. 키에르케고르는 헤겔주의가 말하는 "즉흥성"을 잘 이해하였고, 헤겔주의의 관점에서 성찰적 미학을 설명하였다.[3]

우리가 곧 보게 되겠지만 『이것이냐 저것이냐 Ⅰ』의 가명 저자는 아주 성찰적 미학의 대표적인 사람이다. 키에르케고르가 미학적 삶의 대표적인 인물로 아주 성찰적인 사람을 선택한 것은 우연이 아니다. 사실은 "즉흥성" 미학이 성찰적이 되기는 쉬운 일이 아니다. 하지만 더 중요한 것은 키에르케고르는 미학적 삶의 성찰적 형식은 단순한 즉흥성 그 자체의 형식보다 더 호소력이 있고 더 성공적으로 될 가능성이 있다고 믿었다. 키에르케고르는 미학적 삶이 그 자체의 궁극적인 문제를 가지고 있음에도 불구하고 더 정직하게 더 공평하게 그 삶을 들여다보기를 원했다. A가 아주 성찰적인 사람일지라도 미학적 삶의 즉흥적인 형식에 대해서 기록하였는데, 그것은 그 즉흥성의 형식보다 더 활력 있는 것을 원하는 방식이었다. 다음 부분에서 나는 즉흥적 미학에 대한 A 자신의 기록을 검토할 것이다.

모차르트, 돈 조반니, 그리고 즉흥적 미학

A가 참으로 성찰적 미학을 추구한다 할지라도 그는 모차르트의 오페라인 돈 조반니에 나타난 돈 주안의 모습에 사로잡혀 있었다. 특히 이는 이런 신화적 이상이 모차르트의 위대한 오페라, 돈 조반니에 표현되기 때문이다. 왜 돈 주안과 그의 음악이 A에게 그렇게 호소력이 있었는지에 대한 의문은 A를 이해하는 것과 미학적 삶의 즉흥성의 양극을 이해하는 데 있어서 중요한 부분이다. A의 모차르트 오페라에 대한 찬양은 그의 글 『이것이냐 저것이냐 Ⅰ』에 서정적으로 잘 표현되어 있는데 "즉흥적인 에로틱의 단

계" 혹은 "음악적 에로틱"이라고 불리었다.

이 에세이는 미학을 비판하는 사람들에게는 심각하게 받아들여지는데 사실은 이러한 비판은 많은 부분 헤겔의 언어와 논쟁 형식을 채용한 것이다. 그럼에도 오페라에 대한 열정과 사랑으로 가볍게 치장해서 시작한 학문적인 형식은 결국 이 에세이의 내용에서 열정에 더 무게를 두고 만다. 그 자신을 자유롭게 반박하고 그의 관점을 비꼬아서 더 정확한 결과가 나오게 하였다. 고전적 작품은 이미 "무한한 가치"로 등급이 매겨졌기 때문에 그 자체에 대한 등급을 매기는 것이 불가능하다고 말을 했지만, 결국 그는 돈 조반니를 불멸의 고전으로 보여주어야만 했다. 그리고 모든 위대한 예술 작품 중에서 가장 최고의 것으로 등급을 매기고 말았다(EO, 48).

헤겔은 모든 예술의 실제적인 기능은 그가 "관념"혹은 "절대"라고 불렀던 것을 표현하는 것에 있다고 주장하였다. A는 모차르트의 오페라를 하나의 관념의 표현으로 보고 있지만 또한 문제의 관념은 가장 반-헤겔적인 관념, 즉 "감각의 천재"라는 관념이다. 돈 주안은 이런 관념이 육화된 신화적 인물이었다.

> 중세에 어떤 지도에도 나타나지 않는 산에 대해서 많은 이야기들이 있었는데, 그것은 비너스venus라고 불리는 산이었다. 감각과 가공되지 않은 쾌락이 이 왕국에 있었다. 그 왕국에는 언어나 사상이라는 것은 존재하지 않았는데, 열정의 가공되지 않는 목소리와 욕망의 기쁨과 흥분의 거친 소음만이 가득한데... 이 왕국의 첫아들이 바로 돈 주안이다 (EO I, 90)

여기에서의 A의 언어는 후대의 니체가 『비극의 탄생』*The Birth of Tragedy*

에서 디오니시오스적(흥청망청하는)인 주장을 한 것과 아주 유사하다. 니체와 마찬가지로 A는 감각적인 것을 도덕적인 잣대로 보는 것을 원하지 않았다. 돈 주안의 왕국은 기본적으로 "죄악의 왕국은 아니다". "반성이 끼어들기 시작하면서" 나중에는 "돈 주안은 살해되고 음악은 멈추고 만다…"(EO I, 90).[4]

음악은 감각적인 것을 표현하는 완전한 매체인데, 음악이 "감각적임의 언어"이기 때문이고, 돈 주안은 음악을 위한 완벽한 주제가 되는데, 그가 감각적임의 이상을 구현하였기 때문이다. 19세기 미학의 이론은 형식과 이론의 완전한 조합을 위대한 예술의 특징으로 보았기 때문에 모차르트의 오페라는 현저하게 탁월한 작품이 된다. 음악이 돈 주안의 이상을 표현하기 위한 완전한 매체가 된 것이다. 돈 주안은 음악의 완벽한 주제가 되었다. 물론 A는 이것은 글자로 전달될 수 없고, 반드시 음악 그 자체를 들음으로서 가능하다는 사실을 안다.

여기 돈 주안이 있다. 만약 당신이 그를 들음을 통해서 돈 주안의 생각을 알 수 없다면, 당신은 영원히 알 수 없을 것이다. 그의 삶의 시작을 들어보자. 그것은 천둥 구름의 어두움으로부터 파생된 빛으로 볼 수 있는데, 그는 천둥 번개보다 더 빠르게 진지함의 심연을 파열시킨다… 그가 어떻게 삶의 복잡함 속으로 꺼꾸려져 들어가는지를 들어보자. 그가 어떻게 그 자신의 견고한 둑에 반하여 against 자기 자신을 붕괴하는지 들어보자. 춤추는 바이올린 악보를 들어보자, 기쁨을 알리는 것에 대해서 들어보자, 즐거움의 의기양양함을 들어보자, 축제의 더 할 수 없는 행복의 즐거움을 들어보자. 그의 거친 여행에 대해 들어보자. 그는 빠르게 나아가는데 전혀 멈춤이 없다. 열정의 지칠 줄 모르는 열망을 들어보자, 에로틱한 사랑의 한숨 소리를 들어보자, 유혹의 속삭임을 들어보자, 유혹의 소용돌이를 들어보자, 순간의 고요함을 들어보자, 모차르트의 돈 주안을 듣고, 듣고, 또 들어보자(EO I, 103).

실제로 한 개인이 돈 주안은 될 수 없다. A는 계속해서 "돈 주안이 권력으로서의 관념과 개인으로서의 삶 사이를 서성거리고 있음"을 주장한다(EO I, 92). 이러한 원초적인 힘은 오직 음악을 통해서만 표현되는데, 그래서 A는 몰리에르Moliere, 17세기 프랑스 극작가와 바이런Byron, 17세기 영국 시인의 돈 주안에 대한 문자적인 해석은 필연적으로 열등한 것임을 주장하는데, 그것은 우리가 돈 주안을 하나의 특정한 개인(스페인에서 혼자서 1,003명의 여인을 유혹했을 것이라고 가정되는)으로 생각하기 시작하자마자 그는 우스운 인물이 되고 말 것이기 때문이다(EO I 92).

감각의 육화로서의 돈 주안의 매력appeal은 원초적인 열정이 구현된 것이라고 생각할 수 있다. 돈 주안은 삶은 후회와 또 다른 생각에서 자유임을 구현한다. 만약 그가 바른 일을 하고 있다면 그는 그 결정을 고민하거나 의아해하지 않는다. 모든 인간은 열정이 걱정과 의심과 의심을 다 극복하는 순간을 경험할 수 있는데, 이러한 순간은 그 사람은 그가 느끼는 그 자체가 되는 것이다. A와 같은 최고조의 성찰적인 사람들도 그 어떤 사람보다도 이런 종류의 즉흥성의 끌림을 느낄 수 있다. 이러한 호소력에도 불구하고 어떤 실제적인 사람도 문자적으로 돈 주안이 될 수 없다는 것을 아는 것은 그리 어렵지 않은 일이다. 돈 주안이 되려고 노력하는 생각에는 다소 역설적인 요소가 존재하는데, 어떻게 한 개인이 자기-의식의 부족함을 요구하는 목표를 향해 자기-의식적으로 나아갈 수 있겠는가? 자기-의식을 덜 가지는 전력은 가능할지 모르지만, 돈 주안이라는 관념에는 우리가 도달할 수 없을 것 같다. 성찰적인 능력이 뛰어난 사람에게는 돈 주안은 에덴동산과 같은 잃어버린 고향을 대표하는 것으로 보일 수 있는데, 그 누구도 거주할 수 없지만 모든 사람이 돌아가기를 동경하는 그곳이다.

실제로 미학적 삶의 한 순전한 형태를 만든다는 것은 어려운 일이다. 심지어 만약에 어떤 사람이 그의 열망을 돈 주안이 활용한 것과는 연결되지 않는 실제적인 단계로 후퇴하여 평가한다고 하더라도, 연속적인 유혹자는 많은 어려운 점에 봉착한다. 유혹에 성공하기 위해서 그 유혹자는 충분한 운이 있어야 하고, 매력적이어야 하고, 돈도 있어야 하는데, 이러한 자산들을 계속 소유하기란 어려운 일이다. 결국은 그 자신들은 소진될 것이고, 현실에서는 돈 주안은 AIDS나 다른 성적 질병에 노출될 가능성이 많은데, 이 현실에서는 가능하게 여겨지는 폭력적인 아버지, 바람난 남편이나 약혼녀, 상처받은 여성의 복수 등은 전혀 언급되지 않았다. (오늘날 돈 주안의 여성은 이러한 많은 어려움에 직면하리라고 예상된다). 미학적 삶을 사는 그 남자의 관점에서 볼 때, 가장 큰 문제는 미학적 삶의 즉흥성의 형태가 궁극적으로 지루함과 만족하지 못함으로 귀결된다는 것이다. 하룻밤 만남을 즐기는 남자 혹은 여자는 그 모든 일들에서 단조로움을 호소하기 시작한다.

이러한 이유에서 키에르케고르는 『이것이냐 저것이냐 I』에서 미학적 단계에서 단순히 매일 밤을 향락적으로 즐기려는 즉흥적인 것을 추구하는 사람을 제시하지 않는다. 대신에 A를 제시하는데, 그는 세련되고, 교양 있고, 감각적인 쾌락을 탐닉하지 않고 언제나 인생에서 "흥미로운 것"만 찾으려고 노력한다. 그러므로 이 미학적 삶의 또 다른 양상을 살펴볼 필요가 있는데 그것은 A에 주목하는 것이다.

농작물의 윤작輪作: A의 미학적 철학

A는 "윤작"이라고 제목이 부쳐진 글에서 미학적 실존에 대한 그의 관점을 재치있고 분명하게 밝힌다. 이 글의 전제는 인간 삶의 가장 큰 악은 지루함이라는 것이다. "지루함은 모든 악의 근원이다"(EO, I 285). A는 아이들이 자신들이 즐거울 때, 행동거지를 잘하지만, 그들이 지루해지면 곧 문제를 일으킨다는 사실을 지적한다. 이제 우리는 이 기록을 우리가 "아이를 돌보는 여자" 혹은 아이들을 돌보는 사람에게 요구할 수 있는데, 이러한 사람들은 신뢰가 있어야 할 뿐 아니라 아이들과 즐겁게 놀 줄 알아야 한다(메리 포핀스, Mary Poppins와 사운드 오브 뮤직, The Sound of Music에 나오는 마리아는 이렇게 아이들과 재미있게 지내는 사람으로 묘사되었다). A는 미학적 삶이 다른 우리의 삶과 비교되는 것이 없고 "오직 아이를 돌보는 것이 그 미학적 삶의 비교 대상이 됨"을 한탄한다(EO I, 286). 오늘날 사회적 활동에 대한 불만의 소리는 다음과 같다:

> 만약에 어떤 사람이 그의 아내가 싫증이 나기 때문에 이혼을 요구한다면 혹은 한 왕이 그 왕의 자리에 있는 것이 싫증이 나서 그 왕위에서 물러나는 것을 요구한다면 혹은 한 성직자가 성도들의 말을 들어주는 일이 싫증 나기 때문에 그 일을 관둔다면 혹은 어떤 저널리스트가 그 일이 끔찍하게 지루하기 때문에 자기의 일을 관둔다면, 그 어느 누구도 자신의 일에서 성공하지 못할 것이다. (EO I, 286)

현재의 서구사회는 A가 살았던 그 당시 사회보다 A의 생각에 보다 더 가까운데 그것은 싫증 나기 때문에 이혼한다든가 설교에 대한 싫증 때문에 목회자가 그 일을 관둔다든지 정치인이 그 자신이 지루한 사람이기 때문에 정치적인 권력을 빼앗긴다든지 하는 일들은 거의 없기 때문이다. 아마도 우리는 한 사람의 저널리스트가 단순히 지루한 글을 쓰기 때문에 그 일을 잃게 된다고 볼 수는 없지만, 그들이 아주 높은 점수를 받기에는 너무나 지루한 글들을 쓰기 때문에 그들의 일자리를 잃어버릴 수 있다고 생각할 수 있다.

인간의 문제를 지루함으로 설정한 이후에 A는 이 지루함을 극복하기 위한 두 가지 방법을 제시한다. 한편으로 이 지루함을 극복할 수 있는 지도는 다양함을 계발하는 것에 달려 있는데 A는 이것을 상징화하기 위해서 농사의 비유를 활용한다. 이것은 윤작법이다. 하지만 이것을 이해하는 두 가지 방법이 있다. "저속하거나 비예술적인" 방법으로 불리는 것들은 "농작물을 마구 베어버리거나 그것을 태워버리는 것과" 비슷한데, 이러한 방법으로는 진정한 농작물의 순환이 일어날 수 없는데, 일반적으로 농부들은 그들이 경작하는 땅이 다 소진될 때까지 농사를 짓다가 그 이후에 다른 땅으로 옮겨가서 농사를 짓는다. 항상 새로운 것을 추구하는 사람에게는 농업의 비유가 적절하지 않다.

> 어떤 사람은 그가 살던 나라에 싫증을 느껴서 그 나라를 떠나고, 어떤 사람은 자신의 고향에 싫증을 느껴서 자신의 고향을 떠나는데, 유럽 땅이 싫은 사람은 미국으로 가기도 하고, 어떤 사람은 이 별에서 저 별로의 끊임없는 여행을 자기 마음대로 상상해보기도 한다. 그 움직임은 하나의 방향을 제시할 수 있지만, 그 폭은 광범위하다. 어떤 사람은 자기 그릇이 싫증이 나서 은그릇에 먹기도 하고 은그릇이 싫증이 나면 금 그릇에 먹기도 하는데, 어떤 사람은 트로이의 대화재를 형상화하기 위해서 로마 땅의 반 이상을 불태우기도 한다. (EO I 291-292)

A는 이러한 방법은 궁극적으로 자기 자신을 바보로 만드는 일인데, 왜

냐하면 새로운 것을 추구하는 그 자체는 결국 지루함으로 귀결되기 때문이다.

A가 제시하는 방법은 "그 땅의 변화에 있는 것이 아니라 진정한 농작물 수확의 순환을 이루기 위해서 경작의 방법을 바꾸거나 그 곡물의 종류를 바꾸는 것에 있다"(EO I, 292). 외부적 자극과 관련되어서 인간의 한계를 인식할 때, A는 지루함을 해결할 수 있는 방법으로 인간이 할 수 있는 상상의 무한한 능력을 활용할 것을 제안한다. 그 비밀은 물리적인 경험을 추구하기보다는 내면의 강렬함을 추구하는 삶에 있다. 독방에 갇혀 있는 죄수나 지루한 수업에 매여 있는 학생들은 어떻게 인간이 그 한계를 받아들이고 그것을 상상을 통해서 극복해 나가는지를 보여준다. 여기에서 요구되는 것은 외면적 세상으로부터 잠시 물러나 있어서 어떤 경험으로 상상력을 동반한 재창조가 될 수 있는 밑그림이 되게 하는 것이다. 미학적 삶을 추구하는 사람들은 상상을 통해서 그들의 미래를 펼쳐나가는데 그들은 현재의 경험을 기억하고 그 후에 그 기억으로부터 분리되는 것을 통해서 새로운 것들을 창조한다.

이러한 모든 시도를 A는 "기억과 망각 사이의 보편적인 규칙"이라고 말하였다(EO I, 292). 진정한 미학적 삶을 사는 사람은 그의 삶을 예술로 만드는데, 이것은 예술적 자유가 요구되는 것이다. "어떤 사람에게 어떤 한순간이 기억될 수 없을 만큼 의미가 없는 순간이 없듯이 어떤 한 순간이 어떤 사람에게는 많은 의미를 내포하고 있는데, 그것은 그 사람이 그 순간을 기억하기 때문이다"(EO I, 293). 이것은 삶에 있어서 조심스러운 훈련을 요구하는데, 이것으로 인하여 한 사람은 "희망을 물속으로 던져 버려야 하고" 우정이나 결혼과 같은 영구적인 헌신과 같은 것에 매여 있어야 하고 이러한 것들은 예술적인 자유를 제한하고 미학적 삶을 사는 사람들이 갈망하는 "전全실존적 삶에서의 셔틀콕을 가지고 노는 것"을 불가능하게 한다(EO I, 294). 이것이 미학적인 삶이 다른 사람들과의 관계를 회피한다는 의미가 아니라, 반대로 다른 사람들과의 관계를 통해서 삶을 흥미 있게 만든다는 의미이다. A는 인간관계가 "보다 더 깊은 관계로 발전할 수 있다"고 말하는데, 이것은 필요하다면 그 관계를 끊어버릴 수 있다는 의미이기도 하다(EO I, 295-296). 아마도 이러한 깊은 관계는 삶에 흥미를 주기도 하고 양념이 되기도 한다.

즐거움은 반드시 조절되어야 하고 그래서 사람들은 지속될 수 없는 것에 지나치게 의존하지 말아야한다. "처음 시작부터 사람들은 어떤 즐거움에 한계를 설정하고 어떤 결정을 위해서 모든 역량을 쏟아 붓지 않는데, 자신이 하고 싶은 그 모든 일들이 확실한 신뢰 속에서 이루어지는 것이 아니기 때문이다"(EO I, 293). A는 예술적인 미학적 삶을 사는 사람을 어떤 즐거움 중에 있더라도 "그것을 기억하기 위해 그것을 주시할 수 있는" 능력이 있는 사람이라고 묘사하였다(EO I, 294). 미학적 삶을 사는 사람은 다른 사람들이 즐기는 것을 즐기는 사람이 아니라 그 즐거움을 소유한 자기 자신을 즐기는 것이다.

미학적인 삶이 추구하는 것은 어느 정도의 자기 만족과 자기 절제이다. 즉흥적인 만족을 추구하는 사람, 그가 만약 유혹하는 사람이라면 그 사람은 나이 듦, 질투하는 연인, AIDS, 혹은 개인이 통제할 수 없는 다른 요소에 의해서 반드시 멸망할 것이다. 그러나 상상력을 통해서 살아가는 방법을 배우는 사람은 그 삶에 대한 견고함을 얻게 될 것인데, 그것은 그의 삶의 기술과 관련 있다.

이러한 자유를 유지하는 핵심적인 전략은 임의적인 것을 활용하는 것이다. "사람은 직접적인 방법으로 즐길 수 없지만, 그 자신이 임의적으로 가지고 온 완전히 다른 방법으로 즐길 수 있다." 한 사람이 연극의 가운데 부분을 보고 있더라도 그는 그 책의 세 번째 섹션을 읽고 있다 (EO I, 299). A는 그 자신이 철학적 강론에 지루함을 이겨내기 위해서 그 내용들을 이야기로 만들어서 다시 소개하고 있다.

나는 갑자기 그 남자가 말을 할 때에 유난히 땀을 많이 흘리는 것을 발견하였다. 그런데 그의 땀은 나로 하여금 주목하게 만든다. 나는 그의 이마에 땀의 결정체가 어떻게 모이는지를 발견할 수 있고 그것이 하나의 물줄기가 되어서 코를 타고 흘러가고 코의 가장 끝부분에서 액체 형태로 맺혀있는 것을 발견하게 된다. 바로 이런 짧은 순간을 통해서 모든 것이 변화되는데, 나는 단지 그의 눈썹과 코에 맺혀있는 땀을 보기 위해서 그 사람으로 하여금 그의 철학적 강의를 시작하게 동기부여 하는 기쁨을 누린다(EO I, 299).

내 생각에는 현대의 예술에 있어서 임의성은 아주 중요한 역할을 함이 틀림없다.

마음mind을 유혹하기: "유혹자의 일기"

『이것이냐 저것이냐 I』은 유명한 "유혹자의 일기"로 마무리되는데 이것은 키에르케고르의 글 중에 최초로 다른 나라 언어로 번역된 내용들이다. A는 이 글에서 그 자신의 저작권을 무시하고 실제로 살아있는 유혹자로부터 그 일기를 훔쳐 온 것을 강조하였다. 그러나 이러한 저작권에 대한 부인은 이 책 전체의 가명의 편집자인 은둔자 빅토르Victor Eremita에 의해서 의심을 가질 수밖에 없게 되었다(EO I, 8-9). 빅토르는 A가 이 일기의 저자임을 확신하는데 그는 A가 이 글이 자신의 글이라는 것에 대해서 두려워하고 그 글로부터 자신을 멀리하려는 어떤 이유가 있다고 보았다. A는 확실히 이 일기에 대해서 불편해하였다. 이 일기의 서문에서 그는 "나는 내가 정사에 대해서 생각할 때마다 나를 옥죄어 오는 걱정으로부터 나를 통제할 수 없었다."라고 기록하고 있다(EO I, 310). A가 이 일기의 저자라는 것이 분명한데 빅토르는 그 일기의 내용이 A가 종종 그의 글에서 기록하였던 생각들과 거의 유사하다. 그 개념은 "강력한 유혹자"의 개념인데 그는 돈 주안과 대비되는 성찰적인 사람인데 "얼마나 많은 사람을 유혹하였는가보다는 어떻게 유혹하였는가"에 더 초점을 두었다(EO I, 9). 이러한 성찰적인 유혹자는 감각적인 즐거움을 추구하는 것이 아니라, 삶에 있어서 "흥미로운 것"을 추구한다. 빅토르의 이러한 관점뿐 아니라 A가 이 일기의 진짜 저자임을 나타내는 다른 이유들도 있다. 유혹자의 일기에서 이 사람은 "농작물의 윤작"에 나타난 "방법"과 일치되는 삶을 사는데, 헌신을 피하면서도 그의 즐거움과 열정을 조심스럽게 통제하고 그래서 삶을 절제하고 흥미를 추구하기 위해서 임의성을 즐기고 있다. 또한 유혹하는 여인 코델리아Cordelia의 편지들이 이 일기에 포함되어 있었는데, 이 글들은 만약 A가 유혹자가 아니었다면 그가 그 글들을 가질 수 있었을까에 대한 의문을 제기할 수 있다. 나의 결론은 다음과 같다. A가 자신을 일기에서 멀리 떨어뜨리려는 시도는 미학적 삶의 성찰적 형태와 관련된 심각한 문제를 일으킨다는 하나의 암시이다. 그리고 이런 문제들은 그의 일기에서 어느 정도 드러난다.

그 저자가 누구든지, 실제저자에 의해서 그 일기에 주어진 제목은 실시간 상황 주석 "4권"Running Commentary No.4 Commentarius perpetuus no. 4이다(EO I, 303). 이 글이 유혹자가 쓴 글에서의 네 번째 유혹을 의미할 수는 있지만, 이것은 같은 일련의 사건에 대한 네 번째 출판version일 수도 있는데 그것은 A가 그 일기를 "역사적으로는 정확하거나 엄격한 서술은 아니다. 이것은 직설적이지 않고 가정적인 것이다"라고 평가하였기 때문이다(EO I, 304). 실제 삶의 사건들은 구술에 의존하지만 그 저자는 이러한 사건들을 그 자신의 즐거움을 위해서 상상력이 가미된 이야기로 만들었다. A는 이러한 전략을 다음과 같이 설명한다.

> 시인의 삶은 그가 홀로 가져올 수 있는 것보다 더 풍성하다. 그 풍성함은 시적인데 그는 실제의 상황을 시적으로 즐긴다. 그는 이것을 시적인 성찰의 형태로 재개념화한다. 이것은 두 번째 즐거움인데 그의 전 삶은 이 즐거움을 위해서 고안되었다. 첫 번째 즐거움은 그는 개인적으로 미학적 삶을 즐기는 것이고, 두 번째 즐거움은 그가 그의 인성(성격)을 미학적으로 즐긴다는 것이다(EO I, 305).

실제로 그 유혹자는 그 자신의 삶을 예술작품으로 만드는데, 그는 그 자신으로부터 자기 자신을 멀리하는 것을 통해서 시적으로 사는 것을 시도하였고 그 삶을 즐겼다. 그 뿐만 아니라 그는 마치 그가 한편의 연극을 관람하는 것처럼 그 자신이 삶을 즐기는 것과 그 자신의 삶에 다양성을 즐기는 것을 자기 스스로 관찰하였다.

그 일기는 유혹자가 관찰자로서 행동하는 것으로부터 시작되는데, 그 관찰자는 거의 관음증을 가진 사람으로서 젊은 여성들과 연인들을 실제로 관찰하는 삶을 산다. 그리고 그 이야기는 그가 초록색 망토를 입고 있는 여성을 관찰하는 것으로부터 시작된다. "내가 눈이 멀었던가? 영혼이 그 시력을 잃어버린 내적인 눈을 가졌던가? 나는 그녀를 보았지만, 그것은 하늘의 계시를 본 것과 같았고 그래서 그의 형상은 완전히 사라졌다"(EO I, 323).

그 유혹자는 우리가 소위 말하는 사랑에 빠진 그 감정으로 충만하였는데 그가 너무 싫증이 나서 느낄 수가 없다고 생각한 것이다(EO I, 324). 그러나 처음에는 그 유혹자가 즉흥적으로 그의 마음을 따라가지는 않았는데 그 대신 어떤 흥미 있는 것을 만들어 내기 위해서 이 관계를 어떻게 이용할까를 생각했다. "나는 완전히 사랑에 푹 빠져있었는데 마치 오리가 물속에 고개를 푹 처박고 있는 것처럼 살았다. 나는 다소 어질어질한 상태에 있었다. 그러나 그 상황에서 나는 더 나은 것을 추구할 수 있었는데 나는 이러한 관계를 통해서 나 자신과 약속하였다"(EO I, 324). 그래서 "농작물 윤작"에 나타난 전략을 따라갔는데 유혹자는 "자기 자신을 제한해야 한다. 그것이 모든 즐거움의 필수적인 조건이다"(EO I, 325) 라고 말했다.

유혹자가 진정으로 원한 것은 그 젊은 여자, 코델리아와의 성적인 관계가 아니었다. 그가 정말로 원한 것은 그녀를 특별히 재미있는 삶으로 유혹하는 것이었는데 이러한 방식의 유혹은 그 유혹 자체가 그녀의 행동으로 나타난 것이다. 그는 그녀로 하여금 그 자신을 유혹하기를 원했는데 이것은 그녀의 육체를 통제하는 것뿐 아니라 그녀의 정신을 통제하는 것이 요구되었다. 그러나 그 통제는 그녀가 그것을 의식하지 못해야 하는 것이었고 결국에는 그녀가 그를 유혹하였는지 혹은 그가 그녀를 유혹하였는지를 알 수 없는 상태가 된다(EO I, 308).

A의 계획은 단순하였고 완벽하게 실행되었다. 코델리아로 하여금 이 사실을 알게 한 다음 그는 그녀에게 청혼하였다. 이 일이 일어나기까지는 그는 그녀에 대한 그의 진짜 관심을 드러내지 않았는데 그 대신에 그는 지루함을 이길 수 있게 도와달라고 요청하였고 그녀에게 접근하게 하지 못하는 또 다른 경쟁적인 구혼자를 갈팡질팡하게 하였는데 그리하여 그 유혹자

가 더 흥미롭고 인상적인 사람이 되게 하였다. 그 약속기간 동안에 유혹자는 그녀로 하여금 중산층의 약혼과 결혼의 거짓되고 지루한 성격을 보게 하였는데 그래서 결국은 그녀 자신이 "흥미로운 것"을 발견하기 시작하였다. 그녀는 파혼하기로 결정하였고 순간순간을 살아갔는데, 그것이 정사의 절정으로 인도하였다. 유혹자의 승리는 이상하게도 단순하게 보이지만 오래가지는 못하였다.

> 왜 이러한 밤은 계속 지속될 수 없는 것일까? 알렉트리온Alectryon(아레스신의 명령을 충실히 수행하지 않은 벌로 수탉으로 변한 소년)이 그 자신이 해야 할 일을 잊어버렸을 때, 왜 태양은 그것에 대하여서 충분히 동정적이지 못했을까? 모든 것이 끝났고 나는 그녀를 다시 보기를 원하지 않는다. 그녀가 정체를 드러내는 순간 그녀는 약해졌고 모든 것을 잃어버렸다. 이러한 현상은 남자에게 있어서 부정적인 순간이지만, 그 여자에게 있어서는 그녀에게 존재의 가치를 부여하는 순간이다. 이제 모든 저항은 불가능하다. 그리고 저항이 존재하는 이상 사랑하는 것은 아름다운 것이다. 그러나 그것이 사라지는 순간 사랑은 악짐이 되고 습관이 되는 것이다(EO I, 445).

우울감과 고통을 포용하는 성찰적 미학적 삶

미학적 삶의 성찰적인 형태를 만드는 것에 문제가 있다면 그 문제는 A가 쓴 글의 어떤 부분이든지 혹은 유혹자의 일기 어디에선가 나타날 것이다. 내가 제안하는 것은 A가 그 일기에 저자인지 아닌지가 중요한 것이 아니다. 더 중요한 것은 A의 글들과 그 일기가 인간 실존과 유사한 관점을 제공한다는 것인데 그 관점은 내가 "성찰적인 미학"이라고 부르는 것인데 A와 유혹자가 이 용어를 사용하고 있다.

이 성찰적 미학의 가장 주요한 문제는 그가 드러내는 우울감melancholy에 대한 문제이다. 이 심리적인 상태에 대해서 가장 완벽한 영어 단어를 찾기가 힘들다. 덴마크 말에는 *Tungisindebed* 가 있는데 이것은 "무거운 마음"을 의미한다. 홍Hong은 이 단어를 "우울"이라고 번역했다. 그러나 오늘날 사회에서 "우울"은 아주 의학적인 용어인데 많은 경우에 이것은 병리학적인 원인과 연결되어서 언급된다. 이럴 경우에는 미학적인 삶에 피해를 주는 영적인 불안감과는 거리가 먼 단어가 된다. 그래서 나는 이것을 미학적 삶의 "우울감"이라고 하겠다.

　우울감에 대한 성찰적 미학의 경향은 『이것이 저것이냐 I』의 전반부에서 아주 분명하게 나타난다. 이 책은 "Diapsalmata"라고 명명되는 경구적인 문구가 연속적으로 나타나는 것으로부터 시작하는데 이것의 많은 부분은 A의 삶에 의기소침한 면을 나타내는 것이었다. "나의 마음을 즐겁게 하는 포도주는 더 이상 없고 이러한 것이 나를 슬프게 하는데 이러한 것들이 나로 우울하게 만들었다. 나의 영혼은 무미건조하고 무기력한데 나의 욕구를 일으키기 위한 노력은 다 헛되이 돌아갔고 이것은 소진되었다"(EO I, 41). 비슷한 감상적인 문구들이 나타났는데 "나의 영혼은 아주 무거워서 어떤 생각도 일어날 수 없고 앞으로 더 나아가기 위한 어떠한 날개 짓도 가능하지 않았다"(EO I, 29).

　이 우울감은 확실히 일종의 문제로 간주되고 있고, 나중에 볼 윤리주의자들은 이것에 어려움에 대해서 논하고 있다. 그러나 미학적 삶을 사는 사람들이 이것을 문제로 보는지에 대해서는 확실하지 않다. 그보다도 그들은 이 우울감을 껴안으려고 한다. "그 영국 사람이 그의 집에서 언급하였던 나의 슬픔에 대해서 말하겠는데 나의 슬픔은 나의 성곽이다"(EO I, 21). 더 분명하게는 A는 그의 우울감을 연인으로 간주한다.

> 내가 알고 있는 많은 지인들 외 더 친숙한 친구가 있는데 그것은 나의 우울감이다. 내가 즐거울 때나 내가 일할 때나 그가 나에게 손짓하고 나를 부르는데 심지어 내가 집에 머물러 있을 때도 그렇게 한다. 나의 우울감은 가장 신뢰할 만한 연인이다. 내가 그를 사랑하는 것은 의심의 여지가 없다(EO I, 20).

슬픔과 우울감에 대한 성찰적 미학적 삶의 열병을 이해하는 것은 이 삶을 이해하는 것에 중요한 단서가 된다.

우리는 성찰적 미학적인 삶을 사는 사람이 일종의 자기만족을 위해서 그의 내면의 즐거움으로 삶의 관점을 전환하는 것이 그의 독립적인 삶을 형성하는 것이라는 관점을 기억하는 것이 중요하다. 성찰적 미학적 삶을 사는 사람은 그 자신의 삶을 일종의 예술 작품으로 이해하려 하고 그는 미학적 관찰자로 사는 삶을 즐긴다. 슬픔과 우울감과 관련된 삶은 이러한 모습에서 다양한 장점이 있다. 우선 이러한 삶을 비극으로 받아들이고 그 비극적인 삶을 가장 위대한 예술의 형태로 인지한다. 셰익스피어가 희극과 비극을 같이 만들었지만, 대부분의 사람들은 희극보다는 비극을 더 위대한 것으로 간주한다. 왜 비극이 인간에게 이러한 호소력이 있는 지가 다소 의문스럽겠지만 아리스토텔레스로부터 니체에 이르기까지 비극은 사람들에게 심오한 어떤 것을 전달해주고 있다. 그래서 자신의 삶을 일종의 비극으로 전환하는 것은 미학적으로 수용 가능한 것인데 적어도 미학적 삶의 관점으로부터 가능한 것이다.

두 번째 관점은 고통은 인간 삶에서 피할 수 없는 것이고 이것은 어떤 삶의 관점이든지 도전을 던져준다. 이러한 비극적 관점은 피할 수 없는 고통을 어떻게 다룰 것인가에 대한 방법을 제공한다.[5] 고통은 일종의 의미를 전달하는데 죽음 이후에 이러한 삶이 위안과 보상을 제공한다는 그럴싸한 교리에 호소하지 않고서도 충분히 의미를 가질 수 있다.

고통을 감싸 안는 것의 또 다른 장점은 그 고통당하는 사람의 독립심을 키우게 해주며 이것은 자기만족에 기여한다. 이것은 자신의 운명을 통제할 수 있는 방법을 제공한다. 이러한 관점은 고대의 금욕주의자로부터 시작되었지만, 오늘날에 성찰적 미학에까지 이르렀다. 어떤 종류의 즐거움은 우리 통제 밖에 있을 수 있지만 슬픔은 우리가 불러일으키고 유지할 수 있는 가장 쉬운 감정 중의 하나이다. 아주 오랫동안 극도의 흥분상태의 즐거움을 유지하기는 힘들지만, 만성적인 불행을 유지하는 것은 그렇게 어려운 일은 아니다. 슬픔을 느끼는 미학적 삶을 사는 사람들은 적어도 어떤 것을 느끼고 그래서 미학적으로 감상할 수 있는 무엇을 만들어낸다.

마지막으로 우울감에 대한 미학적 감상은 무의미함이 가져다주는 문제에 대한 대답을 제공할 수 있다. 쾌락이나 즐거움에 헌신 된 삶은 결국 의미가 없는 것이고 이러한 삶을 통합할 수 있는 보다 더 큰 목적은 존재하지 않는다고 주장되어 왔었다. A는 이러한 비판을 받아들이는데 다시 한번 이러한 관점을 미학적으로 유용한 관점으로 전환한다. 그의 삶이 의미가 부족하고 A의 삶의 임의성과 파편화됨을 많은 사람들이 한탄해하는 것은 사실이다. 그러나 이러한 삶은 궁극적으로 비극이라고 볼 수 있고 아마도 이러한 무의미성과 마주할 수 있는 A의 용기는 그로 하여금 비극적 영웅이 되게 하였다. 여기서 A는 까뮈의 시스포스의 역할을 기대할 수 있는데 그는 비효율적으로 큰 바위를 산으로 올려 보내지만 그럼에도 불구하고 그의 상황을 껴안을 만큼의 명료함을 통한 비극적 고귀함을 유지하고 있다.[6]

이러한 미학적 삶의 태도에 대한 비판을 하기 전에 이러한 관점이 우리에게 주는 매력을 인정해야 한다. 나는 많은 대학의 교수로 재직하였는데 그곳에서는 많은 교수들이 그들의 학교와 학과에 관련된 자신의 슬픈 상태에 대해서 한탄하는 것을 너무 많이 들어왔다. 비참한 존재가 된다는 것의 매력은 우월감을 증명할 수 있는 일종의 방법이다. 진정으로 행복한 사람은 이 상황을 진정으로 인식할 만큼 영리하지 않으면 안 된다. 성찰적 미학적 삶을 사는 사람들은 대부분의 우리가 불평함으로부터 얻는 즐거움의 새로운 단계를 취하게 된다.

성찰적 미학의 어려움:
즉흥성의 상실과 윤리성의 침투

윌리엄 판사, 『이것이냐 저것이냐 II』의 저자이며 키에르케고르가 윤리주의자로 내세우는 인물,는 미학적 삶에 대한 비판을 제기하는데 그것은 다음 장에서 살펴볼 것이다. 그러나 미학적 삶에 대해서 마무리하기 전에 나는 미학적 삶 그 자체의 관점에서 나타나는 미학적 삶의 제한점에 대해서 언급하고 싶다. 이러한 관점으로부터 만연된 우울감과 의미 없음은 극복할 수 없는 문제가 아닐 수 있지만, 회피할 수 없는 또 다른 문제들이 있을 수 있다. 결론적으로 나는 그것들 중에 두 가지를 논의할 것인데, 첫 번째는 성찰적 미학적 삶에서의 즉흥성의 상실이고, 두 번째는 피할 수 없는 윤리성의 대두이다.

두 가지 문제 모두 유혹자의 일기에 어떤 특별한 부분에 나타나는데 A는 거리를 두고 행동하기 *actiones in distans*라고 불렀다. 이 이야기는 유혹자가 코델리아를 유혹하는 중요한 구성 중의 한 부분이다. "거리를 두고 행동하기" actions at a distance에서 유혹자는 그가 다른 여자와 커플들에게 관심이 있다는 것을 발견한다. 이러한 에피소드가 전체의 이야기와 별 상관이 없음에도 키에르케고르가 특별하게 다루는 것은 분명하다.[7] 나는 이러한 요소들이 미학적 삶에 문제를 보여주는 중요한 역할을 하리라고 확실하고 다음에서 그 문제들을 논할 것이다.

즉흥성immediacy의 상실

첫 번째 문제는 성찰적 미학의 중심에 놓여있는 모순에 관련된 것이다. 그가 통제하지 않는 외부의 환경으로부터의 자유와 자율성을 추구하지만, 미학적 삶을 추구하는 사람들은 여전히 즉흥성이라는 관점에 있어서는 외부적 세계에 종속되어 있는데 이 즉흥성은 앞으로 논의될 중요한 문제이다. 이 즉흥성은 유혹자가 코델리아를 처음 만났을 때 보여주는 일종의 행운으로 볼 수 있는데 그는 "초록색 망토를 입은 숙녀를 만나서 바로 그 자리에서 사랑에 빠지고 만다." 코델리아를 유혹하는 전체적인 관점은 젊은 여자로부터 느껴지는 자연스러운 매력에 호소함을 통해서 나타날 수 있다. 그러나 그 자신으로부터 물러서는 유혹자의 행동은 그 자신의 행동에 완전히 몰입되어있어서 그 행동을 자신과 동일시하기보다는 자기 자신이 미학적 즐거움의 대상이 되는 것인데, 이것은 그의 즉흥성을 감소시키고 약화시키는 것에서부터 시작된다. 한 사람을 완전히 사랑하는 것과 동시에 그가 사랑하는 사람을 분석하고 미학적인 즐거움에 대상으로 만드는 것은 불가능하다. 유혹자는 다음과 같이 언급한다. "사랑에 빠지는 것이 얼마나 아름다운가, 그러나 사랑에 빠진 그 누군가를 안다는 것은 얼마나 또 흥미로운가" (EO I, 334). 그가 "이 사랑이 얼마나 오래 지속될지 알기"원하기 때문에 그는 "그가 처음 하는 사랑처럼 애지중지할 것(EO I, 334)"이라고 약속한다. 그러나 사랑이 얼마나 지속될 것인지 대한 걱정은 이미 그 사랑으로부터 벗어나기 시작하는 것이다. 유혹자가 그의 사랑으로부터 멀어지는 것은 그가 이미 자연스러운 감정으로서의 즉흥성을 상실하고 있음을 말해주는 것이다.

코델리아와 처음 연애를 할 때에는 거리를 두고 행동하기*actiones in distans*는 보기 드문 것이었는데 유혹자가 그녀에게 많은 매력을 느꼈기 때문이다. 예를 들어 그에게 매력적으로 보이는 여자를 처음 만났을 때 그는 그 관계를 발전시키는 것을 거절하는데 그것은 "그녀가 자기 부인을 요구했기 때문이다"(EO I, 330). 처음 60페이지 정도는 그가 코델리아를 쫓아다닌 이야기가 주를 이루었기 때문에 다른 이야기들은 지엽적으로 처리되었다.[8] 그러나 일기에 마지막 부분에는 "거리를 두고 행동하기"가 자주 나타난다.[9] 유혹자가 코델리아에 대한 관심이 없어지기 시작하는 것이다.

그 사랑이 지체되는 것을 보여주는 이야기 횟수가 많이 나타나는 것도 있지만 그 내용 자체도 문제가 된다. 어떤 때에는 그 유혹자가 샬럿 한 *Charlotte Hahn*이라는 여자를 8시간 동안 기다린 적이 있다. 그녀로부터 그가 원한 것은 안부의 말이었는데 그러나 "그녀의 안부의 말은 나에게 어떤 기분을 발생하게 하였고, 즉시 나는 이 기분을 코델리아에게 낭비하였다"(EO I, 396). 코델리아 역시 그에게 강한 영향력을 미치지 못하였기 때문에 그의 관심은 그 연애를 계속 유지하는데 필요한 즉흥성을 가져다줄 수 있는 또 다른 여자에게로 돌아갔다. 이러한 현상은 후반부에서 더 분명해지는데, 그곳에서 우리는 유혹자가 그 자신을 성적으로 자극하기 위하여 플라톤의 파이드로스*Phaedrus*(플라톤의 대화에 나오는 고대 아테네 철학자로 철학에서 에로틱한 사랑의 역할을 강조함)가 한 일을 읽는 것을 발견할 수 있다(EO I, 418). 이것은 지금 시대의 남자가 『플레이보이』를 읽거나 혹은 포르노 잡지를 읽는데 시간을 보내는 것과 유사한 것이다.

거리를 두고 행동하기*actiones in distans*에 있어서 가장 중요한 한 가지가 EO I, 412-415쪽에 나타난다. 여기에서 유혹자는 젊은 여자 하인과 이야기하는데 그때 그녀는 그가 그녀를 사랑하고 그녀와 결혼하기를 원한다고 믿게 되었다. 유혹자의 의도는 지조 있는 어떤 것과는 분명히 거리가 있는 것이었다.

> 너는 나의 것이 될 것이다…결혼식 예고는 강단에서 전달될 것이다… 내일 저녁 부엌의 계단에 서서, 왼쪽 문에서, 부엌문의 바로 맞은 편에서 나는 모든 것을 너에게 설명할 것이다… 잘 가라, 나의 귀여운 멀리Marie… 네가 나를 여기서 보았다든지 나와 말을 했다든지에 대해서 그 누구에게도 알게 하지 마라. 이제 너는 나의 비밀을 알게 될 것이다. 그녀는 정말로 사랑스러웠는데, 그녀와 함께 어떤 일이 이루어졌다. 내가 그녀의 방에서 발판을 얻은 후에, 나는 나 스스로 결혼식 예고를 그 강단에서 읽을 수 있게 되었다. 나는 언제나 아름다운 자기만족을 발전시켰는데, 특별히 목회자가 필요하지 않았다 (EO I, 415).

이 문구는 여러 가지 이유에서 중요한데, 이 지점이 윤리가 유혹자의 삶에 들어오는 여러 지점 중의 한 지점이며, 이 부분에 관해서 아래에서 논하겠다. 그러나 여기에서 노골적으로 나타나는 것은 유혹자가 그 순진하고 순수한 여성을 침대로 데리고 가기 위해 아무 감정없이 결혼을 약속한 것이다. 코델리아와의 연애는 무미건조한 것이 되었고, 그는 진짜 여자와의 성관계를 원하였는데, 적어도 성관계와 유사한 것이라도 원하였는데, 그 자신이 활기를 찾기 원해서였다.

이 문구는 얼핏 미학적인 삶, 그것이 즉흥적이든, 성찰적이든, 상당한 문제를 내포하고 있음을 알게 해준다. 즉흥적인 미학적 삶은 행운이나 외부적 환경에 종속된 채로 성공하지 못하는 것처럼 보일 수 있는데, 결국에는 죽음과 나이 듦에 의해서 사라진다. 심지어 이러한 삶이 성공적으로 보일 때에도, 얻어지는 것이 줄어드는 법칙에 직면할 수밖에 없는데, 그것은 반복에 의해서 야기되는 지루함의 문제이다. 성찰적인 미학적 삶은 대가가 필요하다. 그가 그 스스로 즐기기를 원하는 자유disengagement와 성찰은 즉흥성을 과소평가하는데, 그 즉흥성은 여전히 삶의 만족의 기본적인 것으로 요구되고 있다.

윤리의 침투

성찰적 미학에서 나타나는 두 번째 문제는 윤리의 침투이다. 미학적 삶을 사는 사람은 덕 보다 즐거움을 선호하기 때문에 윤리적으로 틀린 것을 선택하는 사람인데, 그런 자신을 나쁜 사람으로 보지 않는다. 그 대신 그는 자신의 삶을 윤리적인 범주 안에서 평가하지 않으려고 한다. 그는 도덕성이 존재하지 않았던 세상에서 살기를 원한다. 비극과 관련된 어떤 글에서 A는 삶의 미학적인 관점과 윤리적인 관점의 차이를 생각해 본다. "비극은 그 자체 안에서 무한한 부드러움을 포함한다. 미학적인 관점에서는 이것은 인간을 향한 신적 은혜와 자비와 같은 것인데, 심지어 편안하기도 하다. 이것은 어려움을 달래주는 엄마의 사랑이다. 그러나 윤리는 경직되어 있고, 가혹한 것이다"(EO I, 145).

『이것이냐, 저것이냐 II』에서 윌리엄 판사는 윤리적 자각은 인간에게 근본적인 일이며, 미학적 삶을 사는 사람에게도 그가 비록 그 윤리적 자극을 억누르려고 하지만, 적어도 최소한의 윤리적 자각이 있었다는 증거가 있음을 논증할 것이다. 예를 들어, 처음에 약혼을 통해서 코델리아를 유혹하고 바로 파혼하려고 할 때, 유혹자는 이러한 종류의 속임의 윤리적 함축성에 대한 불편함을 나타낸다. "약혼을 저주라고 볼 수 있는 관점은 언제나 윤리적인 것과 연관되어 있다. 윤리적인 것은 학문이 지루한 것처럼, 인생을 지루하게 한다. 얼마나 다른 것이 많은가? 미학적 세계에서는 모든 것이 가볍고, 아름답고, 변화 가능한데, 윤리가 끼어들게되면 모든 것이 경직되고 모나게 되고, 끝임없이 지루하게 된다"(EO I, 367).

유혹자는 유혹자로서의 그의 기술이 그로 하여금 거짓된 약속을 하는 것이 아니라는 자부심을 통해서 그의 양심을 완화하고 이것을 통해서 실제로 윤리를 범하지 않는다.

나는 언제나 윤리를 존중한다. 나는 어떤 여자와 결혼할 것을 결코 약속하지 않았다. 농담 속에서라도 그런 것은 없었는데, 내가 여기서 하는 행동이 결혼을 약속하는 것처럼 보이지만, 이것은 단순한 모의실험인 것이다. 이러한 방법으로 진행되는 가운데 파혼을 한 것은 바로 그녀 자신이다. 나의 예의 바른 자부심은 약속함 때문에 경멸을 얻게 되었다(EO I, 367).

이 지점에서 유혹자가 자기기만을 강화하는데, 이것은 일기의 후반부에서 분명히 나타나는데, 그가 멀리서 Marie를 침대로 데려가기 위해서 결혼을 약속할 때이다.

나는 유혹자의 삶에 윤리가 침투하는 다른 한 지점에 대해서 논의할 것이다. "멀리서 행동하기"에 나타나는 한 부분에서 있어서 유혹자는 좋은 날씨 때문에 산만해진다. 산들바람이 불어와서 놀기에 좋은 날씨가 그로 하여금 바깥으로 나가게 하였다. 유혹자는 바깥으로 나가서 젊은 연인에 집중하기 시작하였는데, 물론 젊은 여인에게 더 많은 집중을 하였다. 오랫동안 그 둘을 관찰한 후, 유혹자는 약혼하여 결혼하게 될 그 연인들의 관계에 대해서 다음과 같이 결론을 내린다.

> 여기에 서로에 대해 운명이 결정된 연인들이 있다. 그들의 경쾌한 발걸음, 확신, 상호신뢰, 모든 움직임 속에서 나타나는 미리 이루어진 조화, 자기충족적인 견고함들. 그들의 위치는 가볍거나 은혜스러운 것은 아니었으며, 그들은 서로와 춤을 추지 않았다. 아니다. 그들에 대한 영속성이 있었고, 그 희망은 속임을 당하지 않을 것이라는 견고한 자각이 있었는데 이것이 서로를 존중하게 하였다. 그들의 인생관은 "삶은 길을 같이 걸어가는 것"임이 틀림없다. 그리고 그 길을 서로 손을 맞잡고 기쁠 때나 즐거울 때나 함께 걸어갈 것임이 틀림없다 (EO I, 359).

이러한 언급에서 아이러니는 보이지 않는다. 이 약혼한 연인에게서 윤리적 삶이 나타나고, "삶은 길은 걷는 것"이라는 관점에서 분명히 나타나는데, 삶은 여행이며 그 여행은 목적지가 있고, 이것은 인간 삶에서 연속성과 목적을 제시해주는 것이다. 유혹자는 그들이 보여준 모범 속으로 빠져들고 말았다. 그들은 그가 가지고 있지 못한 것을 소유하고 있었고, 그는 그것들에게 매력을 느끼지 않을 수 없었다.

결국 그는 그 바람이 그 연인들에 더 많은 주목을 하게 한 것에 대한 짜증이 남을 표현하였다. "너 산들 미풍이여, 너는 왜 그 연인들에게만 그렇게 바쁜가? 그들은 그런 주목을 받을 만 하지 않다. 그들에게 뭔가 특별한 것이라도 있는 것인가?"(EO I, 359). 윌리엄 판사는 『이것이냐, 저것이냐』의 두 번째 후반부에서 그렇다고 논증할 것이다. 유혹자가 이 연인에게 매혹됨과 좋은 날씨를 즐기는 것에 대하여 저항할 수 없는 것은 그 자신의 성찰적 실존의 빈약함을 보여주는 것이다. 이것은 자연적인 즐거움을 과소평가하는 것이고, 윤리적 요구를 억누르는 것인데, 이것은 언제나 무시할 수 없는 것이다.

5장

윤리적 실존: 자기됨의 추구

4장에서 나는 키에르케고르의 미학적 관점에 대한 논의를 시작하였다. 미학을 인간 실존의 보편적 영역으로 보는 관점과 미학을 인간 실존의 하나의 단계로서 삶의 특별한 방법으로 보는 것과의 차이점을 살펴보았다. 결국 미학적 삶을 인간 삶의 한 영역으로 보았고 또한 윤리적 삶과 종교적인 삶도 이 영역에 포함된다. 윤리적 삶의 경우에도 그 차이는 드러난다. 윤리석 삶은 모든 인간 삶에 나타나는 것인데, 사람들은 다음과 같은 질문을 마주하면서 살아야 한다. 우리는 어떻게 살아야 하나? 어떤 행동이 허용되는 것이고, 금지되는 것인가? 어떤 종류의 성격적 특이성이 요구되고, 요구되지 않는 것인가? 무엇이 선이고, 무엇이 악인가? 4장에서 논의하였듯이 미학적 삶을 사는 사람들에게도 이러한 질문들은 타당한 것인데, 그들은 윤리적인 것을 환영하지 않았고 따분한 것으로 여겼다. 이러한 질문들은 다음 장에서 살펴볼 종교적 삶을 사는 사람들에게도 여전히 적용되는 것이다.

윤리적 삶은 인간 삶의 한 영역으로서 이해될 뿐 아니라 키에르케고르는 실존의 특별한 방식, 실존의 한 단계 혹은 한 영역으로 설명하고 있다.

하지만 여기에서의 문제는 그렇게 간단하지 않다. 4장에서 논의된 "삶의 세 가지 단계"에 대한 키에르케고르의 기록은 딱딱한 형이상학적 이론이 아닌데 그것은 키에르케고르가 각각 세 가지 영역을 각각 다른 목적과 다른 상황에서 이해했기 때문이다. 이것은 각각 세 가지 영역에 또 다른 해석들이 존재하기 때문이다. 우리는 4장에서 미학적 삶에 있어서 즉흥적인 것과 반성적인 것의 차이를 살펴보았다. 그래서 키에르케고르가 윤리적인 영역에 있어서도 다른 목적을 가지고 다른 상황에서 그것을 이해한 것은 놀라운 일이 아니다.

윤리적 삶에서 공통으로 취하는 형식은 정체성 추구라고 볼 수 있다. 윤리주의자들은 미학적 삶을 "순간"을 위한 삶이라고 보고 궁극적으로 순간을 수집하기 위해서 자기를 축소시킨다고 보고 있다. 이러한 삶은 일관성을 결여하고 있고 자기가 적절하게 발달하지 못하는 경향이 있다. 윤리적 삶은 두 가지 의미에서 통합된 자기가 되는 것을 추구한다. 첫 번째 의미는 자기는 단순히 무엇인가를 의미 없이 욕망하는 것 이상의 존재인데, 이것은 어떤 한 시간의 지점에서 어느 정도의 일관성과 통합성을 추구한다. 두 번째 의미는 이렇게 통합된 정체성은 오랜 시간을 거쳐 지속되는 것이다. 키에르케고르에게서 자기가 된다는 것은 자기가 누구인지를 아는 것이고, 자기가 누구인지를 아는 것은 반드시 어떤 가치를 위해서 살고, 그것에 헌신하는 것인데, 이것은 모든 사람들이 해야만 하는 것이고 한 시점에서의 시간이나 하루 단위로 바뀌어지는 성질의 것은 아니다. 위에서 보았듯이 키에르케고르가 말하는 이러한 헌신은 열정이 없는 지적 신념도 아니고 자의적인 행동도 아닌 지속적인 열정 안에서 구체화된 것이다.

나는 『이것이냐 저것이냐 II』[1]의 저자인 윌리엄 판사에 의해서 서술된 윤리적 삶을 설명하면서 논의를 시작할 것이다. 그 다음으로 나는 『두려움과 떨림』에 나타난 윤리적 삶을 살펴볼 것인데 여기서 윤리적 삶은 종교적 삶과 대비되어서 나타난다. 다음 장에서 요하네스 클리마쿠스가 기록한 『결론적 비학문적 후서』에 나타난 윤리적인 삶을 살펴볼 것인데, 그에게서 윤리적 삶은 종교적 삶의 출발점이다.

윌리엄 판사의 결혼에 대한 변호

『이것이냐 저것이냐 II』는 I 권의 저자인 윌리엄 판사-결혼한 중년의 사람-에 의해서 기록되었는데, 미학적 삶을 사는 사람들에게 보낸 편지 형식의 두 가지 수필로 구성되어 있다. 그중에 첫 번째는 "결혼의 미학적 타당성"인데, 이것은 두 개의 다른 방향에서 오는 제도의 공격에 대한 일부일처제의 변론이다. 한편으로는 판사는 결혼을 윤리적인 제도로서 헌신이 요구되는 것이라고 변호하는데 그것은 결혼을 지루한 것으로 보거나 분쟁적인 것으로 보는 미학적 삶의 사람들의 공격에 대한 방어이다. 판사의 논쟁 쟁점이 되는 미학적 삶을 사는 사람은 A와 같은 사람인네, 그 사람은 사랑을 삶을 아름답게 하고 흥미 있게 하는 하나의 경험으로 믿는 사람이지만 결혼을 진정한 사랑에 요구되는 자유와 자발스러움과는 공존할 수 없는 제도라고 생각한다.

하지만 판사는 로맨틱한 사랑을 미학적 삶으로 인정하는 것은 아니다. 판사가 공격하는 두 번째 쟁점은 로맨틱한 사랑을 포기해버린 거짓된 우정과 같은 결혼이다. 그들은 결혼을 유니테리안 교도들의 교리에 근거해서 변론한다. 결혼에 대한 유니테리안적 변론은 제도로서의 결혼은 선한 것인데, 이것이 높은 수준의 안전성과 행복을 제공해주기 때문이라는 것이다. 결혼을 외로움을 해소하기 위해서 혹은 가난을 위한 일종의 해결책으로 보는 것이다. 이러한 우정과 같은 결혼에 반대해서 판사는 로맨틱한 사랑에 힘을 실어주는데 그 것은 우리가 일반적으로 말하는 "첫사랑"first love이다 (EO II, 37).

"첫사랑"은 각각의 사람은 단 한 번 순수한 사랑을 할 수 있다는 로맨틱한 생각에서부터 기인 된 것인데, 이 개념은 키에르케고르가 그의 진정한 사랑이라고 할 수 있는 레기나와의 파혼 후에 믿었던 개념일 것이다. 오늘날 이러한 관점은 아주 순진한 관점이라고 보는데, 소수의 사람은 아주 어릴 때 실패한 사랑의 경험이 다른 사랑의 경험을 영원히 방해한다고 생각하기 때문이다. 하지만 나는 판사의 "첫사랑"을 이러한 문자적인 개념으로 해석해서는 안 된다고 생각한다. 그 대신 다음과 같이 생각할 수 있다. 진정한 사랑을 하는 사람은 그 사랑 안에서 진실하며, 그 사랑은 유일무이하며 무엇과도 바꿀 수 없는 것이다. 적어도 사랑하고 있는 사람들의 관점에서는 이 사랑은 전에 한 번도 해본 적인 없는 사랑인데, 모든 진실한 사랑이 "첫 사랑"인 것이다.

순간을 살아가는 미학적 삶을 사는 사람들이 왜 결혼을 재앙이라고 생각하는지를 아는 것은 어려운 일이 아니다. 미학적 삶을 사는 사람에게 사랑은 무엇보다도 자유로우며 자발적이어야 하는데, 결혼은 사랑을 의무로 만들어버린다고 주장한다. 그 의무는 내가 하고 싶은 것을 언급하는 것이 아니라, 내가 해야만 하는 것을 주장한다. 만약 삶을 순간을 위해 산다면 그 인생에서 헌신을 기대하기는 힘들 것인데, 아무리 열정적으로 깊게 사랑한다고 하더라도 그것이 단순히 순간이라면 변하지 않는 감정을 기대하기는 무리이다. 미학적인 관점에서 "죽음이 우리를 갈라놓을 때까지"의 사랑을 요구하는 것은 사람이 할 수 없는 것에 대한 약속이 된다. 이러한 약속을 요구하는 것은 거짓된 삶을 요구하는 것이며, 더 이상 존재하지 않는 감정의 외부의 모습을 마술적으로 나타내는 것을 요구하는 것이 된다.

판사는 이러한 비평에 대한 한 가지 가능한 반응을 고려한다. "어느 정도의 시간까지 함께 살다가 그것에게서 벗어나기를 원하는 사람, 만약 더 나은 행복이 다가오면 그것을 선택하려는 사람"(EO II, 23)들이 추구하는 쉽게 이혼하는 결혼에 대한 것이다. 이러한 결혼의 관점은 "문명적 합의; 결혼이 이미 끝났고, 새로운 사람과 만나는 것이라고 적절한 권위에게 알리는 것인데, 그 사람은 이사했다고 알리는 것과 비슷한 것이 된다"(EO II, 23). 판사는 이러한 관점들은 그의 시대가 깨닫기 위해 "끊임없이 협박하는 것"이라고 생각했는데, 그것을 실제로 실행할 만큼의 뻔뻔스러움은 부족하다고 생각하였다. 분명하게도 우리의 지금 시대는 이러한 방향으로 흘러가고 있고, 판사가 다시 점검하고 싶어 하는 그 이유들이 있다.

이혼을 주장하는 미학적 태도에 대해서 나쁜 징당힌 제도적 근거를 제공하면서 대응하는 일은 쉬운 일이다. 그 근거는 많은데, 판사는 그것을 길게 논의한다. 결혼은 사회적 안정을 제공하며, 아이를 양육할 수 있는 더 나은 환경을 제공하며, 아이를 가질 수 있는 기쁨의 가능성을 만들어주며, 결혼을 통해서 성품을 다듬을 수 있으며, 서로에게 경제적으로 도움을 줄 수 있다.[2] 많은 주장들은 결혼이 실제로 진실한 전제를 가지고 있음에 기반하여 제기되었는데, 판사는 결혼이 일반적으로 좋은 것임에 동의한다. 그러나 윌리엄은 유니테리언적인 결혼은 결혼을 약화시키는 것이라고 간주한다. 어떤 사람이 그 사랑을 더 이상 유지하지 못할 때, 결혼에 대한 "이유"와 "논쟁"을 찾는다. 진정한 연인들에게는 사랑의 이유가 있을 수 없는데 사랑 그 자체가 그 이유인 것이다.

판사는 결혼은 위대한 예술 작품 같은 것인데, "결혼 그 자체 안에 목적이 있다"(EO II, 62)라고 말하였다. 결혼의 목적은 그 자체에 있는데, 사랑하는 두 사람이 점진적으로 그 자신을 다른 사람에게 보여줌을 허락하는 헌신 된 관계이다. 결론적으로 결혼은 일종의 커뮤니케이션이며, 판사는 결혼하지 않는 사람이란 "뭔가에 꽉 막혀있는 사람이며" 그래서 "그 자신을 드러낼 수"(EO, II, 117) 없는 사람이라고 말하였다(이것은 물론 키에르케고르의 관점이기도 하다). 인간이 그 복잡함과 심연의 존재이기에 이러한 자기를 드러내는 과정이 삶의 시간에서 완전히 나타나지 않을 수 있는데, 왜 판사가 결혼이 평생 헌신이어야 함을 믿었는지 알게 될 것이다.

판사의 논증 핵심은 결혼은 낯설고 부담스러운 로맨틱한 사랑이 아니라, 도리어 견디는 사랑을 가능하게 하는 것이라는 것이다. 결혼은 로맨틱한 사랑이 역사를 얻게 한다. 확실히 로맨틱한 사랑은 결혼 안에서 그 모습을 바꾸지만, 이 변화가 그 사랑을 무너뜨리게 하는 것이 아니라 그 사랑을 완전하게 하고 사랑의 필요를 채워준다. 다른 말로하면, 윌리엄은 결혼이 연애의 정사보다 더 우수함을 윤리적인 근거뿐 아니라 미학적인 근거를 바탕으로 논증하고 있다. 가명 편집자 빅토르Victor Eremita는 "결혼의 미학적 타당성"이라고 제목을 설정하였다.

판사는 결혼예식을 자세하게 서술하는 것을 통해서 자신의 입장을 밝히는데, 그 예식에서는 두 사람이 하나님과 공동체 앞에서 자신의 사랑을 서약한다. 그 예식 자체가 미학적 삶을 사는 사람을 분개하게 하는데, 그것은 그들이 두 사람의 사랑의 친밀감에 왜 삼자가 개입하는지 의문스러워하기 때문이다. 윌리엄은 예식의 각 요소들을 고려하면서 자세히 반응하고 두 사람에게 요구되는 것은 사랑을 약화시키는 것이 아니라, 필요로 하고,

요구되는 그 사랑 자체라고 논증한다. 판사 자신의 말을 첨가하면 그는 "어떻게 첫사랑이 그 사랑을 변경시키는 성찰의 방법으로 나타나는 것이 없이 윤리적, 종교적인 관계로 가능한지?"를 보여주고 싶어 한다. "변경"하는 것 대신에 결혼은 첫사랑을 "더 높은 단계의 집중"으로 끌어올린다(EO II, 57).

나는 이 논쟁의 요소들을 자세하게 다룰 시간은 없지만, 판사의 생각을 구체적이게 하는 한 가지에 대해서 논의할 것이다. 예식의 가장 핵심은 연인들이 하나님과 공동체 앞에서 사랑의 서약을 하는 것이다. 판사는 미학적 삶을 사는 사람들이 "제3세력third power이 당신과 그녀의 충성심을 묶으려고 하는 것"(EO II, 55)에 대해서 분개한다고 말한다. 그러나 첫사랑은 이러한 방해를 발견하지 못한다. 사랑 그 자체는 안전을 요구하며, 어떤 든든한 버팀목에 단단히 고정되어 있기를 갈망하는데, 그것이 사랑이 지속될 수 있음을 보장할 수 있다. 이러한 것들의 증거로 윌리엄은 결혼 예식을 하지 않는 상황 속에서도 두 연인은 그들의 사랑의 충성 서약을 너 높은 단계의 어떤 것에 권위를 두고 행한다고 말한다. "연인들은 달과 별과 그리고 그들의 조상들의 유골을 두고 서로에 대한 사랑의 충성서약을 한다"(EO II, 56).

결혼과 미학적 주장의 양립 가능성에 대한 판사의 변론은 다소의 문제를 해결하는 것 같다. 키에르케고르 자신은 이 경우는 『결론적 비학문적 후서』의 가명저자인 요하네스 클리마쿠스의 주석에 따른 것이라고 주장한다. 클리미쿠스는 결혼에 대한 윌리엄의 견해에 대해서 자신의 의견을 나타내는데, 『이것이냐 저것이냐』, 『삶의 방법의 단계』에 나타난 것으로 여기에서 판사는 다시 나타난다. 클리마쿠스는 "윌리엄이 결혼에 대해 쓴 글들을 읽어보았고" 그리고 "자세히" 그 일을 하였다고 말하였다. 그는 자신의 일을 "어려움을 발생시키는 일"들 중의 한 가지고 보았기 때문에 "문제를 어려움 그 자체로 보고," "결혼에 대한 열정"을 가지고 있는 판사에게 박수를 보내었다. "그럼에도 불구하고, 내가 그의 귀에 속삭이면서 말할 때, 판사는 내가 그에게서 취할 수 있는 그 무엇을 내게 제공해주었으며, 그것은 어려움을 그대로 남아있게 해주었다"(CUP, 181). 첫사랑과 의무의 요구를 결합하는 것은 판사가 생각했던 것 보다 어려운 일이다.

자기의 본성에 대한 윌리엄 판사의 견해

윌리엄 판사가 기록한 두 번째 긴 글의 제목은 "인성 형성에 있어서 미학적 견해와 윤리적 견해의 균형"이다. 그러나 이것보다는 "선택을 통한 자기되기"로 부르는 편이 낫겠는데 이것이 판사의 주요 주제이기 때문이다. 판사는 미학적 삶과 윤리적 삶을 선택을 통해서 자기를 발전시키는 수단으로서 정의한다.

> 미학적으로 산다는 것은, 윤리적으로 산다는 것은 무엇인가? 한 인격에서 미학은 무엇이며 윤리는 무엇인가? 대답하자면, 미학적이라는 것은 즉흥적으로 그 자신이 되는 것이고 윤리적이라는 것은 그 자신이 되어감을 의미한다. (EO II, 178)

A는 조롱하는 투로 비꼬는 투로 『이것이냐 저것이냐 I』에 있는 "Diapsalmate"에 포함되어 있는 "열광하는 강론"에서 선택의 중요성을 공격하는데, 이것들은 격언 모음집이며, 1권의 서문에 해당한다. 그 논조는 어두우며 냉소적이다.

결혼, 당신은 후회할 것인데, 그러면 결혼하지 말아야 한다. 그런데 이것도 후회할 것이다. 결혼하거나 하지 않거나 둘 다 후회할 것이다. 세상에서 가장 멍청한 것에 비웃을 것이고, 그래서 후회할 것이고, 그것으로 인해 울 것인데 그래서 후회할 것이다...너를 매이게 하라. 그것에 후회할 것이고, 너 자신을 매이지 않게 하라, 그 또한 후회할 것이다. 매이게 하든지 그렇지 않게 하든지 둘 다 후회할 것이다. (EO I, 38)

그러나 판사는 A에게 다음과 같이 호소하면서 시작한다. "내가 당신에게 자주 이야기하는데, 내가 다시 정확하게 한 번 더 말한다. 이것이냐, 저것이냐..." (EO II, 157).

선택의 중요성이 상실되고 책임을 선택하는 것이 실패됨으로써, A는 그가 유별난 행동을 통해서 전 세상을 얻었다 할지라도 자기 자신을 잃어버릴 위험에 처하게 되었다(EO II, 168). 물론 어떤 면에서는 A는 단지 선택을 한 어떤 다른 사람과도 또 같은 존재인데, 그는 그렇게 행농함으로써 대안을 배제한다. 그러나 판사에게는 모든 것이 어떻게 선택되느냐에 달려 있다. 그는 담대하게 자의식을 가지고 선택하지 않은 사람들을 바다 물결에 의해서 침몰당하는 여객선과 비교하였다. 선장이 운전대를 돌렸는지 안 돌렸는지는 그 결과가 순간적으로는 나타나겠지만 나중에는 아무런 문제가 되지 않는다. 항구에서의 그 선장이 의도한 것은 먼 옛이야기가 되어버린다. 하지만 배의 운동력momentum이 의미하는 것은 시간상으로 아주 짧은 것으로 여객선에 거의 영향을 주지 않는다는 것이다. 어떤 시간에는 선장이 반드시 결정해야 할 것인데, 그렇지 않으면 배의 운동력momentum 그 자체가 배의 운명을 결정할 것이다(EO II, 164).

비슷하게도 판사는 결정해야 되는 상황에서 결정하지 않는 자는 다른 것 혹은 다른 누구에게 그 선택을 결정하도록 허락함을 지적한다. "선택하기 전 인성은 이미 형성되었는데, 선택하는 대신에 그 결정을 미룬다면, 그 인성 혹은 그 인성 안에 있는 애매한 힘이 무의식적으로 선택할 것이다"(EO II, 164). 이 선택이 자기 안에서 "애매한 힘"에 의해서 결정되지 않는다면, 그 사람은 사회적인 힘에 의해서 압도당하고 있는 자기 자신을 발견할 것인데, 그 사회적인 힘은 선택을 "다른 사람"에 의해서 이루어지게 할 것이다. 윌리엄이 제기하는 핵심은 악 대신에 선을 선택하는 것이 아니라, 신중하게 선택해야 하는 바로 그 선택이다. 반드시 먼저 선택되어야 하는 것은 하나의 자세인데, 그것은 선과 악이 서로 받아들여지는 범주로서 선택의 구조이다 (EO II, 168).

판사는 인간에 대해 낙관적인 관점을 유지하고 있다. 그는 사람이 도덕적인 관점을 유지한다면 선을 선택할 수밖에 없다고 생각한다. "만약 한 사람을 십자 교차로에 세워놓고, 그가 선택 이외에 다른 것을 할 수 없는 상황이라면 그는 선을 선택할 것이다"(EO II, 168). 이러한 인간의 능력에 대한 부풀려진 견해는 빅토르Victor Eremita가 여러 윌리엄William중의 한사람(B라고 불리는)이 가장 선호하는 문구 중의 하나라고 암시하는 그 책 서문에서 강조되어진다. "만약 B가 이 세상에서 이상한 길로 간 100명의 남자들 중, 99명이 여자로부터 구원을 받고, 한 명이 신의 은혜에 의해서 구원을 받는다는 견해를 유지한다면, 그가 실제로 잃어버린 사람들에 대한 여지를 남기지 않았기에 계산을 정확하게 하지 못했다고 볼 수 있다"(EO I, 11). 물론 판사의 실수는 계산을 잘못하는 것에 있는 것이 아니라, 그의 자기만족적인 낙관적인 견해가 인간의 괴상망측함을 허락하지 않았다는 것에 있다. 윌리엄의 저작을 통해서 재미있는 조합을 발견할 수 있는데, 미학적 삶에 대한 예리한 비판과 판사 자신의 심각한 무능력이 같이 한 조합으로 나타나는 것인데, 판사의 무능력은 자기 자신이 됨으로의 방법에 대한 판사 자신의 글을 정당하게 해주지 못하는 어려움과 더불어 나타난다. 판사는 A의 삶으로부터 문제는 정확하게 보지만 자기 자신의 문제에 대해서는 그렇게 하지 못한다.

윌리엄은 인간의 자유에 대해 굳게 믿고 있는데, 자기가 자유라는 말을 할 때도 마찬가지이다(EO II, 214). 그러나 그는 인간 자기에 대한 이해를 결합하는데, 그 이해는 자기는 그 자기가 진정으로 자기 자신이 된다면, 특별한 형태의 발전을 요구한다는 확신 속에서 선택이 자유롭게 이루어져야 한다는 그 가능성이 포함된 것이다. 그가 인간 내부의 자기를 점유하고 있는 "애매한 힘"의 존재를 인정하는 심리학자라는 사실을 앞서 보았다. 그는 자기에 대한 그의 견해를 자격을 제대로 갖춘 영적 병리학의 관점으로 보았다.

인간은 도덕적인 존재로 창조되었고, 행복하고 만족스러운 삶을 위해 반드시 책임을 선택해야 하는 존재이다. 젊은 사람에게 어떤 삶의 지점에서 행복을 추구한다는 것이 즉흥적인 욕구의 만족에 의해서 이루어질 수는 없다. "인생의 어느 시간에 직접성이 성숙해지는 순간이 있는데, 다시 말하면 정신이 더 높은 수준의 형태를 요구하는 순간인데, 정신 그 자체를 이용하기를 원하는 것이다"(EO II, 188). 이런 필요를 억압하는 사람들은 다음의 결과를 경험하게 되는데, 윤리적인 의미가 전혀 없는, 궁극적으로 의미가 없는 삶을 살게 되고 이러한 삶은 절망으로 경험되며 "정신적 히스테리"로 경험된다(EO II, 188).

윌리엄의 이러한 병리적인 관점은 프로이트를 뒤집어 놓은 것이다. 프로이트는 자기self를 기본적으로 생물학적으로 보았고, "히스테리"를 본능적 자극을 억압하는 결과로 보았다. 윌리엄은 인간은 성장하면서 영적으로 의미 있는 삶을 근본적으로 필요로 하며 이것은 그들이 헌신해야 하는 어떤 이념을 요구하는데, 이것은 자기 자신으로 정의된다. 이러한 근본적인 필요를 억압하는 것은 "히스테리"를 야기한다.

매번마다 판사는 미학적 삶을 갈망하는 사람들에게 호소한다. 결혼은 첫 번째 편지/수필에서 미학적 근거에 의해서 변호되는데, "결혼은 그 자체에 목적이 있다." 두 번째 글에서는 진정한 행복과 만족은 책임 있는 헌신이 요구됨을 논증한다. 반성적 미학적 삶은 미학적 삶의 즉흥적인 형태를 삼가는데 반성적 미학적 삶은 그 자신의 운명을 통제하기를 원하기 때문이었고, 반대로 즉흥적인 미학적 삶은 자신이 통제할 수 없는 외부적 힘에 의해서 지배될 수밖에 없기 때문이었다. 판사는 윤리적인 선택이 미학적 삶을 추구했던 그 사람이 추구하기를 원하는 통제를 가능하게 하는데, 만약 우리가 이런 선택을 하지 못하면 우리는 우리의 통제 범위를 넘어서는 영역에 있는 사회적 순응주의나 무의식의 힘에 의해서 통제당할 것이다.

미학의 형태: 윌리엄 판사의 절망에 대한 진단

윌리엄 판사는 그의 논증의 한 부분으로 미학의 형태 체계를 발전시켰다. 그가 보여주기를 원하는 것은 미학적 삶은, 그 삶의 다양함 속에서, 생경함의 한 형태라는 것이다. 판사가 말하기를 모든 미학적 삶을 사는 사람들은 삶을 즐기려고 한다(판사가 나중에 어떤 사람에게는 "즐김"이 비참함일 수도 있다는 것을 알게 된다). 그러나 즐김이 중심에 있는 삶은 궁극적으로 그의 정체성이 그 자신과는 아무 상관이 없는 생경한 삶을 살게 된다.

"인생을 즐기려는 사람은 그 개개인의 외부 혹은 그 개개인의 내부에 놓이게 되는 조건을 인정할 것인데, 이러한 방식은 그 개인 자신에 의한 것은 아니다"(EO II, 181). 어떤 이에게는 미학적 삶의 형태를 보는 것은 쉬운 일인데, 사실은 이것은 모두에게 진실이다.

그 체계는 건강을 위해 사는 사람들로부터 시작되는데 오늘날 "건강을 가지면 모든 것을 가진다"(EO II, 181)라고 말하는 사람들이다. 좋은 건강은 오늘날 운동 과잉, 비타민과 유기농 식품의 과잉에도 불구하고 자기가 언제나 통제할 수 있는 어떤 것이 아니라는 것은 분명하다.

미학적 삶의 보다 더 시적인 형태는 아름다움을 가장 높은 가치로 본다. 판사는 자기들이 이 왕국에서 가장 아름다운 부부라고 확신하는 것에 자신들의 행복이 있다고 생각하는 나이 든 백작 부부의 이야기를 하면서 이 관점을 자세히 서술한다. 백작 부인은 그녀의 환상에 집착한다. "존경하는 윌리엄 판사님, 나의 디틀리Ditley가 아직도 이 세상에서 가장 잘생긴 사람이지 않나요? 오 그렇군요. 다소 그의 옆면이 늙게 보이기는 하군요. 하지만 내가 그의 옆에서 걸어가면 아무도 그것을 알 수 없어요. 우리가 함께 걸어가면 우리는 아직까지 세상에서 가장 멋진 부부입니다"(EO II, 182).

미학적 삶의 다른 형태는 돈과 재능을 위해 사는 사람들에 의해서 발견되는데, 판사는 그 자신에 대한 감각이 "사업을 위한 재능", "수학을 위한 재능" 같은 것에 매여있는 사람을 의미하였다(EO II, 183). 적절하게 이해한다면 이러한 재능은 윤리적 삶에 중요한 역할을 한다. 윤리적인 사람이 다른 것은 이러한 재능을 자신의 소명으로 이해하는 것이며, 그 재능으로 무엇을 할 것인지 고민하고, 어떤 목적을 위해서 그 재능을 사용할 것인지를 생각한다는 것이다. 그러나 미학적 삶을 사는 사람은 재능을 단순히 즉흥적으로 주어진 것, 삶을 즐기기 위해서 주어진 것으로 이해한다. 이와 같이 되면 재능을 돈과 같이 그 자체를 잃어버리기 쉬워진다.

미학적 삶의 가장 일반적인 형태는 욕구의 만족을 추구하는 것이다. 그러나 판사는 "욕구 그 자체는 복잡한 것이고 그래서 이 욕구들은 그 복잡성이 무한대로 펼쳐지는데 특정의 사람이 어떤 특별한 욕구에 의해서 그 욕구가 제한되지 않는 이상 그 복잡성이 유지되고" 이러한 것들은 일종의 사냥이나 낚시에 비유될 수 있다고 말한다(EO II, 183). 윌리엄은 우리들 대부분은 우리의 욕구를 만족하기 위한 그 수단들이 부족한 상태라고 언급하고 또한 그는 "한 사람이 자기 삶의 욕구를 끊임없이 추구하기는 쉬운 일은 아닌데 그것은 그 사람에게 주어진 이 땅에서의 삶의 어려움 때문이고 그로 인해서 하나님께 감사한다"고 말한다(EO II, 184). 이러한 삶의 현상들은 사람들로 하여금 누가 무한한 권력과 자원을 가지고 있는지 생각하게 하고 이런 목적으로 윌리엄은 로마 황제 네로에게로 주의를 기울인다.

윌리엄은 네로를 극심하게 고통받는 영혼이라고 보았는데 그는 즐거움과 새로움을 추구하였는데 즐거움과 새로움은 그의 삶의 전부였지만 나중에는 지루함과 우울함이 증가되는 것이었다. 그가 "모든 수용 가능한 욕구에 이미 익숙해"있지만 진정한 만족을 발견하지 못하는데 그것은 보다 높은 실존의 형태를 통한 정신의 요구를 거절하였기 때문이다(EO II, 186). "욕구의 그 순간에만 새로움을 발견할 수 있었다. 그는 로마의 반을 불태워 버렸음에도 그의 걱정은 줄어들지 않았다"(EO II, 187). 이러한 지루함 속에서 네로는 그 불안을 즐겼고 그 주변의 사람들을 공포에 떨게 하였는데 그의 친절한 곁눈질이 사형선고라는 사실을 그는 알지 못했을 것이다(윌리엄이 네로의 폭정을 기술하는 것은 20세기에 스탈린이 많은 사람들을 두려움에 떨게 한 것을 생각나게 한다).

윌리엄이 네로를 주제로 삼은 것은 우연한 일이 아니다. A 그 자신이 생각했던 미학적 삶의 가능성이 네로에게서 나오는데 그 삶은 그 자신의 비참함을 즐기는 것을 배우는 것이었다. 네로는 우울하였고 그의 삶은 절망적이었다. 그러나 이러한 부정적 감정은 그로 하여금 근본적인 변화를 일으키지 못하였는데 단순히 미학적인 만족을 위한 도구들만 요구될 뿐이었다. 그러면 미학적 삶에서 비극보다 더 즐길만한 것이 있을까? 한 사람의 삶이 비극적으로 되면 미학적 즐거움을 위한 도구들은 항상 가까이에 있다. 우리는 A가 『이것이냐 저것이냐 I』에서 "그 영국인이 그의 집에서 슬픔에 관해서 얘기할 때 나는 나의 슬픔을 말할 수 있는데 나의 슬픔은 나의 처소에 있다"라고 말한 이유를 알 수 있다(EO I, 21).

비극으로서의 미학적 삶을 경험하고 뒤로 물러서서 성잘하는 것을 배운 사람은 결국 그를 통제할 수 있는 안전한 정체성을 얻게 된다. 하지만 판사는 이러한 현상은 아직도 그의 자기 자신에게는 익숙하지 않은 것이고 궁극적으로 그의 정체성을 통제하지 못함을 주장하는데, 기쁨과 즉흥적인 행복은 이러한 종류의 사람을 극복할 수 있을 것인데, 같은 종류의 무작위적인 방법으로 사고나 병이 더 즉흥적인 미학적 삶을 파괴할 수 있게 되기 때문이다(EO II, 235). 이러한 예는 앞 장에서 논의되었던 "유혹자의 일기"에 나타난 유혹자의 날씨에 대한 황홀경의 느낌이 그로 하여금 윤리적으로 정형화 되어있는 연인에 대한 감상을 하게 한 이야기를 생각하게 할 것이다.[3] 미학적 삶은 그 삶 자체가 낯선 삶인데 비록 안정된 정체성을 형성하지 못하지만 어떤 순간에 운이 나타날 수 있는 형태를 취하고 있다.

너 자신을 선택하라: 판사의 처방

윌리엄 판사는 A의 삶에 대한 정확한 진단을 내리는데 A는 자기 자신으로부터 멀어지는 삶을 통해서 그의 삶을 예술적 작품으로 만들려고 노력했고, "기억함과 망각함"의 기법을 사용해서 그 자신의 삶을 미학적 즐거움을 위한 자료를 제공하는 것으로 만들었는데 이것이 A가 "농작물의 윤작"에서 밝힌 내용들이다. 이러한 것들은 한편으로 질병에 관한 서술이지만 또 다른 편으로는 치유에 대한 처방이다. 판사는 A에게 그 자신의 역경을 극복하기 위해서 A가 무엇하기를 원하는가? 그 처방은 처음에는 놀라운 것이며 심지어 역설적이기까지 하다. 판사는 A의 경우는 특별하다고 간주하였다. 판사는 보편적 윤리적 삶의 내용이 한 개인에게 결혼이나 삶을 만들어가는 과제를 요구한다고 생각하지만, 단순히 결혼이나 일을 하는 것을 통해서 그의 삶을 바꾸라고 말하는 것은 의미가 없다고 생각한다. 윌리엄은 A는 절망에 처해있고 그 치유책은 A로 하여금 절망하기를 요구한다(EO II, 207). 그러나 이러한 질병이 치료 방법이 될 수 있을까?

판사가 추천하는 그 절망이 문제로서의 절망과 동일하지 않다는 것을 우리가 인정한다면 그 절망은 해결 가능한 것이다. 절망은 그 자신을 발견하는 것인데, 그가 어떤 사람이 되기 위해서 반드시 해야 되는 일은 책임을 지는 것이고 그 자신이 되기 위해 선택해야만 하는 것에서 절망이 나타난다. 이러한 절망을 선택하면서 A는 그 자신을 즉흥성으로부터 과제로 변환시키는데, 왜냐하면 만약 내가 지금 현재 나 자신에 대한 책임을 져야 한다면 나는 내가 앞으로 되어가야 하는 것에 대해서도 책임이 있기 때문이다. 절망은 불가피하게 선택해야 하는 어떤 것이 아니라 A가 자유롭게 선택하는 어떤 것인데 여기서부터 A는 변화가 시작된다.

판사의 처방은 다소 비현실적으로 보인다. A와 같은 미학적 삶을 사는 사람이 변화할 수 있는 필요조건은 그가 그의 상태를 정직하게 인정하고 그것을 위한 책임을 설정하는 것인데, 이것은 알코올 중독자 모임에서 그 사람들이 그들의 알코올 중독에 대해서 인정하고 그 상태를 개선하기 위해서 노력하는 것과 비슷한 것이다. 하지만 알코올 중독자 모임에서 볼 수 있듯이 이러한 일들은 필요한 일들이기는 하지만 실제적인 변화를 위해서는 충분하지 않다. 내 삶은 통제할 수 없고 내가 중독되었다는 것을 단순히 인정하는 것은 중독을 극복하기에 충분하지 않다.

문제는 사람들의 알코올 중독에 대한 생각들인데, 그것은 의지의 힘으로 그 문제를 고칠 수 없다는 것이다. 이러한 이유로 알코올 중독자들이 더 큰 힘을 얻기 위한 하나의 방법으로 "열두 단계 프로그램"을 활용할 수 있다. 키에르케고르 자신은 판사의 조언이 충분하지 않다고 보았다. 적어도 그의 철학자로서의 가명인 요하네스 클리마쿠스, 종종 키에르케고르를 대변하는 사람이었는데, 그도 이와 유사한 견해를 보였다. 클리마쿠스는 "윤리적인 삶 안에서도 절망이 내재되어 있는데 그 절망을 견디어냄을 통해서 자기 자신을 획득할 수 있다."라고 설명한다. 클리마쿠스는 이러한 일이 단순하게 일어나지 않는다고 말한다.

> 내가 절망할 때 나는 나 자신을 절망하게 놔둔다. 그래서 나의 모든 것에 나는 절망한다. 그러나 내가 절망할 때, 나는 내 자신을 되돌아볼 수 있는 힘이 없다. 그 순간이 신적인 도움이 필요한 순간이다. 이것은 윤리적인 삶과 종교적인 삶의 실존적 관계를 이해하는 것인데 미학적 삶과 윤리적인 삶의 실존적 관계를 이해하는 것과 유사하지만 똑같지는 않다... (CUP 258)

내가 절망에 처해 있다는 것을 발견하는 것은 나 자신의 파산을 발견하는 것이다. 이것은 진행 과정이지만 만약 내가 정말로 완전히 파산되었다면 내가 되기를 원하는 자기 자신이 되기 위한 방법은 실제로 존재하지 않는다. 판사가 기술하는 윤리적 삶에 놓인 문제들은 그 윤리적인 범주를 넘어서는데 이것은 미학적 삶에서 경험하였던 모순과 마찬가지이다.

"보편적인 것"으로서의 윤리적 삶: 두려움과 떨림

키에르케고르의 『두려움과 떨림』은 가명 저자 요하네스 데 실렌티오 Johannes de slentio: 침묵의 요한에 의해서 저술되었는데 이 책에서는 윌리엄 판사가 『이것이냐 저것이냐』에서 기술한 윤리적인 삶과 비슷한 내용들이 전개되고 있다. 그러나 『두려움과 떨림』에서의 윤리적 삶의 목적은 다르게 기술되었다. 『이것이냐 저것이냐』에서 윌리엄 판사는 그의 윤리적 관점을 종교적인 관점과 유사하게 설명한다. 미학적 삶의 목적은 윤리적 삶의 목적에 의해서 포섭되고 윤리적인 삶의 목적과 종교적인 삶의 목적 사이에 광범위한 일치성을 가정한다. 『두려움과 떨림』에서는 윤리적 관점으로는 설명할 수 없는 다양한 종교적 실존의 양상이 설명되기 때문에 앞에서의 가정은 받아들여지지 않는다. 이러한 종교적인 삶의 예는 성경에 나타난 아브라함으로 제시되었는데 아브라함은 창세기 22장에서 그의 아들, 이삭을 하나님께 희생 제물로 드림을 통해서 하나님에 대한 자신의 신앙을 증명한 사람이다.

요하네스 데 실렌티오는 이와 같은 믿음의 사람이 되라고 강조하지 않고 아브라함이 했던 행동을 받아들일 수 없고 믿을 수 없는 요하네스 데 실렌테오 그 자신의 무능력에 대해서 계속 설명하는데 아브라함에 대한 놀라움과 경이감을 표현하였지만, 성서의 족장에 대한 이해는 부족하였다.

가명 저자는 『두려움과 떨림』에 나타난 메시지를 이해할 수 없었다. 하만 Johann Georg Hamann은 고대 로마의 이야기를 다루고 있는데, "타르퀸Tarquin 왕이 그의 정원에서 의사소통을 한 것은 메시지를 전달하는 사람이 아닌 바로 그의 아들과 의사소통한 것이다."⁴ 타르퀸의 아들은 가비Gabii에서 권력을 얻었고 아버지에게 조언을 요구하는 메신저를 보냈다. 아버지는 메신저를 신뢰하지 않았기에 아무 말도 하지 않았지만 단순히 정원을 걸어 다니면서 가장 크게 자란 꽃들을 칼로 베어 버리는 모습을 보여주었다. 그의 아들은 그 도시의 지도자들은 반드시 죽여야 하는 것으로 그 메시지를 이해하였다. 메신저로서의 침묵의 요한은 그 아들로서의 독자들이 그 책으로부터 취할 수 있는 것을 이해할 수 없었다. 그는 종교적 믿음을 외부로부터 주어진 것으로 묘사였는데 그것은 믿음이 부족한 사람들의 관점이었다.*

『두려움과 떨림』은 키에르케고르의 책 중에서 가장 많이 읽히는 책인네, 이 책에 담긴 많은 내용들은 여기에서는 서술하지 않을 것이다.⁵ 하지만 이 책에서 믿음의 사람으로서 아브라함과 요하네스가 서술하는 두 인물이 대조되고 있다. 그들은 비극적 영웅이고 무한한 포기의 기사이다. 전자는 윤리적 삶의 한 양식으로 설명되는데 "윤리의 사랑스러운 아들"이다(FT, 113). 후자는 윤리적 언어로 완전히 이해될 수 없는데 무한한 포기는 종교적 삶을 요구하는 것처럼 나타나기도 한다. 그러나 윌리엄 판사의 예들은 종교의 형태는 윤리적 삶에 중요한 일부임을 나타낸다. 다음 장에서 나는 키에르케고르가 어떻게 윤리적인 삶에서 종교적인 삶이 나타날 수 있는지를 살펴볼 것이다.

『두려움과 떨림』은 많은 부분에서 키

*옮긴이 주
왕의 아들이 아버지로부터 메시지를 받은 것은 다른 어떤 사람의 해석이나 관점에 의해서 받은 것이 아니라 아버지의 행동을 직접 이해함으로 그 메시지를 받아들인 것이다. 하나님을 믿는 믿음도 외부의 어떤 사람에 의해서 형성되는 것이 아니라 자신과 하나님과의 단독적 만남을 통해 형성되는 것이다.

에르케고르가 "기독교가 국교가 된 국가"에 대항한 내용들이 나타나는데, 이러한 국가는 덴마크와 같은 기독교가 국교인 나라들인데 여기에서는 기독교가 그 나라의 문화가 추구하는 가치와 신념으로 매몰되어 버린 것을 의미한다. 이러한 관점은 어떤 한 사람이 기독교 국가에서 산다면 정당한 관점일 수 있다. 여기에서는 좋은 기독교인은 그 문화와 가치를 잘 나타내는 사람을 의미하는데 그들은 선으로 간주된 것의 훌륭한 본보기가 된다. 만약 우리가 윤리를 사람들의 법과 관습으로 동일시한다면 기독교 국가는 종교를 윤리로 동화시켜버린다. 그러나 키에르케고르는 이러한 관점으로서의 기독교 국가는 존재하지 않는다고 생각했고 지리학적 영역의 개념으로서의 "기독교"는 사용될 수 없는데 진정한 기독교는 열정적인 헌신이 요구되는데 그것은 단순히 사회적으로 문화화된 것으로부터 가능하지 않기 때문이다.

만약 믿음이라는 범주 안에서 아브라함의 행동이 취해졌다면 "이삭을 결박하는" 행동은 윤리적인 언어로서의 믿음을 이해하기 힘들다. 기독교 국가는 아브라함의 행동을 애매한 언어로 다시 서술함을 통해 그 이야기의 힘을 약화시킨다. "위대한 것은 그가 그 자신에게서의 최선의 것을 자발적으로 희생하려고 한 것만큼 하나님을 사랑했다는 것이다"(FT, 28). 요하네스가 지적하듯이 "최선"이라는 애매한 단어는 이삭을 바치라는 요구에 대한 아브라함의 딜레마 속에 나타난 염려와 근심을 정확하게 파악하기는 힘들다. 아브라함이 처한 어려움은 뭔가 중요한 것을 포기하라는 요구가 아니라, 그에게 요구된 것이 그의 윤리적 의무와는 반대가 된다는 것이었다. 그 의무는 "아들에게로 향한 아버지의 고결하고 신성한 의무"(FT, 28)인 것이다. 아브라함의 위대함은 보편적으로 받아들여지는 이상에 대한 영웅적인 깨달음이 아니라 보편적으로 이해되는 윤리적 의무에 반하는 그의 의지이다. 요하네스는 아브라함의 행동에 있어서 윤리와 종교의 차이에 대해서 분명하게 한다. "아브라함의 행동에 대한 윤리적 표현은 그가 이삭을 죽이려고 의도한 것이지만, 종교적인 표현은 이삭을 바치려고(희생시키려고) 한 것이다. 그러나 이러한 모순은 정확하게 사람으로 하여금 잠들지 못하게 하는 염려를 가져오게 하는데, 아브라함은 아직까지 이러한 염려를 해 본 적은 없었다"(FT, 30).

침묵의 요한이 아브라함의 행동을 윤리적으로 이해할 수 있다고 생각한 것이 아님이 분명하다. 그러나 그가 이러한 주장을 하기 위해서 전제되어 있는 윤리적 개념이란 무엇인가? 많은 주석가들은 요하네스의 윤리적 이해는 칸트의 이해와 유사하다고 생각했는데, 칸트의 윤리적인 특징은 우리가 행동하는 원칙의 보편화에 있다. 요하네스가 칸트 식으로 윤리를 설명하지 않은 것은 분명하다. "보편적인 것으로서의 윤리, 모든 사람에게 적용되는 윤리는 또 다르게 표현이 가능한데, 그것은 모든 순간에 강제적으로 작용되는 힘in force이라 것이다"(FT, 54). 이러한 칸트식의 언어에도 불구하고 『두려움과 떨림』에 나타난 윤리적인 개념은 칸트의 것과 같지 않다. 칸트는 윤리를 보편적 도덕법칙에 근거한 것으로 보았고, 반드시 해야 하는 어떤 것으로 규정지었고 모든 문화와 시대에 유효한 것이고, 각 개인은 이성에 의해서 선험적으로 알 수 있고 행동의 원칙에 바로 적용되는 것으로 보았다.

헤겔은 칸트의 윤리가 과도하게 형식적이라는 것을 비판했고 특별한 상황에서 인간에게 방향을 제시할 수 없음을 비판하였다. 헤겔에게 있어서 사람은 이성의 요구를 만족시키는데, 칸트의 생각처럼 자율적으로 법을 지키는 것이 아니라 법과 관습의 방법을 인정함을 통해서 이성의 요구를 만족시킨다. 헤겔에게 있어서 사회적 도덕성 혹은 그가 사회적 도덕 Sittlichkeit(기존의 사회에서 제도나 관습에 의해서 구체화된 사회적 도덕)이라고 부르는 것은 칸트의 개인적 도덕성을 능가한다. 요하네스는 윤리를 헤겔에 의한 사회적 도덕성으로 이해한다면 아브라함의 행동은 윤리적인 범주로 이해될 수 없다고 분명히 말한다.

아브라함의 경우와 윤리적 모범으로서의 경우를 대조하기 위하여 요하네스는 이삭을 결박하였던 것과 표면적으로 유사한 예들을 보여준다. 요하네스는 세 명의 "비극적 영웅들"을 묘사하는데 그들 모두는 자신의 아이를 희생 제물로 바쳤고 그러한 행동에는 윤리적으로 분명한 이유가 있었다(FT, 57-58). 첫 번째 사람은 아가멤논Agamemnon인데 트로이를 침략한 그리스의 지도자인데 그는 자신의 딸 이피게니아Iphigenia를 희생으로 바쳤는데 그래서 신의 분노가 그쳤고 바람이 그리스 함대로 불어오게 하였다. 구약성경에서 예후Jephthah는 만약 하나님께서 그로 전쟁에서 이기게 하고 그가 돌아올 때 가장 처음 그를 맞이하는 사람을 제물로 드리겠다고 헌신하였는데 그 사람이 그의 딸이었다. 고대 로마의 집정관이었던 브루투스Brutus는 그의 아들들이 폐위된 왕을 다시 복위하려는 음모에 가담했을 때 그들을 사형하라고 명령하였다.

요하네스는 이들 세 명의 비극적 영웅들의 행동은 윤리적으로 변호 될 수 있는 것이라고 말했다. 그 자녀들을 보호하고 해하지 않는 것이 아버지의 의무였지만 나라가 전쟁에서 승리하는 것이 이러한 가족에 대한 의무보다 더 중요했다. "비극적 영웅들은 아직도 윤리적이다. 그는 윤리라는 것은 더 높은 차원의 윤리 목적을 표현하는 것이다"(FT, 59). 다시 말해서 일반적 윤리적 의무는 보다 높은 차원의 윤리적 의무에 의하여 중지된다.

그러나 아브라함의 경우는 다르다. 아브라함에게는 국가가 없었고 가족이 가장 높은 차원의 사회적 제도였다. 그는 이삭을 희생 제물로 바치려고 했는데 그것은 단순히 하나님이 그의 믿음을 시험하기 위해서 요구한 것이기 때문이었다. 보다 높은 차원의 윤리적 의무는 존재하지 않았다. 만약 아브라함이 이삭을 바치는 것이 정당화되려면 윤리보다 더 높은 차원의 무엇인가가 존재해야 한다. 요하네스는 이러한 경우를 "윤리의 목적론적 정지"a teleological suspension of the ethical라고 부른다.

여기에서 논의된 윤리의 개념에 미리 전제되어 있는 것은 헤겔적 관점인 사회적 도덕이다. 윤리적으로 된다는 것은 각 개인에게 부과된 사회적 책임을 수행하는 것인데, 가족이나 국가와 같은 다양한 사회적 제도에 참여하는 것이고, 이런 경우에는 국가가 가장 높은 차원의 제도가 된다. 이러한 도덕의 개념은 윌리엄 판사가 『이것이냐 저것이냐』에서 변호한 내용들과 유사한데, 그것은 남편, 아내, 부모, 시민, 노동자 등으로서 사회적 역할을 수행하는데 많은 강조가 있었다는 것이다.

이러한 윤리적인 삶은 키에르케고르적 관점에서는 종교적인 것이 아닌 반면 그렇다고 해서 세속적으로 될 필요는 없다. 판사는 그 자신을 종교적인 사람이라고 생각하였고 헤겔적 개념에서 윤리는 종종 종교적 언어를 차용하였는데 그것은 헤겔이 사회적 도덕Sittichkeit을 종교적인 용어로 생각했을 뿐 아니라 윤리적 용어로 생각하였기 때문이다. 헤겔 자신은 현대 사회는 자유와 이성에 대한 많은 강조를 하는데 이러한 자유와 이성은 종교적인 사람들이 "신"을 찾을 때 기대할 수 있는 구체적인 깨달음이다. 침묵의 요한은 윤리적인 방법은 그 자체가 종교적일 수 있다는 것을 인정하지만, 그는 이러한 종교적인 형태를 아브라함이 보여주었던 믿음과는 구별하려고 하였다. "윤리적인 것은 보편적이고 그래서 신적인 것일 수 있다. 그래서 모든 의무는 신에게로의 의무라고 말하는 것은 정당하다. 그러나 이것은 나는 실제로 신에게로의 의무는 없다고 말할 수도 있는 것이다"(FT, 68). 이러한 신에 대한 윤리적 개념에서는 신은 한 개인에게 놀라운 요구를 하는 인격적인 존재가 아니라 단순히 사회적 도덕에 형상으로 나타나는데, 이러한 경우에는 각 개인은 사회의 일원이 됨으로써 사회적 도덕을 알게 된다. "만약 이러한 관점에서 신을 사랑하는 것이 나의 의무라고 말한다면 나는 이것이 실제로는 신에 대한 유의어를 반복하는 것에 불과하다고 생각되는데, 여기서 신은 추상적 개념의 신성으로 이해되는데 다시 말하면 보편적 혹은 윤리라는 개념으로 이해된다"(FT, 68).

만약 윤리의 목적론적 정지가 없다면, 사회적 도덕보다 더 높은 것이 없다면 신에게로 향한 특별한 의무도 없을 것이다. 신과 윤리는 동의어가 되는 것이다. "인간은 윤리적이 됨으로써 완전한 존재가 되는 것인데 윤리 그 자체가 인간 존재의 완성이 된다. 신의 능력은 윤리적일 때 가능한 것인데 그것은 인간 존재를 완성하는 것이고 그때 신은 보이지 않고 사라지게 된다"(FT, 68). 요하네스가 여기에서 이끌어낸 결론은 가설로 만들어진 것이다. 만약 윤리의 목적론적 정지가 없다면 아브라함은 비도덕적인 사람이 되고 살인자로 간주되었을 것이다. 만약 신을 향한 절대적인 의무라는 것이 없다면 아브라함의 행동은 정당화되지 못한다. 키에르케고르는 기독교 국가가 이러한 헤겔적 도덕성 Sittlichkeit에 의해서 구현되고 있다고 믿었고 요하네스는 그 딜레마를 제기한다. 당신은 사회적 도덕성 Sittlichkeit보다 더 높은 차원의 무엇이 있다는 것은 인정하든가 그렇지 않으면 아브라함을 믿음의 조상으로 공경하는 것을 멈추어야 하고 그의 행동을 비난해야 한다. 여기에서 요하네스의 관점은 그 윤리보다 더 높은 무엇이 있다는 점을 분명하게 하였고 그것이 그로 하여금 아브라함을 존경하게 하였다.

　　요하네스는 이와 비슷한 관점에서 다른 문제들을 제기한다. 그것은 아브라함이 그의 행동에 대해서 그의 아내와 이삭과 전혀 상의하지 않았다는 것이 윤리적으로 정당화될 수 있는가의 문제이다(FT. 82). 요하네스는 "윤리적"이라는 것은 단순히 다른 사람에게 설명되거나 변론할 수 있다는 것이고 이러한 것은 주어진 문화 안에서 받아들여질 수 있다는 것이라고 말하였다. 20세기에 비트겐슈타인은 "언어를 상상하는 것은 삶의 구조를 상상하는 것이다"라고 주장하였는데 요하네스는 이것과 비슷한 개념으로 언어와 사회적 행동의 관계를 설정한다. 어떤 행동이 다른 사람에게 정당화되기 위해서는 기존의 선과 악의 기준에 부합해야 하고 그것들이 언어로서 구체화되어야 한다. 그런데 이러한 관점은 언어에 의하여 포섭되어 버린 윤리는 여전히 많은 사람들이 의문을 제기하는 기존의 선과 악에 호소함으로써 자기 자신을 정당화할 수 없다는 도전에 직면하게 된다.

　　이러한 관점으로 볼 때 아브라함의 침묵은 정당화될 수도 있지만, 그의 침묵은 윤리적으로는 정당화될 수 없는데, 그것은 그의 행동이 하나님의 말씀에 근거한 것이며, 그 하나님의 말씀은 기존의 언어나 사회적 실천으로 매개되지 않는 것이기 때문이다. 그는 윤리보다 더 높은 어떤 것이 있을 때 정당화될 수 있는데 그것은 반드시 사회적 도덕성*Sittlichkeit*보다 높은 차원의 어떤 것이어야 한다. 여기에서 한 번 더 딜레마가 나타나는데 아브라함의 침묵이 정당화될 수 있는 보다 더 높은 차원의 어떤 것이 존재해야 하는데 그렇지 않으면 아브라함은 도덕적으로 비난받아야 한다.

윤리적 삶의 한계:
"번민에 가득 찬 사람을 구원하는 선구자"로서의 아브라함

왜 우리에게 아브라함에 대한 판단이 중요하게 되었는가? 왜 우리는 단순히 아브라함의 행동을 비난할 수 없는 것일까?

요하네스는 이 질문에 대한 대답을 분명하게 하지 않는다. 아마도 그는 그렇게 할 수 없을 것인데 믿음을 이해하지 못하기에 그 믿음이 결여된 사람이기 때문이다. 그러나 그는 아주 중요한 단서를 포기하지 않는다. 이 책의 서두에서 그는 윤리적 아브라함과 그의 믿음을 구체화한 성서적 아브라함을 대비시킨다. 요하네스에 따르면 "만약 아브라함이 하나님에 대한 의심이 있었다면 그는 다르게 행동했을 것이다. 그러나 그는 어떤 위대하고 영광스러운 것 때문에 그러한 행동을 하였을 것이다"(FT, 20). 아브라함이 믿음이 없었다면 이러한 행동을 하였을 것이다.

> 그는 모리아 산에 제단을 쌓고 땔감을 만들고 칼을 갈았을 것이다. 그리고 그는 하나님께 이렇게 외쳤을 것이다. "이 제물을 경하게 여기지 마소서 이것이 한 늙은이와 그 약속의 자녀를 비교했을 때 내가 가지고 있는 것 중에 최고가 아닌 것임을 내가 알지만 이것이 내가 드릴 수 있는 최선의 것입니다. 이삭이 알지 않게 하시고 그가 이것을 편안하게 받아들이게 하소서." 그리고 그는 그 자신의 심장을 향해 칼날을 겨누었을 것이다. (FT, 20-21)

이러한 아브라함은 윤리적 영웅이었을 것이고 그의 행동은 "이 세상에서 칭송받았어야 했을 것이고 그의 이름은 영원히 기억되었어야 할 것이다"(FT, 21). 그러나 요하네스는 불가사의하게도 "이것은 한편으로 존경받아야 하는 것이었고 또 한편으로는 번민에 가득한 사람을 구원해 주는 길잡이 별guiding star"이라고 말했다(FT, 21). 누가 번민에 가득 찬 사람들이고 아브라함은 어떻게 그들을 구원한 본보기가 될 수 있었을까?

아브라함의 의도된 행동Problem III에 대해서 그의 침묵이 정당화되는지에 관해서 논의할 때 요하네스는 번민에 가득한 여러 인물에 대해서 논의하였다. 그 중에 한 인물은 유명한 덴마크 민속 이야기에서 나타나는 "아그네스와 인어"Agnes and merman로부터 발췌된 인어이다. 요하네스의 이야기에서는 그 인어가 "인간의 의식"을 가졌는데, 이러한 인간에 대해서 미리 존재해버린 것pre-existence이 그에게 올무가 되어 인어가 되고 말았다는 것이다(FT, 96). 그 인어가 아그네스를 만나서 사랑에 빠지게 되었는데 그가 저지른 옛날의 죄 때문에 단순히 "보편적인 법칙"에 따랐고, 그래서 그녀와 결혼할 수 없었다. 인어와 같지는 않지만 의인인 아브라함과 인어 사이에는 유사점이 있다. 아브라함은 믿음의 사람으로서의 정체성은 사회로부터 기인된 것이 아니라 아브라함을 개인으로 불러서 지명한, 그 초월적인 하나님으로부터 기인된 것이다. 비슷한 방법으로 요하네스는 그 인어가 "그 역설을 이용할 의지가 있어야만 했다"라고 말했다(FT, 98). 이런 사람들은 단순히 "다른 사람과 똑같이 되는 것"이 불가능한데 그의 죄가 그 자신이 되는 것을 가로막고 있기 때문이다. "한 개인이 그의 죄에 의하여 보편적인 상태에서 물러나 있다면 그 자신은 절대자와 맺는 절대적인 관계를 통해서 다시금 제자리로 돌아올 수 있다"(FT, 98).

요하네스에게 죄는 자연적인 인간의 삶과 동일시될 수 없는데, 그것은 "첫번째 즉흥성"이 아니고 "이후의 즉흥성"이기 때문이다(FT, 98). 요하네스는 "반드시 적용 가능한" 이라는 칸트의 원리를 인용하면서 그 인어와 같은 존재는 이미 보편적인 것을 넘어서는 존재라고 말했는데 "그것은 보편적인 것과는 모순적인 것으로 필요조건이 결핍되어 있는 그 누군가가 바로 그 존재가 되기 원하는 것이기 때문이다."* 죄는 윤리에 의해서 사회적 도덕성 Sittlichkeit의 관점에서 문제가 된다. 만약 윤리가 죄를 무시한다면 이것은 "의미 없는 학문"이 되겠지만, 죄를 인정한다면 "이것은 뉘우침을 불러일으키고 그 뉘우침은 가장 높은 윤리적 단계인데, 더 정확하게 이야기하면 가장 깊은 윤리적 자기모순이다(FT, 98n).**

요하네스는 또 다른 인물로 셰익스피어의 리처드 3세에 나오는 글로스터 Gloucester를 보여준다. 글로스터는 도덕적 괴물로 보이는데 그는 다른 사람들이 자신의 육체적 기형 때문에 그에게 보여준 연민에 대한 분개함으로 가득 차 있었다. 이러한 경우에 윤리는 글로스터 Gloucester와는 아무런 상관이 없다. "글로스터와 같은 피조물은 사회적 관념 ideal을 통해서는 구원받을 수 없다. 윤리는 그로 하여금 완전히 바보로 만든다"(FT, 106). 요하네스는 인어와 글로스터와 같은 사람들에 대해서 생각을 하는데 그들은 이 사회의 관습이나 가치를 획득하는 것만으로는 완전한 인간이 될 수 없는 존재이다. 이러한 인물들에게서는 아브라함의 예시가 그들에게 자기 자신이 되는 또 다른 길이 있다는 희망을 제공한다. 사람이 아닌 존재가 사람이 되기 위해서 노력했던 것처럼, 그런데 그 노력은 사회적인 관습에 의해서 거부되는 것이었다. 아브라함에게도 그의 행동이 사회적 관습에 의해서는 받아들여지지 못하는 것이지만 또 다른 길을 통해서 그 일을 행함

*옮긴이 주 인어가 인간과 결혼하기 위해서는 인간이 되어야하지만 인간이 될 수 없기에, 그것을 인어의 원죄로 표현하고, 결혼을 할 수 없다면 보편적인 법칙에 따르는 것이지만 결혼을 하고 싶다면 그 보편적인 법칙을 능가해야만 하는 것이다.

**옮긴이 주 사회적 도덕성의 이론적 관점에서 볼 때 최고의 윤리는 뉘우침이 없는 상태이지만, 인간의 실존으로 보았을 때는 아무리 윤리적이라 하더라도 죄라는 문제를 생각하면 항상 무엇인가 뉘우쳐야하는 상태에 있다는 것이다. 가장 높은 윤리적 단계라고 한다면 죄가 없어야하는 상태일 것이다. 뉘우침이 있다는 것은 죄가 전제되어있다는 의미로 보았을 때, 뉘우침이 가장 높은 윤리적 단계라는 것은 모순이 될 수밖에 없다.

으로 아브라함은 또 다른 자기 자신이 된 것이다. 그것은 당시의 윤리적인 범주로는 이해하지 못하는 존재인 것이다.

요하네스는 글루스터와 인어를 예외적인 인물로 보았다. "그 사람들은 보편적인 법칙에서 제외되어 있었고 역사적 상황에서 벗어나 있는 상태였다"(FT, 106). 그런데 그들이 정말 예외적이었을까? 아니면 그들은 모든 사람들이 어느 정도 이해할 수 있는 가능성을 재현한 사람들이었을까? 우리 중에 어느 누구가 단순히 기존의 사회가 부여한 "보편적 법칙을 준수함으로써" 진정한 자신이 될 수 있을까? 나 자신이 헤겔의 제자인 브래들리F. H. Bradley의 관점이 부여된 "나의 상황과 그 의무"를 발견함으로 진정한 자신이 될 수 있을까? 기독교 신학의 관점에서 봤을 때 죄는 손상된 다수의 개별적 특징이 아니라 모든 인간 실존에 만연되어 있는 것이다. 원죄를 믿는 사람들은 모든 인간은 하나님과의 직접적인 관계로부터의 정체성을 통해 변화되어야 할 필요가 있다는 것을 믿는다. 심지어 키에르케고르의 관점을 받아들이지 않는 세속적 사상가들도 모든 인간 삶에 만연되어 있는 악의 존재에 대해서는 인정하는데 사회적 도덕성Sittlichkeit으로는 인간의 죄를 해결할 수 있는 대안이 아니라는 것도 분명히 안다. 이 사상가들은 아마도 아브라함의 믿음의 비유에 주목할 것인데 그것은 자기 자신이 되는 한 방법이고 기존의 윤리적인 기준을 신격화하지 않는 것이다.[6]

어떠한 경우든지 키에르케고르의 작품에서 『두려움과 떨림』 다음에 나온 책이 죄를 가능하게 하는 인간의 심리적인 상태에 대해서 자세하게 고찰한 『불안의 개념』이 된 것은 우연의 일치가 아니다. 『불안의 개념』은 가명 저자 비글리우스 하우프니엔시스Vigilius Haufniensis(라틴어 이름으로 "코펜하겐의 파수꾼"이라고 번역됨)에 의하여 저술되었는데 죄의 실재에 대해서는 설명하지는 않는다. 그것은 불가능한 것인데, 왜냐하면 죄라는 것은 어떤 학문으로도 규범화될 수 없는 것이기 때문이다(CA, 16). 그 대신 하우프니엔시스는 죄의 가능성에 대해서 설명한다. 그것은 불안의 심리적인 상태에 관련된 것이고, 인간이 자유와 책임을 느끼는 그 감정에 대해서 말하는 것이다. 키에르케고르의 작품에 있어서 불안은 프로이트가 말한 것처럼 생리적인 욕구가 억압되어 나타난 증상은 아니다. 대신에 불안은 인간 조건의 근본적인 부분이다.

『두려움과 떨림』 그리고 『불안의 개념』은 사회적 도덕 *Sittlichkeit*의 한계점을 보여준다. 그 책들은 우리에게 키에르케고르의 작품에 있어서 윤리의 또 다른 점을 보여주는데 그것은 개인을 개인으로 인정하는 것이고 그 개인은 키에르케고르가 말한 "종교적 영역"으로의 실존으로 규명된 것이다. 다음 장에서는 『결론적 비학문적 후서』를 살펴봄으로써 보다 높은 단계의 윤리적 삶에 대해서 논의할 것이다.

6장

종교적 실존: 영원성, 포기, 견딤, 죄책감

우리가 앞에서 보았듯이 윤리의 개념은 키에르케고르의 초기 작품, 『이것이냐 저것이냐』, 『두려움과 떨림』에 나타난 핵심적인 내용들이었다. 윤리의 개념은 키에르케고르의 가장 철학적인 작품인 『철학적 단편에 관한 결론적 비학문적 후서』에서도 중요하게 나타난다. 이 책은 가명 저자 요하네스 클리마쿠스에 의해 저술되었는데 책의 서문에는 키에르케고르가 자신의 이름을 기록히였다. 『후서』(『철학적 단편에 관한 결론적 비문학적 후서』의 약자, 이후로는 이 약자로 씀)는 『철학적 단편』의 속편으로 출판된 책인데, 이것 역시 클리마쿠스가 저술하였고 키에르케고르가 편집하였다.

『단편』(『철학적 단편』의 약자, 이후로는 이 약자로 씀)은 클리마쿠스가 진리에 관해서, 그리고 그 진리를 어떻게 얻는가에 관한 "소크라테스적" 관점을 사고 실험thought-experiment의 형식으로 발전시킨 것이다. 이 관점은 플라톤의 관점으로부터 나온 것인데, 그것은 인간은 "형태"the Form라는 원초적인 지식이 있고, 그래서 우리는 학습을 "회상"이라고 부를 수 있다. 이러한 소크라테스의 관점은 진리가 인간에게 내재적으로 존재한다는 철학과 관점을 공유한다. 이는 인간이 자신의 이성적 노력을 통해서 성취할 수 있는 것이다. 클리마쿠스는 이러한 관점에 새로운 대안을 제시하면서 논리와 상상이라는 도구를 활용한다. 그의 대안은 기독교적인 관점과 비슷해 보인다. 그것은 인간은 진리를 잃어버렸고, 그 잃어버린 진리는 성육화 된 신성인 신이자 인간인 선생을 통해서 다시 획득될 수 있다는 것이다. 이러한 관점의 진리는 인간의 철학에 의해서 보다는 특별한 종류의 신적인 계시에 의해서 가능하다.

이러한 관점에서 『단편』은 소크라테스의 관점과 기독교적 대안의 관점 중 어느 것이 더 나은 견해인가를 논하는 것이 아니라, 그 두 사이의 논리적 차이점을 논하고 있다. 나는 여기서 더 이상 『단편』에 관련된 논의는 하지 않을 것이다. 이 책에 실제적인 내용은 기독교에 관련된 것인데 이는 7장에서 주요 개념으로 논할 것이다.

『단편』의 후속 작품인 『후서』에서는 사고 실험thought-experiment의 개념이 많이 약화되었는데 이 책의 문제는 기독교를 직접적으로 언급할 때 "역사적인 관습"의 관점으로 서술하였다는 것이다(CUP, 10). 이러한 관점은 『후서』 전반부에서 정확하게 다루고 있는 개념이지만 이 책의 주요한 개념은 아니다. 클리마쿠스가 말하는 것처럼 "역사적인 관습"은 "기독교"라는 단어를 언급함으로 제시될 수 있다(CUP, 17). 『후서』는 『단편』에 비해 내용이 많이 서술되어 있지만, 그 내용의 대부분은 각주로 처리될 수 있는 내용이다.

『후서』가 다른 책들과는 다르게 완전히 다른 문제를 다룬다는 사실은 그리 놀랍지 않다. 만약 『단편』이 진리에 관해서 소크라테스적 관점과 기독교적인 관점이 서로 양립할 수 없다는 것을 보여주는 것이라고 가정한다면, 우리는 어떻게 기독교가 주장하는 진리를 얻을 수 있을 것인가에 대한 질문을 할 수밖에 없다. 『단편』은 소크라테스의 관점에 대안으로 기독교적 진리는 하나님의 선물로 인간에게 주어지는 것임을 서술하였다. 그러나 그것은 인간의 이성과 의지에 의해서 획득될 수 있는 것은 아니었다. 진리가 인간 자신에게 획득할 수 있는 어떠한 것이 아닐지라도 이러한 진리를 획득하기 위해서 인간이 최소한으로 할 수 있는 다른 일은 없는 것인가? 클리마쿠스는 이러한 질문에 대해서 사고 실험thought-experiment이라는 주제로 그 대답을 제시한다.

> 나, 요하네스 클리마쿠스는 이 도시에서 태어난 사람으로 현재 서른인 평범한 사람이다. 나는 영원한 행복이라고 불리는 최고의 선이 나를 기다리고 있다고 믿는다. 이것은 내가 집에서 하녀를 기다리는 것이고 학교에서 교수를 기다리는 것과 같은 것이다. 나는 기독교가 이러한 선을 요구하는 것이라고 들었는데, 나는 지금 내가 어떻게 이러한 교리와 관계를 맺을 수 있는가를 고민하고 있다 (CUP, 15-16).*

클리마쿠스는 이 질문에 대답하기 위해서 100페이지 정도를 할애한다. 그의 대답은 『단편』의 내용과 일치하는 것으로 진정한 기독교 신앙은 하나님으로부터 오는 선물임이 틀림없고, 이것은 인간의 성취물이 될 수 없다는 것이다. 그러나 『후서』에서 주어진 대답은 『단편』의 내용들을 더 복잡하게 만든다. 그 대답은 우리가 스스로 기독교 신앙을 생산해 낼 수는 없지만 기독교 신앙의 필요 전제조건으로서 인간적으로 성취할 수 있는 질적

*옮긴이 주
여기서 중요한 것은 내가 선을 기다리는 것이 아니라, 최고의 선이 나를 기다리고 있다는 것이다. 그리고 그 최고의 선이 없이는 나는 어떠한 것도 할 수 없는 존재이다. 집은 하녀가 있어야 집안 일이 돌아가고, 학교는 교수가 있어야 수업이 진행될 수 있는 것처럼 말이다. 그러나 마냥 기다리고만 있을 수 없기에 내가 뭔가 할 수 있는 것이 무엇일까를 고민한다.

인 무엇인가가 존재한다는 것이다.『후서』는 이러한 질적인 내용을 우리가 어떻게 성취할 수 있는가에 대해 성찰하고 있다.

이러한 내용들은 종교적인 삶에 있어서 자연발생적인natural 형태가 있음을 말하고 있다. 클리마쿠스는 이를 "종교성 A"라고 명명하며, 이것은 인간이 성취할 수 있는 것이라고 말한다. 이것은 종교적인 삶에서의 "소크라테스적인 형태"로 기독교가 전혀 무시할 수 없는 형태이고, 이것은 결국은 기독교를 위한 전제조건이 된다. 이러한 종교적인 삶에 "소크라테스적인 형태"는 윤리적 삶의 내용에 근거를 두고 있다.

다시 윤리로: 신을 발견하기 시작

키에르케고르는『후서』에서 윤리적 삶의 다른 그림을 제공한다. 여기에서는 윤리적인 실존이 진정한 종교적 삶의 출발점으로서의 종교적 실존과 그렇게 많이 대비되지 않는다. 우리는『두려움과 떨림』그리고『이것이냐 저것이냐』에서 윤리적이라는 것이 기본적으로 사회적으로 승인된 내용이라고 보았고, 그 안에서 각 개인은 그 사회가 주어진 그의 역할로서 정의되었다. 이러한 윤리의 역할은 헤겔의 관점인 사회적 도덕Sittlichkeit의 개념과 유사하다. 그러나『후서』에서는 윤리적이라는 것이 개인에게 사회적으로 승인된 역할의 그물망에서 빠져나오는 것을 허락하는 것으로 묘사되고 있다. 나에게 있어서 윤리적인 관점을 발견하는 것은 사회적 조화를 추구하기보다는 나 자신을 발견하는 것이 된다.[1]

클리마쿠스는 처음에는 아리스토텔레스의 관점인 자기실현의 개념으로 윤리를 설명하고 있다. "윤리는 개개인에게 초점을 두고 있는데 완전한 인간이 되는 것은 각 개개인의 역할로 이해되고 있고, 이것은 모든 사람은 자기 자신이 될 수 있는 능력을 갖추고 태어났다는 것을 전제한다"(CUP, 346). 우리는 이러한 인용들이 아리스토텔레스적 형식이라고 생각하지만, 여기에는 클리마쿠스가 이해한 윤리적 삶의 의무론적인 개념도 포함되어 있다. 이러한 내용들은 아리스토텔레스적인 개념 안에서 최소한의 칸트적인 개념을 제공한다. 클리마쿠스에게 자기실현은 단순히 갈망하는 선이라기보다는 일종의 과제였다. 그것은 인간이 해야 하는 것으로 할당받는 것이고 각각의 인간은 이것을 성취하느냐 혹은 성취하지 못하느냐에 대한 책임을 져야한다고 그는 생각하였다.

물론 모든 사람이 이 윤리적 과제에 대해 인식하는 것은 아니다. 클리마쿠스는 대부분의 사람들이 그들이 살고 있는 도시에서의 "관습과 전통"을 따라 표류하고 있다고 말한다(CUP, 244). 이러한 사람들의 삶은 파티에서 테이블 예절을 지켜야 한다는 것을 배우지 못한 아이들의 삶과 유사하다. "다른 예절 바른 아이들을 주목하고, 그들이 행동하는 대로 행동하라"(CUP, 244). 이러한 삶을 사는 사람들은 키에르케고르가 자주 언급하였던 "Primitivitet" 라는 개념이 부족한 사람이다. 홍Hongs은 이 단어를 영어의 "원시성"primitivity으로 번역하였는데, "진정성"authenticity 혹은 "독창성"originality으로도 번역될 수 있다. 이러한 사람들은 "다른 사람들이 뭔가를 시작하기 전에는 어떠한 일도 먼저 시도하지 않을 사람들이다"(CUP, 244).

클리마쿠스는 이러한 사람들은 신을 발견할 수 없다고 말하는데 그 이유는 이러한 사람들은 "윤리가 무한하다는 느낌"에 대해 전혀 경험해보지 못했기 때문이라고 한다. 이제 클리마쿠스는 윤리와 종교를 매우 유사한 것으로 보았다. "인간을 인간답게 하는 것은 신과의 관계"라고 말한다

(CUP, 244). 왜냐하면 신을 어떠한 사람에게 윤리적 과제를 부과하는 존재로 보았기 때문이다. 신은 인간을 각 개인으로 창조하였고 각자에게 이렇게 말하였다. "너 자신이 되어라. 내가 창조한 바로 그 자신이 되어라." 클리마쿠스가 비기독교적인 가명임에도 불구하고 이러한 그의 관점은 키에르케고르의 기독교적인 글에서 나타나는 것과 일치한다.[2]

실현되어야 할 그 자기self는 인간 자신인데, 이 자기는 그 자신이 되기 위한 보편적 차원이 존재한다. 키에르케고르는 보편적인 인간 본성이 존재한다고 믿는 본질주의자이다. 생각, 상상, 그리고 감정이 없이는 인간은 자기 자신이 될 수 없다. 그렇기 때문에 "총체적 인간"이 된다는 것은 그 개인이 인성의 모든 영역을 개발하여야 한다는 것을 의미한다. "진리가 선이나 아름다움보다 높은 위치에 있다는 것은 아니지만 진리와 선과 아름다움은 모든 인간 존재에게 필수적으로 포함되어야 한다. 이것들은 인간이 실존하기 위해서 연합되어야 하고, 사고함이 아닌 실존함으로 그 일들이 가능하다"(CUP, 348).

하지만 이러한 자기의 보편적 차원은 그 자신의 정체성을 소진하지 않는다. "특별한 동물이 그 종의 견본으로 바로 연결되는" 동물의 세계와는 달리 인간은 신에 의해 개별적으로 창조되었다(CUP, 345). 이러한 개별성은 우리의 본질적인 인간으로서의 본성과 대치되지 않는다. 이는 우리의 포괄적인 인간 본성이 우리의 정체성을 소진하지 않는다는 것을 의미한다. 이 개별성은 인간 본성의 보편적인 차원이 실현되는 것을 강화해준다. "진리와 선과 아름다움" 이러한 자질들은 고도로 추상적이며 각 개인에게 달린 것으로 각 개인은 그들의 상황과의 관계를 통해 이러한 자질들을 해석하거나 정제한다. 그리고 자기실현의 과제는 한 개인을 다른 사람과 구별시켜주는 "차별성" 혹은 "우연성"을 발전시키는 것도 포함하고 있다. 어떤 사람은 음악에 아주 큰 재능이 있지만 많은 사람들은 그렇지 않다. 클리마쿠스가 말하기를, 만약 내가 음악적인 재능이 있다면 나는 이 재능을 단순히 즐기기 위한 즉각적인 선물로 받아들이지 않고 내가 이 재능을 어떻게 발전시키고 사용해야 할지를 반드시 숙고할 것이다(이러한 클리마쿠스의 관점은 윌리엄 판사의 관점과 매우 유사하다.)

이러한 윤리적 개념의 이해는 키에르케고르의 "개인주의"를 이해하게 해준다. 어떤 면에서는 3장에서 잠깐 논의한 것처럼, 키에르케고르는 헤겔처럼 자기self에 대한 사회적인 관점을 가지고 있다.[3] 자기 자신은 혼자만으로 자기 자신이 될 수 없다. 우리 모두는 우리를 규정하는 관계에 의해서 존재한다. 키에르케고르에게 하나님은 실제적인 인격이고, 그 하나님과의 관계는 실제적인 사회적 관계이다. 이 관계는 각 개인에게 할당된 인간관계의 역할을 능가하는 것이다. "하나님의 면전"에서 살아간다는 의식이 있는 사람은 단순한 인간관계에 의해서 소진되지 않는 정체성을 획득한다. 이러한 사람은 단순히 "타인과 비슷하게 살아"라고 강요당하지 않고 "내가 속해있는 사회적 구성원들이 보편적으로 받아들이는 것들을 깨뜨린다고 할지라도 나는 하나님이 나에게 요구하신 나의 방법으로 살아야 한다"고 말할 수 있다.

클리마쿠스가 묘사한 윤리적 과제는 하나님이 창조한 인격이 되어가는 과제이다. 그는 인간에게 이러한 것을 요구하는 하나님의 권위에 대해서는 많이 다루지 않는다. 이는 하나님이 창조주로서의 존재함을 통해 그 권위를 갖게 되었다는 것을 인정하는 것이다. 윤리적 삶의 근원으로서의 하나님에 대한 이해는 클리마쿠스와 키에르케고르가 계몽주의 이래로 서구의 종교 철학에서 지배적으로 물어왔던 질문들, 예를 들어 우리가 어떻게 하나님의 존재를 알 수 있는가? 혹은 하나님이 이 세상을 창조했음에도 불구하고 왜 악은 존재하는가? 에 대한 질문에 왜 큰 관심을 가지지 않는지를 이해하게 해준다. 키에르케고르는 이러한 질문에 집중하지 않는데 철학적이든 역사적이든 변증적 논쟁에 대해 적대감을 가지고 있다.[4] 만약 하나님이 윤리적 의무의 근원으로서 이해된다면 그 하나님이 자신을 창조한 창조주라고 인식하지는 못하더라도 자기 도덕적 과제를 인지했다면 그 사람은 하나님의 존재에 대해서 암묵적으로 인식할 것이다.[5] 그리하여 하나님의 존재에 대해서 염려하는 사람은 자신에게 나타난 하나님의 실재를 무시하는 사람이거나 혹은 그에게 윤리적 의무를 부여하는 그 하나님의 존재에 대해서 걱정하는 자기 자신의 모습을 보여주는 것으로 나타난다.

> 지금 현존하는 어떤 사람의 존재를 나타내려고 하는 것은 가장 창피한 모욕이다. 이러한 시도는 그를 터무니없는 사람으로 만들어버린다. 더 문제가 되는 것은 이것 자체를 의심조차 하지 않는다는 것인데, 이러한 심각성은 암묵적으로 동의된 것으로 간주된다. 만약 어떤 사람에게 그 자신이 하나님을 무시하는 것을 허락하지 않는 한 어떻게 그 사람에게 하나님이 존재한다는 것을 나타내게 하는 것이 가능한 것인가? 이것은 그의 존재를 바로 그의 코앞에서 드러내려고 하는 정신병자와 같은 일이다(CUP, 545).

『후서』가 발간된 지 얼마 안 되어 출판된 『Upbuilding Discourses in Various Spirits』(다양한 정신에서의 교화적 담론)에서 키에르케고르는 자신의 목소리로 윤리적 삶에 대하여 기록하였다. 그것은 클리마쿠스가 주장한 것과 유사하다. 이 책의 첫 번째 부분인 마음의 순수성이라고 영어로 번역된 글에서 키에르케고르는 인간과 창조주로서의 하나님의 관계가 윤리적 삶의 근원이라고 제시하고 있다. 이 글에서 키에르케고르는 마음이 청결한 사람은 나누어지지 않는 의지를 가졌다고 말한다. "궁극적인 선"에 대한 헌신만이 사람들로 하여금 이러한 통일성을 가지게 하고 "두 가지 마음"을 갖지 못하게 한다고 하였다. 그러나 "궁극적인 선"은 어떤 외부적인 목적이 아니라 신이 각 개인에게 부여한 그 과제를 달성함으로 드러난다.

> 이 세상에 존재하기 위해 태어난 모든 사람들은 특별한 인격으로서의 영원한 목적이 존재한다. 이러한 관계에서 자기 자신에게 충실하다는 것은 사람이 할 수 있는 최선의 것인데, 한 심오한 시인은 "자기를 사랑하는 것보다 더 나쁜 것은 자기 경멸이다"고 이야기하였다(UDVS, 93).

> 궁극적인 선에 헌신 되어 있는 사람은 의식을 따라 사는 사람이고, 그러한 의식을 갖는다는 것은 "당신 자신과 하나님 앞에서의 당신 자신이 각각의 개체로써 관계를 맺는 것을 의미한다"(UDVS, 129).

그러므로 윤리적 삶은 본질적으로 하나님을 의식하는 것을 포함한다. 이것은 그 사람이 되어야 하는 독특한 자기가 되는 도덕적 과제의 근원으로 이해된다. 이러한 윤리적 삶의 한 가지 재미있는 함의점은 모든 사람은 평등하다는 것으로 귀결된다는 것이다. 어떤 사람들은 사람들마다 다른 삶의 상황들이 있기 때문에, 어떤 사람은 높은 윤리의식을 가진 집안에서 태어나서 선에 관해 관심을 가지도록 양육된 반면, 어떤 사람은 그렇지 않은 집안에서 태어났기 때문에 이것은 평등과 관계가 없다고 생각할 수 있을 것이다. 키에르케고르와 클리마쿠스는 이러한 차이를 중요하게 생각한다. 각각의 사람이 되어야 하는 이상적인 자기는 상대화되었고, 다시 말하면 각각의 사람들마다 환경적 상황 안에 내재되어 있는 잠재성이 고려된 것이다. 우리는 하나님이 한 개인의 예외성을 형성할 때에 하나님이 특별한 개인이 직면한 어려움을 고려하고 있다고 말할 수 있다. 우리 각각은 어떠한 의미에서 동일한 과제를 가지고 있는데 그것은 우리가 되어야하는 존재가 되는 것이지만 우리 개개인의 환경에 차이는 일종의 평등을 허락한다.

> 그 과제가 크든지 작든지에 상관없이 그 과제 자체는 절대적인 차이 자체를 만들지는 않는다. 그러한 점에서 하나님은 찬양받기에 마땅하다. 그 영원한 존재가 우리를 향해 베푸시는 일들이 얼마나 자비로운가. 그 영원한 존재는 갈등이나 한숨과 시기를 가져오게 하는 모욕이나 거들먹거림으로 인한 비교에 대해서는 아무런 관심이 없다. 그 요구는 모두에게 공평한 것인데, 아주 높은 지위에 있는 사람에게나 낮은 지위에 있는 사람에게 같은 것이다(UDVS, 81).

종교적 삶의 근원: 영원을 탐구하는 것

『후서』에서 윤리적 삶에 관한 논의로부터 종교적인 삶의 논의로 전환이 된다. 이 논의는 고전적 윤리적 이론에 있어서 중요한 개념인 "최고의 선"에 대한 개념을 파악하고 그 이후에 영원한 행복의 종교적 개념을 논의한다. 우리가 앞에서 보았듯이 윤리적 삶은 이미 어떤 성격에서 종교적인 부분을 포함하고 있다. 이 말은 윤리적인 개개인은 하나님과의 관계와 하나님에 대한 기본적인 의식을 유지하고 있다는 것이다. 그러므로 키에르케고르의 관점에서는 윤리적 영역에 있는 사람들이 종교적인 신념이 부족하다고 이야기하는 것은 잘못된 것이다. 키에르케고르에게 있어서 윤리적 영역의 사람과 종교적 영역의 사람의 차이는 단순히 윤리적 영역에 있는 사람은 하나님을 믿지 않고 종교적 영역에 있는 사람은 하나님을 믿는다는 것에 있지 않다. 그 차이는 두 종류의 사람이 각각 가지는 하나님에 대한 태도에 따라 달라진다. 윤리적 사람은 그와 하나님과의 관계에서 자신감이 있는 사람이다. 그는 자신에게 부여된 윤리적 과제를 성취하는 사람으로서 그 자신을 본다. 윤리적인 사람과 다소 차이가 있는 종교적인 사람은 그 자신이 되기 위한 것이 어렵다는 것을 발견함으로 하나님과의 관계가 더 이상 자신이 없는 사람이다. 그리고 그 관계는 어떤 행동을 통해서 성취되는 목적을 가진다. 이보다 더 종교적인 사람은 그 자신을 어느 정도 깨어진 사람으로 보고 그 이후에 하나님과의 관계 안에서 새로운 희망을 찾는다. 그 희망은 자기 자신이 다시 새로운 사람이 될 수 있다는 것이다.

내가 여기에서 보여주고자 하는 것은 이러한 윤리적 삶에서 어떻게 충분한 의미에서의 종교적인 삶을 설명할 수 있는가이다. 클리마쿠스는 최고의 선이라는 윤리적인 개념과 영원한 행복이라는 종교적인 개념을 어떻게 동일시하는가? 표면적으로 볼 때 동일시identification가 문제가 되는데, 칸트가 말한 최고의 선이 문제가 되는 경우와 마찬가지 이유인데, 그것은 도덕성에 대한 추구를 가정하는 것이 일종의 보상에 의하여 동기부여 될 수 있는 것이기 때문이다. 칸트가 도덕성은 사람들에게 그들 자신의 의무를 요구하고 있는데 그것이 도덕성이 그들의 의무이기에, 당연히 해야 할 일이지 보상받는 것과는 관계가 없다고 주장한 후에 그는 최고의 선, 다시 말해서 도덕적 행동의 궁극적인 목적은 이 세상에 사는 사람들이 도덕적으로 선해지고 행복해지는 것으로 이해되어야 하며 그들의 행복은 그들의 덕스러움의 여부에 따라 이루어진다고 주장했다.[6] 칸트는 이러한 것이 도덕적으로 선한 사람이 하나님을 믿을 것을 요구한다고 주장하는데, 도덕적 선이 행복을 가져다주는 보상임을 궁극적으로 확인해주는 도덕적 섭리에 의해서 지배되지 않는 한, 나는 도덕적 행동에 의하여 이러한 도덕적 선이 성취될 것이라고 믿지 않는다.[7]

칸트의 주장에 대한 비평은 도덕적으로 선한 사람은 반드시 옳은 일을 해야 하는데 이는 그것이 옳기 때문이고 그 행동은 도덕적으로 선한 행동이 보상을 받느냐 받지 않느냐 와는 상관이 없다는 칸트의 주장을 과소평가하고 있다.[8] 비슷한 방법으로 비평가들은 만약 윤리적 행동에 의한 최고의 선이 그 사람 자신의 영원한 행복으로 귀결된다면 『후서』에 나타난 윤리적인 삶이 윤리적인 삶의 목적론적 특징을 과소평가하고 있는 것은 아닌지에 대해 의문을 제기한다. 하지만 이러한 관점은 윤리적 사람이 단순히 도덕적 선보다는 그들 자신의 행복을 추구한 개인이라고 왜곡될 수 있지 않겠는가? 그러나 그러한 윤리적인 사람들은 도덕적 선이 이러한 행복을 얻는 가장 확실한 방법이라는 것을 알 만큼 현명한 사람들이지 않겠는가?

클리마쿠스는 이러한 잠재적인 문제에 대해서 인지하고 이 문제를 해결하기 위해서 노력한다. 우리는 먼저 그가 사용하는 *Salighed*라는 행복이라는 단어에 주목해야하는데 이것은 "blessedness복 있는 상태"로 번역될 수 있다. 이 개념은 행복에 관해서 특징적인 개념이다. 이것은 성인이나 성자들에 의해 획득되는 것으로 보통 우리가 말하는 부나 명성, 혹은 세상의 좋은 것들*Lykkelighed* 특히 운에 의해 운명이 결정되는 것들에 의해서 얻어지는 것들은 아니다. 만약 윤리적 사람들이 추구하는 영원한 행복이 내세에 나타날만한 것, 예를 들어 낙원에서의 삶, 황금으로 만들어진 도로와 같은 것으로 구성되어 있다면 윤리적 삶의 순수성은 타협의 산물이 될 것이다. 최고의 선으로서의 영원한 행복은 특정한 미학적 선에 의해서 상상될 수 없는 것이다. 영원한 행복을 미학적으로 본다면 매력이 없는 것으로 될 수 있다.

실존적으로 존재하는 사람의 최고의 파토스가 순전히 미학적인 것과 일치가 된다면 그것은 가장 미천한 개념인데, 사람들은 그것을 영원한 행복으로 이해한다. 어떤 사람들은 천사가 모든 피조물 중에 가장 따분한 존재일 것이라고 말한다. 그리고 그 천사에게는 하루 종일 지루한 영원성이 있을 것인데, 보통 우리에게는 주일 하루의 지루함으로도 충분한 것이고 끊임없이 반복되는 영원한 행복, 그곳에서는 이러한 무미건조한 행복을 추구할 바에는 차라리 행복하지 않은 것을 더 선호할 것이다(CUP, 393).

영원한 행복을 미학적인 개념으로 이해하기보다는 클리마쿠스는 "절대적 선으로서의 영원한 행복을 말하는데, 그것은 획득된 그 방식mode에 의해서 결정되는 두드러지는 질적인 개념이다"(CUP, 427).

우리가 만약에 두 가지 다른 종류의 보상에 대해서 생각할 수 있다면 클리마쿠스를 이해할 수 있을 것이다. 많은 사람들은 보상이 내면적인 보상이 있고 외적인 보상이 있다고 생각한다. 예를 들어, 우리는 두 명의 재능 있는 음악가를 상상해볼 수 있는데, 둘 다 재능이 많고 아주 열심히 연습해서 유명한 연주가들이 되었다. 첫 번째 음악가는 단순히 음악 그 자체를 사랑하였고, 더 나은 음악가가 되고 더 아름다운 음악을 만들어내는 욕구 때문에 연주하는 사람이었다. 두 번째 사람은 근본적으로 부자가 되고 유명해지는 것에 관심을 기울였는데 그에게 음악은 이러한 목적을 추구하는 수단이었다. 두 번째 경우에 그 음악가의 동기부여는 다소 부패한 것이었다. 그것은 좋은 음악가가 되는 것과 부자와 유명한 사람이 되는 것 사이에는 전혀 고유한 관계가 없기 때문이다. 첫 번째 음악가도 어떤 보상 때문에 동기부여가 되었고, 만약 그녀가 훌륭한 음악가가 되면 그녀는 행복할 것이다. 하지만 이 경우에는 그녀가 추구하는 행복이 그 행동을 퇴색시키지는

않는다. 이 행복은 음악을 진정한 사랑함에 기인하는 것이기 때문이다.[9]

클리마쿠스는 앞에서 논의된 관점으로의 행복에 관련하여 윤리적 사람을 이해하려고 노력한다. 이러한 행복을 얻기 위한 "획득함의 방식"mode of acquisition은 윤리적 갈망 그 자체이다. 그러나 이러한 방향으로의 행복의 추구는 외부적 보상을 바라는 윤리적인 삶과는 다른 것이다. 이것은 어떤 존재가 되라고 요구하는 그 존재가 되는 그 기회이다. 윤리적인 탐구를 동기 부여하게 하는 행복은 정말 선한 것을 사랑하는 사람에 의해서 향유된 행복이다.

그러나 우리는 왜 이러한 행복을 영원성과 연결 지어 생각해야만 하는가? 오늘날 세속적인 사람들은 윤리적인 삶이 보상을 가져다 줄 것이라는 것에 대해서 의심의 여지는 없지만 세속적인 사람들과 다른 우리는 이 세상에서 그러한 행복을 바라는 것에 대한 분명한 한계가 있음을 알고 있다. 우리가 단순한 일시적인 행복을 능가하는 윤리적인 삶을 동기 부여할 수 있는 행복에 대해서 생각하고 바랄 때 바로 윤리가 종교적인 것이 될 수 있다.

우리는 이제 키에르케고르가 말하는 영원한 삶에 대한 관점을 이해할 필요가 있다. 어떤 철학자들은 키에르케고르의 글에 나타난 영원한 삶은 문자적으로 죽음 이후의 삶으로 이해되면 안 된다고 말한다.[10] 그보다는 영원한 삶이라고 하는 것은 삶의 새로운 영역 혹은 새로운 질적인 특징quality을 의미하는 것인데, 그것은 지금 이 세계에서 향유할 수 있는 것이다. 이러한 영원한 삶을 향유하는 관점은 그 자신의 삶을 영원히 유효한 어떤 가치에 근거를 두고 있는 것이다. 심지어 한 사람의 의식과 몸은 사라질지라도 그 자신의 삶을 결코 사라지지 않는 의미와 관계 짓는 것이다. 만약에 이러한 의미가 하나님과 연결되어 있다면 최소한의 종교적인 성격이 드러나게 되는 것이다. 이것은 사람들이 영원한 삶을 하나님의 영원한 사랑으로 생각하고 그것을 그 사람이 성취한 것에 대한 감사로 이해할 때 가능하다. 하나님에 의해서 영원히 기억되는 것은 한 사람의 삶이 망각으로 잊힐 수 없다는 것을 보장한다.

키에르케고르의 영원한 삶에 대한 이러한 이해는 여러 관점을 보여준다. 첫째, 키에르케고르에게 있어서 영원한 삶이라는 것은 이 세상의 삶에 단순한 연장이 아니다. 단순히 영원히 사는 것이 아니라 새로운 삶의 질을 획득하는 것이다. 나아가서 이러한 키에르케고르의 견해는 영원한 삶에 대한 기독교적 가르침과 연결되는 것인데, 단순히 죽음 이후의 삶을 향유하는 것이 아니라 기독교인들이 지금 현재 즉각적으로 소유할 수 있는 어떤 것이다.[11] 이러한 것 외에도 키에르케고르가 최후로서의 죽음에 대해서 언급한 문장들이 여러 군데에 있다.[12]

그러나 영원한 삶에 대한 키에르케고르의 해석을 이 땅에서의 삶의 향유하는 것에만 국한한다는 것은 타당하지 못한 것이다. 영원한 삶이 임시로 실존하는 삶의 단순한 연장이 아니기도 하지만, 키에르케고르는 이 영원한 삶을 사후의 삶과도 연결하고 있다. "단순히 끝나지 않는 삶"과 "이 세상에서 새로운 차원의 삶"은 상호배타적이지는 않지만, 여기에서 새로운 차원의 삶은 이 세상에서 누려야 하는 어떤 것이기도 하지만, 죽음 이후에 연장된 새로운 삶을 의미하기도 한다. 이것을 알기 위해서 우리는 키에르케고르가 그가 직접 선택한 그의 묘비의 글, 브로슨Brorson의 찬송가에서 가져온 것인데, 이것에 주목할 필요가 있다. 덴마크어에서 번역된 것인데, 죽음 이후의 탄탄한 삶에 대한 강렬한 확신이 표현되어 있다.

조금만 있으면

나는 승리할 것이다

모든 전쟁은 순식간에

끝날 것이다

그 후 나는 낙원에서 쉴 것인데

그 곳에서 나의 주님과 영원히 대화할 것이다.

키에르케고르의 많은 책들에는 문자적인 죽음에서의 승리를 포함한 이러한 비슷한 많은 글들이 있다. 특별히 클리마쿠스는 『후서』에서 헤겔과 같은 철학자로서 인간이 불멸을 소유할 수 있을까에 대한 의문을 제기하였는데, 인간 정신의 불멸에 관한 주제를 논의하는 과정이었다 (CUP, 171). 하지만 클리마쿠스는 키에르케고르의 후계자인 우나무노Miguel de Unamuno의 견해에 더 가까운데, 그는 사후의 삶에 대한 생각에 사로잡혀 있었고, 다음과 같이 영원한 삶에 대한 간절함을 말하였다. "나는 죽기를 원하지 않는다. 아니다, 나는 죽기를 원하지도 않고 죽기를 원하는 것을 원하지 않는다. 나는 항상 살고 싶고, 또 살고 나는 사는 것, 이것을 원한다. 나는 바보처럼 지금 여기에서 살아있는 것을 느끼는데, 내 영혼의 지속성의 문제 바로 나 자신의 영혼의 문제가 나를 고문하고 있다."[13] 키에르케고르는 기독교인이 아닌 사람들에게도 이 사후의 삶에 대한 문자적 희망을 전달하는데 『나의 작품에 대한 관점』The Point of View for My Work의 저자로서 이 글에서 그 사실을 강조하는데, 키에르케고르는 소크라테스가 실제로 기독교인이 아니라는 것을 잘 인식하였지만, 그는 "소크라테스가 기독교인이 된지 오래된 사람이라고 확신하였다"(PV, 54).

어느 경우든지 요하네스 클리마쿠스가 인간 삶의 목적이 죽음을 극복하는 것에 매여있었다고 생각하는 것은 당연한 일이다. 실제로 대부분의 인간 문화에서는 이와 같은 죽음 이후의 삶에 대한 믿음이 있는데, 많은 문화들이 행복하고 평화로운 사후의 삶을 위해 잘 고안된 의식과 관습을 발달시켰다. 현대 서구사회에서는 많은 사람들이 과학적 사고방식에 매료되어 이런 사후의 삶에 대한 희망을 전혀 두지 않는 사람들도 있는 것이 사실이다. 그러나 이러한 사람들에게도 과연 죽음이 삶의 마지막인가에 대한 것은 여전히 논쟁점으로 남아있다. 어느 경우든지 키에르케고르는 죽음 이후의 삶의 가능성을 거부하는 인식론적인 입장에 대해서는 별 관심이 없는 듯하다. 대신에 사후의 삶에 대한 그의 태도는 하나님의 존재를 기대하는 그 태도와 그 맥을 같이한다. 어느 경우도 이 신념을 증명할만한 객관적인 증거가 존재하지 않는다. 하지만 모든 경우에서 어느 정도의 적절한 열정에 사로잡혀 있는 개인들은 하나님의 존재를 믿으며 영원한 삶을 추구한다. 영원한 삶과 같은 것이 존재하는가는 적절한 걱정이 아니지만, 나 자신이 그 영원한 삶을 얻으려고 하는지는 적절한 문제가 된다.*

소크라테스는 클리마쿠스에게 모델을 제시하였다. 소크라테스는 어떤 객관적인 확실성을 제시하지 않았지만 그의 삶을 주체적으로 구현시켰는데, 그것은 인간이 반드시 소유해야 하는 진리를 주는 것이었다.

소크라테스는 과연 불멸이라는 것이 존재하는가와 같은 객관적인 질문을 던졌다. 그는 현대의 사상가들과 비교했을 때, 실로 의심론자였다. 그러나 절대로 그렇지 않았다. 그는 자신의 모든 삶을 "만약"이라는 질

*옮긴이 주
사후의 삶이 객관적으로 존재하는가가 중요한 것이 아니라 내가 그것을 얻으려고 하는 열정이 있는가가 중요하다. 객관적으로 존재하는 것 보다는 내가 열정을 가지고 그것을 성취하려고 노력하면 그것이 나의 실존에서 가능하게 되는 것이다. 이것이 주체성이다.

문에 집중하였다. 그는 그 무한성의 열정과 더불어 기꺼이 죽으려고 하였다. 그는 "만약" 그 불멸이 존재하느냐는 질문을 받아들이라고 그의 삶에 명령하였다. 이것보다 더 나은 영혼의 불멸에 대한 증거가 있는가?(CUP, 201).

그러므로 클리마쿠스에 의한 "최고의 선"에 대한 윤리적 탐구는 진리에 대한 탐구, 다시 말해 되어져야하는 진정한 자기가 되는 것이었고, 이것은 영원히 자기됨self eternally이 되었다.

하나님과의 관계로서의 영원한 삶

클리마쿠스가 최고의 선을 위한 윤리적인 탐구를 영원한 삶에 대한 탐구로 해석하는 것에 대해서 다소 의문스럽다면, 그것은 더더욱 이 두 가지가 결국 하나님과의 관계와 동일시된다고 강변하는 것처럼 보인다. 그러나 어떤 성찰들은 처음 두 가지가 클리마쿠스가 행한 것으로 이해되었기에 그것들을 하나님과의 관계와 동일시한다는 것은 완벽한 의미가 됨을 보여준다. 이미 클리마쿠스가 가장 높은 형태의 윤리적 삶은 하나님과의 관계를 포함하는 것으로 이해하였는데, 이 하나님은 인간을 창조하고 그 인간들에게 창조된 그 목적대로 되어야 할 그 자신이 되는 것을 과제로 부여한 존재이다. 이러한 "내재하는" 종교의 영역에서 하나님은 도덕적 경험을 통해 이해되었고 그 하나님은 우리의 도덕적 의무 경험의 배후에 있는 실제로 이해된다.

하나님과의 관계가 영원한 삶의 목적을 동기 부여하는 영원한 행복과 동일시된다는 것은 받아 들여질만하다. 우리는 이러한 영원한 삶은 도덕적인 삶의 내부적 보상으로 받아 들여져야만하고 그 보상은 그 선에 헌신 된 사람들을 통해서만 인정되어야 하리라는 것을 살펴보았다. 하나님과의 관계는 이러한 서술에 적합하다. 하나님은 도덕성에 근거하기에 도덕적으로 발전하는 사람은 하나님과의 관계를 맺을 권리가 있다. 클리마쿠스는 하나님은 인간 역사에서 보이지 않는다고 말하는데 그 이유는 "인간에게 보여진 하나님은 주인의 역할을 하지 않는데, 그 안에는 윤리가 나타나지 않고 그래서 하나님은 보이지 않는다"라고 말했다(CUP, 156). 이것은 윤리적 삶 안에서만 하나님이 인정된다는 것을 의미한다. 이러한 하나님과의 관계는 일종의 보상으로 간주되는데, 선한 사람을 만족하게 하는 것 중에서 그 선함을 성취하는 기회를 가지는 것보다 더 좋은 것은 없는데, 그래서 그 자체로 최고로 선한 실제와의 관계를 맺기 때문이다.

아직도 어떤 사람들은 이러한 보상이 비록 그것이 행복이라는 형식을 가졌음에도 굳이 영원한 삶으로 보여야 하는지에 대해서 의아해할 것이다. 내가 예상하는 그 대답은 선을 위한 윤리적 탐구의 성격에 있다. 선을 성취하는 것을 진정으로 갈망하는 사람은 그러한 종류의 사람이 되는 것을 갈망한다. 그러면 이렇게 자신이 의지적으로 행하고will 그러한 것에 가치를 두는 사람들이 이 영원성을 의지will하지 않는가? 왜 사람들은 영원함이 내재된 빼어난 가치들에 대해서는 의지적으로 만들어내지 못하는가?

이러한 클리마쿠스의 주장은 최고의 선은 "지고한 이상vision"에 근거하는 것인데, 이 지고한 이상은 하나님의 지식knowledge of God으로 간주되는 것으로 오랜 기독교 전통에 근거한 것이며, 이 하나님의 지식은 기독교인들에게 최고의 복으로 여겨졌고, 그들이 동일시하기 원하였던 것이다. 그러나 클리마쿠스가 이러한 종교적 삶의 성격에 대해 기술할 때, 기독교적 계시에 대해서 강조하지 않았다는 것을 아는 것이 중요하다. "이교도 속에도 존재"하는 이런 윤리적 종교성은 "그 전제로서 평범한 인간 본성에 존재한다"(CUP, 559). 그는 인간의 종교적 경험에 대한 기록을 제공하기를 원하고 그의 기록이 확실히 기독교적 관점을 반영한다 할지라도 이것은 일반적인 의미에서 구현된 종교적 경험과 그것을 해석하는 능력에 의해서 판단되어야 한다는 관점을 유지하였다. 클리마쿠스는 윤리적 삶의 탐구와 영원한 삶의 탐구를 이러한 맥락에서 보았고 이 둘은 서로 얽혀지게 되었다고 보았다.

클리마쿠스가 『후서』에서 서술한 종교적 삶에 대한 기록은 키에르케고르가 자신의 실명으로 저작한 교화를 위한 담론Upbuilding Discourse에 나타난 내용들과 일치하는 것을 강조하는 것은 가치가 있다. 키에르케고르의 초기 종교적인 글에서는 그 성격은 종교적이지만 특별히 기독교적이며, 격론을 벌이는 내용들이 그의 후기의 저작보다는 많이 나타나 있지 않다. 이 글들의 대부분은 개인의 진정한 "내면성"의 발전에 대해서 다루었으며, 이것은 하나님을 아는 지식의 발전, 하나님과의 관계의 발전이 포함되었다. 하나의 예를 인용하면, "하나님을 필요로 하는 것이 인간이 가장 높은 완전"이라는 글에서 키에르케고르는 어떻게 인간이 전적으로 자기 자신에 대해서 알 수 있는가와 그가 어떻게 하나님을 완전하게 의지하였는지를 이해하는가에 대해서 보여주려고 노력하였고 또한 그래서 반드시 하나님을 알아야 하는 것에 대해서 보여주려고 노력한다. 이러한 방법으로 하나님을 알기 위해서 오는 자들은 "하나님이 어떤 분인지 결정적인 확신을" 가지게 된다(EUD, 322).

종교적 삶과 실존의 부정성

우리는 이미 키에르케고르가 말하는 윤리적인 삶에서 종교적인 삶으로의 변화를 보았고 이것은 자기 안에서 깨어짐과 회복이 연결되어 있는 것을 보았다. 처음부터 윤리적 삶은 함축적으로 하나님에 대한 자각이 포함되어 있었다. 그러나 자기가 자기를 이해하는 것을 단순히 하나님이 요구한 그 자신이 되는 것이 아닌, 그 자신이 되는 과제를 수행하기 위해서 하나님의 도움이 필요할 때, 하나님에 대한 이해는 달라진다. 클리마쿠스는 그가 말한 "종교성 A"의 모습을 보여주는데, 이것은 기본적으로 보다 깊은 형식의 종교성이 어떻게 윤리성으로부터 발생하는가에 대한 이야기이다.

일반적으로 종교적인 삶은 최고의 선, 영원한 행복, 하나님과의 관계를 추구하는 개인의 모습을 그린다(우리가 보았듯이 이 모든 것은 클리마쿠스 견해와 동일하다). 클리마쿠스는 깊은 종교적인 삶의 세 가지 "순간"에 대해서 논의하는데, 그것은 종교적 삶의 "초보적," "본질적" 그리고 "결정적" 표현에 관한 것으로 각각은 포기/내려놓음resignation, 고통suffering, 죄책감guilt으로 나타났다. 여기에서 이것들을 더 자세히 다룰 것인데, 사람들은 종교적인 삶을 왜 이렇게 부정적이며 어두운 단어로 서술하는지에 대한 의문이 있을 것이다.

간단히 답하면 부정성은 인간 실존 그 자체의 구조에 의해서 요구된 것이다. 키에르케고르는 인간 실존은 완전히 완성될 수 없는데, 그 실존이 되는 과정 안에서 시간과 영원을 종합하려고 노력한다고 보았다.[14] 인간실존의 완성되지 않은 성격을 강화하는 한 가지 방법은 부정성에 의한 것이다. "긍정적"인 인간 실존자는 실존의 목적에 완전하게 도달한 사람일 것인데, 실제 인간 중 그 목적에 도달한 사람은 아무도 없다. 우리의 이상과 실제 사이에는 언제나 간격이 있게 마련인데, 이러한 간격은 현재 상황에 대한 부정을 요구하며, 이상을 향해 더 나아갈 것을 요구한다. 그래서 클리마쿠스는 "진리와의 관계에서 그의 실존, 주체적 사유자로서 실존한다는 것은 긍정적인 만큼 부정적인데... 계속적으로 되는 과정 안에 있는 것이고, 그것은 결핍된다"(CUP, 80).

이것은 인간 실존의 전체적인 부분에서 사실이기도 하지만 종교적 실존에서는 특별하게 사실이다. 종교적 실존이 일종의 긍정적인 요소, 새로운 파토스, "즉흥성"의 보다 높은 형태를 포함한다는 것은 사실이다. 하지만 이 긍정성은 부정성에 의해서 제한된 방법에 의한 미학적 열정과는 다른 것이다. "계시는 신비에 의해서 인식되고, 축복은 고통에 의해서, 믿음의 확실성은 불확실성에 의해서, 편함은 어려움을 통해서, 진리는 애매함을 통해서 인식된다. 만약 이것이 빨리 받아들여지지 않는다면, 미학적 삶과 종교적인 삶은 동일한 혼돈에 빠지게 말 것이다"(CUP, 432 a). 클리마쿠스는 이러한 개념을 이렇게 묘사한다. 실존하는 개인은 "그 실존이 상처받는 것"을 허락하지 않겠지만, 영적인 건강을 위해서는 반드시 "그 상처에 열려" 있어야 한다(CUP 85).

포기내려놓음: 종교적 파토스의 초기 표현

클리마쿠스는 『후서』에서 제시한 종교적 삶의 일반적인 특성을 기록하였다. 대부분의 예시들은 그가 알고 있는 기독교 문화로부터 가져온 것이지만, 그가 범주의 추상적인 특징을 활용하는 것을 인지해야만 한다. 이 추상성은 그 예들이 다른 종교적인 전통과 더불어 다른 문화권에서 가져왔다는 가능성을 포함한다. 클리마쿠스는 하나님으로서의 "절대"를 생각하는데, 예를 들면, 유신론을 인정하지 않는 문화에서는 최고의 선을 다르게 이해할 수 있다는 것이다. 다른 종교적 전통에 이러한 범주가 적용되면 어떻게 될 것인가는 질문은 그리고 그 가능성에 대해서 클리마쿠스는 열어둔 채로 두기를 원한다.

종교적인 삶은 우리가 앞에서 본 것처럼 "최고의 선"과 "절대 목적"을 추구하는 것에서 시작된다. 이러한 선을 추구하는 사람들을 클리마쿠스는 "절대적인 것과는 절대적인 관계를 맺고 상대적인 것과는 상대적 관계를 맺는다"고 말한다(CUP, 387). 이러한 공식은 일반적 종교를 묘사하는데 사용되고 있다.

그러면 이것은 무슨 의미인가? 그 사람이 절대적인 것에 절대적으로 헌신 되어 있는지를 시험해보는 것은 그 사람이 추구하는 상대적인 것과 절대적인 것 사이에 갈등이 있을 때 어떤 일이 일어나는 것을 보는 것이다. 절대적인 것을 위해 자기가 추구하던 상대적인 것을 포기하려는 사람은 절대적인 것에 헌신함을 보여준다. 그래서 종교적인 단계의 "초기"는 "포기"라는 범주를 활용한다.

포기라는 이미와 반대가 되는 것은 헤겔의 덴마크 후계자들로부터 온 것인데, 조정mediation이다. 조정은 "절대적인 것의 위대함에 반한 상대적인 목적의 저항으로 표현되는데, 이것은 모든 종류의 수준을 하향화하는 것을 의미하고, 상대적인 목적에 의해서는 오직 신하가 될 뿐인 인간을 의미하는데 이것은 인간의 존귀함에 반하는 것이다"(CUP 419). 클리마쿠스는 여기에서 조정에 관련된 마음가짐은 절대적인 것과의 절대적 관계를 원하지만 거기에다 "한 가지 더" 원하는 것임을 설명한다. 이러한 사람은 사업에 성공하고, 재능이 있는 사람으로 평가받고 싶고, 행복하고 편안한 가정의 삶을 유지하고 싶고, 또한 종교적이고 싶은 사람들이다.

이러한 견해가 무엇이 잘못되었는지 의문이 드는 사람이 있을 것이다. 결국 인간은 자신의 경력과 가정과 가족에 관심이 있는 것이다. 왜 사람들은 반드시 이러한 것과 하나님과의 관계를 함께 원하면 되지 않는 것인가? 결국 절대적인 선은 필연적으로 상대적인 선과 갈등을 일으킨다는 것이다.

클리마쿠스는 절대적인 목적이 특별한 상대적인 선과 필연적으로 갈등을 일으킨다고 가정하지 않는다. 그 이유 때문에 포기의 과제가 가정적으로 서술되었는데, 이것은 절대적인 것을 위해 상대적인 것을 의지적으로 포기하는 것이다. 그러나 이러한 갈등의 가능성은 중요한 것인데, 한 사람이 절대적인 것을 위해 상대적인 것을 의지적으로 축소하는 것을 통한 절대와의 관계를 형성하는 것을 보여줄 수 있기 때문이다.

조정은 의사결정의 관점에서 키에르케고르적 용어인데, 이것은 현대 경제 이론을 알려주는데 그것은 소위 "합리적 선택 이론"이라고 하는 것이다. 시간, 에너지, 경제적 자원은 언제나 제한적이며, 이런 경제적 모델에서 합리적인 사람은 이러한 제한적인 자원들을 적절하게 할당한다. 이러한 모델에 깔려있는 가정은 선과 그것과 비교되는 것 사이에는 질적인 유사성이 있다는 것인데, 이것은 일시적인 가치가 부여될 때 분명하게 나타난다. 원하는 차를 사기 위해서 또는 여행을 가기 위해서 드는 비용을 마련하기 위해서 더 많은 비용이 들어가는 출생과 아이 양육을 포기하는 부부를 생각해보자. 이러한 상대적인 선을 존중하는 것으로, 클리마쿠스는 이러한 의사결정이 받아들여 질만 한 것이고 심지어 피할 수 없는 것이라고 보았다 (CUP, 400). 그러나 오직 이러한 관점으로만 사는 사람들은 자기로서의 진짜 정체성은 없다. 그것은 충분한 보상이 주어진다면, 끝날 수 있는 것이기에 이것에 대한 헌신이 없고 그래서 그들은 문자적으로 영업을 위해 존재하는 것이다.

이러한 이유로 인하여 클리마쿠스는 이 조정이 인간으로부터 정체성을 빼앗아간다고 생각하였다. 진정한 인간으로서의 감각은 이러한 방법으로 물물교환 되지 않는 헌신을 요구하는데, 그것은 어떤 가격이 책정되어도 그 일을 하지 않는 어떤 것과 같은 것이다. 이것은 우리가 말하는 "값진 진주"와도 같은 것인데 다른 선과 비교될 수 없고, 계산을 통해서 우리가 등급을 매길 수 있는 그러한 것은 아니다.

여기에 나타나는 이론과 관련된 현대 철학자들이 있는데, 그들은 인간들이 단순히 욕망하는 존재가 아닌 자신의 욕망들을 질적으로 평가할 수 있는 능력이 있는 존재로 보았다. 예를 들어 프랑크푸르트Harry Frankfurt는 1차 욕망과 2차 욕망을 구분하였다.[15] 알콜중독은 1차 욕망인데, 마시고 싶은 욕망인데, 하지만 마시고 싶지 않은 2차 욕망도 있을 수 있다. 그를 비하하거나 노예로 만드는 강력한 욕망에서 벗어나고 싶은 것이다. 프랑크푸르트는 이러한 2차 욕망이 결여된 사람을 "마구 놀아나는" 수준으로 등급을 매겼다.

비슷하게, 테일러Charles Taylor는 강한 가치평가와 약한 가치평가를 구분하기도 하였다.[16] 약한 평가를 추구하는 사람들은 그들의 욕망에 근거해서 선택하는 경향이 있는데, 심지어 이러한 욕망을 성취할 수 있는 가장 효율적인 방법을 계산할 수 있는 능력을 가지고 있다. 이러한 욕망은 더 크고 오래가는 행복을 위해서 그 짧은 기간의 욕망을 포기하는 것과는 상관없는 욕망이다. 그러나 강한 평가를 추구하는 사람은 그들 자신 욕망의 질적 가치를 강조하는데, 테일러는 강한 평가는 인간이 다른 동물과 다른 그 무엇이라고 주장하였다. 『후서』에 나타난 조정의 거부는 이러한 관점을 강조한 것인데, "강한 가치평가"는 어떤 다른 종류의 선과 비교될 수 없는 어떤 선을 요구한다. 이것은 사람이 단순히 돈~price~ 때문에 움직이지 않기를 요구한다.

절대적인 것을 유한화 하는 것과 더불어, 조정은 절대적인 것을 아무런 내용이 없는 추상적인 형식으로 바꾸는 것인데, 이러한 빈껍데기 내용은 인간의 상대적인 헌신을 절대의 표현이라고 간주하여 그들을 신성화한다.

조정은 절대적 목적과의 관계를 상대적인 목적과 관계로 가능하게 하거나, 여기서는 상대적인 것 그 자체가 되는데, 또는 절대적 목적과의 관계를 그 자신을 소진하는 추상적인 목적과의 관계를 가능하게 하는데, 여기서는 절대성의 위대성이 의미 없는 상대성으로 축소된다. 그래서 이러한 것은 결국 삶의 바깥에 존재할 수밖에 없는 허영적인 것이 되는데 그것은 책이 출판될 때, 포함되지 않는 속표지와 같은 것이다(CUP, 405).

절대적 목적이 어떤 내용을 담보하지 않는 한, 이것은 단순한 추상적 개념이 된다. 만약 절대적 목적이 어떤 내용이 있다면, 이 선과 또 다른 선이 갈등할 가능성이 나타나는데 이러한 가능성은 그 절대가 진짜 절대인지를 나타낼 수 있다.

고통~견딤과 수용~: 종교적 파토스의 필수적 표현

포기는 한 인간이 "절대와의 절대적 관계를 맺는지 아니면, 상대와의 상대적 관계를 맺는지"를 결정해주는 가늠자가 된다. 이러한 포기의 과제를 서술하는 것은 그것에 대한 이상적인 서술을 제공하는 것이다. 클리마쿠스에 따르면 실제적인 인간은 이상적이지 않다. 실제로 우리는 상대적인 목적에 매몰되어서 살아가는데 그것들은 좋은 건강, 성공적인 경력, 만족스러운 가족, 물질적인 풍요함 등이다. 우리는 이러한 것에 너무 집착해서 살아가기에 절대적인 것을 위해 이것들을 포기하라고 요구될 때, 우리는 의지적으로 포기하기가 어렵다. 그러므로, 실제적으로 포기를 가능하게 하는 것은 그 상대적인 선을 붙잡고 있는 강도를 느슨하게 하는 것이다. 클리마쿠스는 이러한 과정을 "즉각성을 죽임" 또는 "자기를 죽임"으로 묘사하는데 우리와 같은 피조물에게는 아주 고통스러운 일임을 지적한다. 그래서 종교적인 삶은 필연적으로 고통이 된다.

이것은 오해하기 쉬운 내용이다. 종교적 고통은 미학적 고통과 반드시 차이가 있는 것인데 이것은 영원한 행복*Salighed*과 미학적 불행*Ulyksalighed*이 차이가 나는 것과 마찬가지이다. 종교적 고통은 불운으로 인한 질병, 사랑하는 사람을 잃어버리는 것, 재정적인 파산 등과 같은 고통과는 다른 것이다. 대신 종교적인 고통은 보편적이다. 만약 사람들이 이러한 고통을 정확하게 이해하고 반응한다면 평범한 인간의 고통은 종교적 고통을 수행하는데 기여할 것인데, 클리마쿠스는 종교는 평범한 사람의 고통에 의해서 조성되고 그것은 이러한 고통에 의미를 부여하는 한 방법이 된다는 것이 공통된 견해임을 인정한다.

실직하거나 삶을 위협하는 병에 걸리는 충격은 사람들에게 삶에 대한 새로운 관점을 제공해준다는 사실은 그리 놀라운 것은 아니다. 미국에서 맥그로Tim McGraw에 의해서 불린 팝송은 이러한 생각을 완벽하게 표현하였다. 말기 암 환자로서 치료받던 그는 갑자기 그가 얻은 삶의 새로운 관점을 친구들과 나누고 싶어졌다. "나는 당신이 과거에 죽어가던 것처럼 살 수 있는 기회를 언젠가 얻었으면 좋겠다." 그러나 일반적인 고통을 단순히 견디는 것은 종교적 고통을 성취하는 것과는 같지 않다.

종교적인 고통은 가끔 종교적인 것과 연관이 되는 자기 스스로의 벌이나, 미학적 실천과 동일시될 수 없다. "즉흥성을 죽이는 것으로서의 고통은 채찍질하는 것은 아니고, 자기 자신을 괴롭히는 것도 아니다"(CUP, 463). 여기에서 클리마쿠스가 "자기를 죽이는 것"을 무엇이라고 이해했는지 설명하는 것이 필요하다. 이것을 설명하기 위해 고통이라는 덴마크 단어 *Lidelse*를 이해하는 것이 필요하다.

*Lidelse*는 동사 *at lide*고통받다라는 어근을 가지고 있는데 영어도 이와 마찬가지이다. 하지만 덴마크 동사는 원래 가지고 있었지만, 지금은 많은 부분 잃어버렸다는 의미가 있다. At lide는 한편으로 고통스러운 경험을 가지는 것을 의미하는 반면, 또 한편으로는 "어떤 것을 향한 수동적인 태도를 받아들이는 것"을 의미하기도 한다. 그래서 덴마크에서는 "kan lide"라고 말하는 것은 문자적으로 그것에 고통을 받는 것인데, 이것은 그것을 받아들인다, 수용한다는 의미이다. 킹 제임스 번역 성경에 마가복음 10장 14절에 나타난 "suffer the little children to come to me"를 현대적 번역에서는 "Let the children come to me"로 나타난다.*

그래서 클리마쿠스는 고통을 종교적인 과제로 설명하는데, 이것을 단순히 고통이 동반되는 어떤 것으로 이해하지 않고, 그들의 피조물에 부여된 제한성을 인정하는 것이며, 인간의 힘 내부에 무엇이 있는지 이해하는 것이며, 우리가 통제하지 못하는 것을 받아들이는 것으로 이해한다. 이 부분에서 클리마쿠스의 유신론적 전제가 더욱 두드러진

*옮긴이 주
suffer가 수용하다라는 의미로 쓰인 것이다.

다. 인간들은 자신들이 "스스로 자신을 만든다"라는 자율적이라는 환상을 가지고 있을지 모르지만 실제로는 우리의 거의 대부분 삶은 우리의 통제 밖에 있는 그 어떤 것들에 의지하게 되어있다. 클리마쿠스는 이것을 "하나님이 없이는 인간이 할 수 있는 일이 없다"것을 배우는 것이 종교적 과제라고 생각하였다. 나는 내 몸이 내일 아침에 마비되지 않을 것이라고, 그리고 내가 숨 쉬는 공기가 여전히 깨끗할 것이라고 장담하지 못한다. 우리가 하나님의 창조물이라면 문자적으로 하나님의 도와주는 창조적인 힘이 없다면 인간은 존재할 수도 없고, 아무것도 할 수 없음이 명백하다. 하나님 앞에서 내가 아무것도 아니라는 것을 아는 것과 전적으로 하나님을 의지하는 것은 하나님은 하나님이며 내가 하나님이 아니라는 것을 근본적으로 알게 해 준다. 예배는 하나님의 위대하심을 인정하고 확신하는 것이 가장 기본적인 것이기에 이것은 예배의 형식이 된다.

우리는 이제 지기학대가 육체적인 것이든 정신적인 것이든, 이것은 종교적인 고통과 다르다는 것을 이제 이해할 수 있다. 이러한 행동으로 어떤 가치를 성취할 수 있다고 생각하는 사람은 아직도 그가 어떤 종류의 자율적인 힘을 행사할 수 있다는 환상에 빠져있는 사람이다. 이러한 사람은 진정한 종교적 고통이 자신이 완전히 하나님에게 의지하는 것임을 모르는 사람이다.

클리마쿠스는 이 부분에서 수도원 생활을 언급하는데, 이것은 기독교 문화 안에서 절제된 삶을 통해서 자기 포기의 형식을 수행하는 것으로, 종종 미학적인 성격으로 다루어지기도 한다. 클리마쿠스는 수도원 생활에 대해 비판적인데, 그것은 어떤 "외부적으로 나타난 삶"의 특별한 형태가 종교적인 고통을 표현한다는 잘못된 생각을 우려하는 것이다. 그는 수도원적 삶을 우수한 삶의 형태 안에서 종교적인 열정을 표현하려는 "필사적인 시도"로 보았다(CUP, 492-493). 하지만 이러한 강조는 가치가 있는데, 이러한 비판은 순수한 관점에서 이루어졌는데, 적어도 중세시대에는 수도원 생활을 포용하는 것에 의해 그 열정을 표현할 수 있었는데, 하지만 현대의 "기독교가 국교가 된 국가"에서의 "조정"은 현저하게 실패로 나타났다.

클리마쿠스는 신에 대한 전적인 의지가 진정한 종교적 고통의 핵심이라는 것을 강조하고 있으며, 여러 가지 방법으로 그것을 분명하게 한다. 첫째, 코펜하겐 북쪽에 자리잡은 박켄Bakken이라고 불리는 놀이공원, 사슴 공원Deer Park이라는 곳에 나가는 것을 고려하는 개인에 대한 오랜시간의 토론이 있었다(CUP, 467-497). 이것은 충분히 순수한 방향 전환으로 보여지는데, 이 과제가 어려운 것은 이것이 인간을 환상에 빠지게 하는 현상이라는 것에 기인한다. 그 환상은 우리 인간은 자율적인 존재이며, 우리 스스로 할 수 있는 일이 많다는 환상이다. 클리마쿠스에 있어서 종교적인 영웅은 인간이 이러한 전환이 필요하다는 것을 아는 사람인데, 자기 혼자서 모든 것을 다 할 수 있다는 환상을 극복하는 사람인데, 하나님의 도움이 없이는 아무것도 할 수 없다는 인정은 하나님의 도움을 통해서 무엇이든지 할 수 있다는 사실과 같이 간다는 사실을 인정하는 것이기 때문이다. 게다가, 종교적인 개인은 이것을 순수한 오락으로 축소하지 않는다.

우리의 종교적 사람은 사슴공원Deer Park으로의 방법을 선택하였는데 왜 그랬는가? 그것은 그가 수도원적인 방법을 선택하지 않았기 때문이다... "그러나 그 자신을 즐기지 않는가?"라고 어떤 사람이 말하였다. 그렇다. 그는 실제로 즐겼다. 그러면 왜 그는 그 스스로 즐겼는가? 그것은 하나님과의 관계에서 자신의 인간됨을 받아들이는 가장 겸손한 표현이며, 그 자신을 즐거워할 수 있는 바로 그가 인간이기 때문이다 (CUP, 493).

역설적이게도 고통이라는 종교적인 삶은 즐거움을 포함하는 것으로 판명이 났다.

클리마쿠스가 강조하는 종교적 삶의 또 다른 역설은 종교적 고통에 내재되어 있는 "수동성"인데, 이것은 능동성의 형태로 나타났다.

이제 행동하는 것*at handle*은 고통당하는 것*at lide*의 반대로 나타났다. 실존적 파토스(행동하는 것)는 고통당하는 것이라는 표현이 이상하게 여겨지기도 할 것이다. 그러나 이것은 종교적인 영역의 인식 가능한 특성인데, 이것은 긍정적인 것은 부정적인 것에 의해서 구분되고, 그 자신을 드러내는데... 종교적으로 행동하는 것은 고통당하는 것에 의해서 특징된다(CUP, 432).

종교적인 삶은 자신의 유한성을 고통스럽게 깨닫는 것이며, 의존성을 받아들이는 것인데, "파토스"(우리가 오늘날 일종의 감정이라고 부르는 어떤 것) 안에서 이러한 인정을 성취하는 것은 그럼에도 불구하고 활동적인 성취이다.

종교적인 삶에서의 아이러니와 유머

위에서 언급한 것처럼, 클리마쿠스는 수도원적 삶을 거부하는데, 종교적인 삶이 특별한 외형의 모습으로 필수적으로 나타나야 한다고 생각하지 않는다. 그 대신 그가 말한 "숨겨진 내면성"이 키에르케고르 자신이 나중에 밝힌 종교적 관점이었다.[17] 그럼에도 불구하고 종교적인 사람은 소위 "유머"를 통해서 인정되는데, 이것은 진정한 종교적인 사람이 "자신의 이름을 숨기거나" 혹은 "외부 의상을 입는" 기능을 하는 것이다. 비슷한 방법으로 아이러니는 윤리적 삶에서의 자신을 숨기는 기능을 한다. 실존의 종교적 형태의 논의를 마치기 전에, 나는 『후서』와 키에르케고르의 저작에 일반적으로 나타난 아이러니와 유머의 개념을 고려하는 것을 잠시 중단할 것이다.[18]

클리마쿠스는 아이러니와 유머를 실존의 세 가지 영역과 연결하여 기술한다. "세 가지 실존의 영역이 있는데, 그것은 미학적, 윤리적, 종교적 영역이다. 이러한 세 가지를 나누는 두 가지 경계영역이 있다. 아이러니는 미학과 윤리 사이의 경계영역이며, 유머는 윤리와 종교사이의 경계영역이다"(CUP, 501-502). 아이러니와 유머는 키에르케고르의 실존적인 관점인데, 단순히 문학적인 표현만은 아니다. 게다가 그것들은 전환적 관점을 지니는데, 각 개인이 문제로 보는 그 관점은 다른 관점을 보여주게 하는 가능성으로서의 관점으로 나타난다.

이러한 관점들은 독특하게 지적인intellectual 무엇을 나타낸다. 아이러니와 유머는 어떤 개인의 관점에서의 반성을 전제하고 있는데, 그래서 어느 정도 교육을 받은 사람이나 교양이 있는 사람에게서 가능한 것이다. 그러므로 아이러니는 우세한 관점을 요구하는데, 이것은 평범한 문자적 의미에 의해서 받아들여지는데, 그 안에서 실제로 말하여진 것들의 표면적인 의미는 감소된다. 그러나, 키에르케고르는 "아이러니"를 스피취의 관점으로 사용하지 않고, 실존의 무드로 사용하는데, 이것은 반어적 스피취에서 특징적으로 표현되는 것이다.

실존적 아이러니스트를 키에르케고르가 상대적 아이러니라고 불렀던 것에서 구분하는 것이 중요하다. 예를 들면, 실존적 아이러니는 미학적 영역과 윤리적 영역의 경계영역으로 일종의 윤리적 지식에 근원을 두고 있다. 이러한 점에서 "아이러니스트"는 대부분의 사람들을 사로잡고 있는 것들의 상대적인 가치를 통해서 무엇인가를 보는 사람들인데, 그래서 사람들이 절대적 가치를 부여한 것들에 대해서 아이러니하게 말하기도 한다. 이러한 아이러니스트는 "상대적 아이러니스트"들과 구분이 되어야 하는데, 그들은 하나의 사회단체를 그것보다 우수한 다른 사회단체와 비교하여, 그들의 가치를 과소평가하는 사람들이다. 마치 달라스와 같이 대도시에서 온 사람이 텍사스의 작은 마을에서 온 사람들의 가치를 업신여기는 것과 같다. 이러한 상대적 아이러니스트들은 자기들보다 더 큰 도시, 뉴욕과 같은 곳에서 온 사람들에 의해서 업신여김을 받을 수 있다. 클리마쿠스는 이러한 아이러니의 방법은 다음과 같은 개인에 의해서 성찰되어야 함을 강조하고 있다. "아이러니는 무한한 윤리적 필수사항의 곁에 유한한 특정한 것을 계속 주입할 때 나타나는데, 실존의 모순을 허락하는 것이다"(CUP, 502).

여기서 "모순"이라는 의미는 기본적 부조화를 의미하는데, 키에르케고르가 그의 저작 전반에서 서술하는 인간 실존의 핵심이다. 나는 이것을 『후서』에 나타나는 대로 계속 설명할 것이지만, 『불안의 개념』이나 『죽음에 이르는 병』에서도 나타나는 모순의 개념들을 같이 취급할 것이다. 클리마쿠스는 처음에는 받아들여졌다가 나중에 거부되는 논리적인 모순에 대해서 말하는 것이 아니라 인간실존의 핵심에 자리 잡고 있는 그 긴장에 대해서 말하는 것이다.[19] 인간실존은 유한과 무한, 영원과 시간, 가능성과 필연성을 종합하려는 끊임없는 시도로 서술된다. 그 종합은 완전히 이루어지지 않기 때문에, 두 모순된 차원의 연합은 결코 완성되지 않는데, 어떤 긴장이나 "모순"은 항상 남아있고, 이러한 긴장의 자각이 실존적 아이러니스트의 특징이 된다.

어떤 사람들은 이러한 아이러니를 윤리적 요구와 미학적 즉흥성의 적절하지 못함을 지적으로 인지하는 것으로 본다. 이러한 인지는 윤리적 실존으로의 전환을 가능하게 한다. 하지만 키에르케고르에게 있어서 실존적 성장은 전적으로 지적이지 않은데, 열정의 참여를 요구한다.[20] 그래서 우리는 아이러니는 윤리적 헌신의 가장자리에 있는 지적인 관점으로 "사이에 끼어있는"의 특징을 지니고 있는 것으로 이해한다. 실존의 성장은 "한꺼번에 모두" 이루어지지 않는 것이고, 유지되고 위해 필연적으로 갱신되어야 하는 것이기 때문에, 아이러니가 윤리적 개인의 끊임없는 가능성으로 볼 수 있고, 우리는 이러한 가능성이 우리의 실제의 삶에 구체적으로 구현되지 않음을 이해하면서 우리 자신을 발견한다.

클리마쿠스는 아이러니를 "자기-확신"의 형식으로 기술하고, 그러므로, 이것은 개인을 개인으로 분리해주는데, 유머와는 다르게 "동정적"이라고 볼 수 있고, 그래서 사람들을 연합하게 한다(CUP, 553). "아이러니"는 이러한 의미에서 "분리적"인데, 각 개인을 사람들이 사회화된 특별한 문화를 단순히 받아들이는 그 즉각적인 가치로부터 구별시켜준다. 아이러니는 단순한 사회적 질서의 산물이기보다는 자기를 발견하는 방법으로도 이해되고 있다.

아이러니스트는 유머리스트와 어떻게 구분이 될까? 놀랍게도 클리마쿠스는 유머와 종교적 삶이 밀접한 관계가 있다고 생각하였다. 우리 문화는 종교인을 뚱해 있거나 재미없는 사람으로 보는 경향이 있지만 클리마쿠스는 그것은 틀리다고 보았다. 아이러니는 영원의 윤리적 요구에 대한 지적인 인정을 나타내는 것처럼, 유머를 일종의 종교적 관점에서 지적인 인정을 나타낸다. 클리마쿠스가 키에르케고르의 관점을 공유하는데, 키에르케고르는 그의 『일기』Journals에서 "유머스러움은 기독교를 통해서 나타난다"라고 말했는데 그래서 기독교는 이 세상 역사에서 가장 유머스러운 삶으로 발견된다.[21]

유머의 개념은 희극의 개념과 연결하면 분명해진다. 유머리스트는 희극을 섭렵한 사람들인데, 그래서 유머는 "그것 스스로 내부에 희극을 지닌다"(CUP, 521). 이 희극은 다시 그 비극과 대조되어 설명된다. 희극과 비극 둘 다 인간 실존의 모순을 나타내는데, "*비극은 모순을 고통하는 것(받아들이는 것)이고, 희극은 고통 없는 모순이다*"(CUP, 514). 희극과 비극 둘다 우리가 추구하는 이상과 우리의 실제의 삶의 부조화를 이해하지만, 희극은 아픔 없이 이해하고, 비극은 그것을 아픔으로painful 그 긴장을 이해한다.

클리마쿠스는 희극에 대한 설명을 여러 장에 걸친 긴 주석으로 보여주는데, 이것은 전적으로 농담과 웃기는 상황의 묘사로 이루어져 있다. 내가 가장 재미있게 보았던 이야기는 독일계 덴마크 성직자가 독일어 *Fleisch*(flesh)와 덴마크어 *Fløsk*(pork) 사이의 혼동된 어원 때문에 야기된 이야기이다. 이러한 혼동을 가진 그 성직자는 근엄하게 설교단에 올라서 요한복음 1장에 근거하여 "말씀이 돼지가 되었습니다"라고 선포한 것이다 (CUP, 514n-519n). 이 경우처럼 많은 경우에는 그때에는 위의 성직자와 같은 사람들에게는 웃기기보다는 서글픈 시간이 될 것이다. 하지만, 이 사실은 클리마쿠스가 희극을 유지하기를 원한다는 것을 지지한다. 모순을 고통 없이 경험하기 위해서, 그러므로 희극이 되는데, 그 사람은 그 상황의 고통스러움을 취소하는 방법을 알아야 한다. 클리마쿠스는 이러한 사람은 "보다 더 높은 관점을" 가짐을 통해서 그 자신을 고통으로부터 "멀리하는 방법"을 아는 사람이라고 말했다(CUP, 520).

우리는 이제 왜 유머와 종교적인 삶이 연결되는지를 이해해야 한다. 우리는 이미 종교적 삶이 고통과 연결되어 있고, 종교적 삶은 죄책감의 문제에 대해 해답을 제공해주고 있음을 보았다. 하지만 고통과 죄책감은 열정의 단순한 형태로서 인간실존에서 클리마쿠스가 "모순"으로 불렸던 것의 구체적으로 이해하게 해주었다. 종교가 이러한 열정으로 "치유적 단어"를 제공해주는 한, 종교는 우리 자신을 이 고통과 화해하는 방법을 제공해준다. 인간 종교의 모든 형식은 이러한 치유의 단어를 제공하려고 노력한다. 종교적인 관점에서 이러한 "지식"을 가진 사람들은 종교적 삶의 경계선에 서 있는데, 이것은 마치 윤리적인 지식을 가진 아이러니스트가 그 윤리적 경계에 서 있는 것과 같다.

우리는 또한 유머가 아이러니에 비해 어떻게 "동정적"인지도 이해해야 한다. 유머는 사람들을 서로 멀리하게하기 보다는 가까이하게 하는데, 유머리스트들은 모든 사람은 공통된 역경을 가지고 있다고 보았기 때문이다. 클리마쿠스는 "우리 모두는 서로가 똑같이 차이가 난다"라고 말했는데(CUP, 450), 우리의 성취에 있어서 상대적인 차이는 중요하지 않다. 우리 모두에게는 이상이 부족하지만, 종교적인 사람은 그럼에도 불구하고 우리는 죄책감의 문제를 해결할 수 있는 방법이 있다는 희망을 가지게 된다. 이러한 해결의 지식은 우리로 하여금 삶에서 웃음 짓게 하는데, 삶이 단순한 비극이 아니라고 보기 때문이다.

이러한 유머리스트들은 자기 자신에 대해서 너무 심각하게 말하지 않는다. 그 자신을 유머리스트라고 서술하는 클리마쿠스는 유머리스트는 언제나 그가 한 행동의 중요성을 "철회한다"라고 주장하면서 이것을 서술한다(CUP, 447). 이러한 사람들이 불굴의 윤리적 종교적 노력들을 농담조로 구현하는, 농담적으로 꽤 일관적인 방법으로, 『후서』의 마지막에 기록된 것을 "철회"한다(CUP, 617-623).[22]

이러한 유머리스트들의 관점은 진실한 종교적 개인에게는 "익명적"인데, 이러한 사람들은 자기가 남보다 우수하다는 오만한 주장을 거부하기 때문이다. 내가 무엇을 성취한 것과 상관없이, 모순의 치유는 나의 실존을 확인시켜주는데 이것은 이 비극을 초월하는 것은 나의 노력에서 오는 것이 아니라, 죄책감의 문제를 해결하는 종교로부터 오기 때문이다. 여기의 "영원한 것"은 단순히 윤리적 요구가 아니라, 그 요구를 화해시켜주는 어떤 방법을 제공해주는 것이다.

유머는 종교적인 삶의 경계에 서 있는 사람의 입장임과 동시에 진실한 종교인에게는 "익명적"인 입장이기에 두 가지 특성이 구분되는지 질문하는 것은 합리적이다. 적어도 제3자의 입장에서는 어떻게 이것이 가능한지 알기 어렵다. 클리마쿠스가 자신을 스스로 유머리스트라고 묘사하고 있는데, 이것이 종교적 삶의 경계에 서 있다는 의미인지, 혹은 그가 행하는 유머가 그 자신을 이러한 방법으로 드러내기를 거부하는 진정한 종교인을 숨겨주는 의복custom인지 질문해봐야 할 것이다.

죄책감: 종교적인 삶의 결정적인 표현

클리마쿠스가 제공하는 "종교성 A"로서의 종교적인 삶에 대한 기술은 한편으로는 "퇴행"하는 방향을 지닌다. 그는 내려놓음으로의 종교적인 삶은 절대적인 것과 절대적 관계를 맺고, 상대적인 것과는 상대적인 관계를 맺는다는 이상적인 설명으로 시작한다. 하지만 이러한 과제를 수행하는 사람은 종교적인 삶이 "고통"을 요구한다는 것을 알게 되는데, 그 사람은 상대적인 것과 얽혀있고, "즉흥성을 죽여야" 하기 때문이며, 그 절대는 신이나 영원을 의지한다는 것을 알았기 때문이다. 하지만 이러한 과제를 실행하는 사람은 한 번 더 새로운 절망을 발견한다. 우리 모두는 영원과의 관계에서 적절한 관점을 성취하는 것에 실패한다. 클리마쿠스가 그렇게 하였듯이 우리가 이것과 관련해서 신에 대해서 이론적theistically으로만 이해한다면, 이것은 우리가 하나님에게 의지한다는 것을 인식하는 것에 실패하는 것이고, 우리 자신이 자율적인 존재라는 환상에 굴복하는 것이다.

진정한 종교적인 사람이 마주하는 죄책감이란 무엇인가? 이 질문에 대답하기 전에 나는 왜 클리마쿠스가 인간은 유죄라고 생각하는지에 대해서 답할 것이다. 클리마쿠스는 모든 인간이 다 유죄라고 주장하지 않고 대신에 우리 모두는 그 증거인데, 우리 안에서 발견되는 죄책감의 의식에 대한 증거라고 가정한다. 그는 죄책감의 느낌이 특별한 어떤 것에 대한 실제적인 죄책감을 항상 나타내 주는 것은 아니라고 말한다. 그 사람에게 책임이 없는 것에 대해서 그 사람이 죄책감을 느끼는 것이 가능하다고 말한다. 그러나 이러한 죄책감의 감정이 정확하지 못하다 할지라도 우리가 이러한 죄책감에 대한 자각이 있고, 이것 자체가 우리의 삶이 전적으로 정직하지 못하다는 것을 보여준다. 그래서 존중의 마음을 가지고 어떤 행동에 대해서 자신을 정당화하려는 노력조차도 죄책감을 인정하는 것으로 나타나는데, 진정으로 정직한 사람들이 소유할 수 없는 일이다(CUP, 528).

실존적 인간들에게 유죄라는 클리마쿠스의 판결은 양적이라기보다는

"질적"이다. 그에게서 죄책감은 "거의, 대략"의 의미가 아니라 평결과 같은 것인데, 유죄 혹은 무죄이다. 우리가 그 기준을 측정하거나 혹은 하지 못하거나, 우리가 이 죄책감에 대해서 실존적으로 자각하는 것은 우리 모두가 어느 정도 수준의 진리를 이해하는 것을 보여주는데, 하지만 이것이 우리가 죄책감에 대해서 정확하게 이해한다는 것을 의미하지는 않는다.

이제는 죄책감의 성격에 대해서 말해야 하는 시간이다. 클리마쿠스는 죄책감에 대한 적절한 개념을 부적절한 개념으로부터 구분하는 것으로 시작한다. 이것은 어떤 이상을 깨닫는데 실패하는 것은 명백하게 그 이상의 성격을 의존하는 것임을 이해하는 방법이다. 그래서 헤어John Hare가 말한 "요구를 축소"[23]하려는 유혹이 인간들에게 있다. 클리마쿠스는 죄책감을 "만족하게 하는 것"을 문제의 해결책으로 받아들이는 것들을 살펴봄으로써 죄책감의 다양한 개념들에 등위를 매긴다.

어떤 사람들은 공적으로 벌주는 것이 죄책감에 대한 해결책이라고 생각하는데 이것은 명백히 도덕-종교의 기준을 너무 낮게 만드는 것인데 이것은 너무나도 쉽게 사람들로 하여금 나라의 법을 지키지 않게 하고, 여전히 인간으로서 마땅히 해야 하는 일에 대해서 하지 못하게 한다(CUP 541).

두 번째로 부적절한 개념은 클리마쿠스가 말한 죄책감에 대한 "미학-형이상학적" 개념인데, 여기서 사람들은 "자기들에게 다가오는 것을 그냥 받아들이는 것"으로 가정되고 그래서 자연재해는 벌로 간주된다(CUP 541-542). 이러한 죄책감의 관점은 명백히 오류인데, 이러한 불행은 선인에게나 악인에게 다 적용되는 것이 명백하기 때문이다.

다소 차원이 높은 죄책감의 개념은 "속죄"의 행위에 의해 표현되는데, 이것은 "자기자신에게 벌을 가하는" 행위이다. 클리마쿠스가 앞에서 수도원주의를 언급하면서 유사한 점을 말하였다. 자기만족적인 현대의 기독교 국가와 비교해서 클리마쿠스는 속죄의 행위를 찬양하였는데, 기독교 국가의 내부에서나 외부에서나 똑같이 속죄의 행위는 "위대함을 향한 어린아이와 같은 그리고 열정적인 모험"으로 보았다(CUP 542). 그럼에도 불구하고, 죄책감의 가장 높은 종교적인 차원에서의 개념은 인간의 힘으로는 그 해결책이 없음을 깨닫는 것이라고 보았다. 하나님과의 관계를 완전히 회복하기 위해 인간이 할 수 있는 일은 없는데 결국 그 관계회복은 그들 자신의 과제이다.

이러한 불가능은 다시 우리로 하여금 그러한 유한성을 빌미로 삼아 뭔가 변명거리를 만들려고 하는데 이러한 것은 죄책감의 개념을 교란하게 하는 것이다. 클리마쿠스는 죄책감은 인간이 존재하는 실제적인 방법에 의해 구체화되기 때문에, 우리는 한 사람을 "그 자신의 실존과 분리하거나, 그 자신을 실존에 있게 한 존재로부터 분리해서, 죄책감을 없이하려는" 유혹에 빠진다고 말한다(CUP, 528). 이러한 책략은 고통과 더불어 오는 죄책감을 혼란스럽게 하는데, 이것은 창조주와 피조물 사이의 존재론적인 깊은 심연이 존재하는 것이기 때문이다. 하지만 죄책감은 단순히 유한성이 아닌데, 이것은 우리가 유한을 사는 것으로부터 나타나는 것이며, 클리마쿠스는 우리 중의 누구라도 이상에 맞게 살아가는 사람은 없다고 생각하였고, 그런 것은 이해될만한 것이라고 생각하였다.

죄책감이 보편적이라면, 그리고 그것을 만족하게 하는 인간의 방법이 없다고 한다면, 그 결과는 절망이지 않는가하고 생각할 것이다. 하지만 클리마쿠스는 그 절망은 "무한한 것, 영원한 것, 참을 수 없는 순간 안에 있는 모든 것"이고 이것이 일종의 "성급하게 화를 내는 것"이 될 수 있다고 말한다(CUP, 554).

종교적인 사람의 죄책감에 대한 상기는 또 다른 예로 제시되는데 이것은 종교적 삶에서 "긍정은 부정에 의해서 인정되는" 것이다. 어느 면에서는 종교적인 사람의 순수한 인정은 그가 얼마나 멀리 영원한 행복으로부터 떨어져 있는지 (혹은 하나님과의 관계에서 생각하는데 이것은 행복의 깨달음이다)를 이해하는 것인데, 그럼에도 불구하고, 이것은 선과의 관계의 기본이 된다. "아니오, 영원성을 상기하는 것은 영원한 행복과의 관계의 징표인데, 이것은 직접적인 징표와는 거리가 먼데, 그럼에도 불구하고, 이것은 절망으로 빠지는 것을 막기에는 충분하다(CUP, 554).

종교성 A 단계에서의 죄책감 인식은 "가능성으로 비추어진 애매함"만을 지니는데, 죄책감의 문제에 대한 해결책이 있는데 그것은 "내재성이 강조된" 것으로서의 가능성으로 이것으로부터 개인은 영원성을 붙잡는다(CUP, 541). 여기에서 종교성 A는 칸트가 『이성의 한계 안에서의 종교』 *Religion Within the Limit of Reason Alone*에서 비록 개인은 그것이 무엇인지 알 수 없지만, 하나님이 죄책감의 문제를 해결하기 위해 필요한 일은 할 것이라고 반드시 희망해야 한다고 서술한 이성적 종교와 닮아있다.[24]

클리마쿠스는 다시 한번 종교적 삶에 대한 부분을 명확하게 설명하는데, 이것이 기독교의 경험 안에서 나타나는 것이기도 하지만, 기독교 바깥의 사람에게도 가능한 것이다.

어떤 종교적으로 존재하는 사람은 그와 영원한 행복(불멸성, 영원한 삶)과의 관계를 기독교 바깥에서 표현할 수 있는데, 이것은 반드시 일어나는 일인데, 종교성 A는 이교도의 상황에서 나타난 것이 아님에도 불구하고, 그럴 가능성이 있는데, 이러한 종교성은 인간의 본성에 전제로 깔려있는 것이기 때문이다 (CUP, 559).

그러나 이러한 개념은 기독교적 진리는 아닌데, 다음에 살펴볼 키에르케고르의 기독교적 실존과는 거리가 먼 개념이다. 하지만, 기독교인이 되기 위해 해야 하는 일이 무엇인지를 이해하는 것을 탐구하는 것이 왜 종교적 삶을 탐구하는 여행이 되게 하였는지는 분명해졌다. 종교성 A를 이해하고, 죄책감으로서의 그의 삶을 이해한 사람은 용서의 기독교 복음의 선포를 받아들일 준비가 된 사람이다.

7장

기독교적 실존: 절대적 역설로서의 신앙

이 책의 1장에서 나는 키에르케고르가 그의 실명 저작이 기독교가 변증 가능한 것이라는 것에 초점이 맞춰져 있고, 이러한 것들은 그의 실명 저작을 이해하는 데에 중요한 관점이 되는 것을 논의하였다. 하지만 나는 키에르케고르가 현대의 지성이 기독교 신앙에 대해서 가지고 있는 근원적인 문제를 인간 실존의 *성격*을 이해하지 못한 것에서 비롯된 것이라고 주장하였다. 그래서 키에르케고르는 한 번 더 실존에 대한 기본적인 질문을 고려해야 한다고 주장하였다. 기독교는 그 자체가 실존의 방법이고 인간 실존이 품고 있는 문제에 대한 한 가지 대답이다. 이러한 질문을 이해하지 못하는 사람들은 이러한 질문의 대답의 중요성 또한 이해하지 못할 것이다. 그래서 키에르케고르 자신의 동기는 기독교의 변증을 위한 것이었지만, 인간 실존의 구조와 실존의 양식에 대한 키에르케고르의 설명은 기독교 신앙을 가지지 않은 사람에게도 흥미가 있는 것이다.

그래서 키에르케고르의 많은 부분에서의 관심은 다른 관점을 가지고 있는 그 사람들에게 있다. 예를 들어, 내가 지난 장에서 논의하였던 자연적 종교의 삶에 대한 서술은 종교적 관점이 어떠하든지 종교성의 현상을 이해하기를 원하는 사람들에게 흥미가 있을 것이다. 하지만 요하네스 클리마쿠스는 "종교성 A"에 대한 분석을 어떻게 한 개인이 기독교인이 될 수 있고, 그것이 무엇을 의미하는지를 이해하는 전반적인 질문의 일부분으로 제시하였다.

    클리마쿠스가 『후서』에서 기독교를 "종교성 B"라고 명명하였다. 이 기독교와 "종교성 A"와의 가장 중요한 차이는 종교성 A는 "내재적 종교"이고, 그것은 단지 인간들 자신의 이성과 경험에 근거한 인간에게 가능한 자연적인 개념과 감정이 전제된 것이다. 반면 기독교는 "초월의 종교"로 하나님의 계시에 근거한 것이고 이것은 인간이 자기 자신의 능력으로 발견하거나 만들어낼 수 없는 것이다. 클리마쿠스는 기독교에는 종교성 A에 결여되어 있는 "변증적" 요소가 있다고 주장하였다(CUP, 556). 분명하게 이야기하면 기독교가 특별한 종류의 지적인 내용들이 있다는 것인데, 이것은 기본적으로 계시로부터 비롯된 것이다.[1] 종교성 A 역시 변증적이라고 말할 수 있다. 이는 영원한 행복과 관련된 인간의 노력에 대해서 진지한 사고를 할 수 있게 영향을 주기 때문이다(CUP, 559). 하지만 기독교는(종교성 B) 새로운 관점에서 변증적이다. 기독교에서 영원성은 그 자체가 변증적이다. 기독교에서 인간은 영원한 행복과 어떻게 관계하는지에 대해서 열심히 생각해야 할 뿐만 아니라, 그들이 연결해야만 하는 그 영원한 행복은 어떤 사상에 대한 새로운 문제를 창조하게 할 만큼 지적인 방법이어야 한다. 뿐만 아니라 이 과제는 삶을 위한 실존적 파토스의 개발에도 필요한데 이것은 변증적 방법에 의해서 그 내용이 만들어진다(CUP, 556).

    키에르케고르가 기독교를 이해한 특별한 방법(나는 기독교에 대한 클리마쿠스의 서술이 키에르케고르 자신의 강조라고 전제한다)은 진정한 철학적 관심에 대한 논의를 제공한다. 이것은 다른 종교를 추구하는 사람에게나 혹은 종교적 신념이 전혀 없는 사람에게도 유사하게 흥미로운 일들이다. 기독교 신앙의 성격을 분명하게하기 위해서 키에르케고르는 인간 이성의 속성에 대해서 탐구하고 그 인간 이성이 어떤 제한점을 가지고 있는가에 대해서 질문한다. 또한 그는 신적 계시의 속성과 진정한 계시가 어떻게 인지되는지에 대해서 깊은 탐구를 하였다. 이러한 것들은 특정 사회에서 행동하는 것과 이에 반하는 개인과의 관계에 대한 질문과 연결되기도 한다.*

하지만 기독교가 지적인 내용을 가지고 있고 여러 질문에 대한 사고를 요구한다는 의미가 키에르케고르가 기독교 신앙을 오로지 지적인 산물로 이해했다는 것만은 아니다. 그와 반대로 기독교 신앙은 하나의 열정으로 이해되고 이것은 즉흥성에 새로운 혹은 더 높은 "두 번째" 형식으로 이해된다. 키에르케고르는 이것을 "성찰 이후의 즉흥성"이라고 부르며 즉흥성의 자연적이거나 즉각적인 형식이 아니라 반드시 발달되어야 하는 일종의 특징이라고 보았다. 그리고 이 발전에 있어서 각 개인은 어떠한 역할이 있다고 생각하였다.[2] 기독교인이 비기독교인과 다르게 생각하는 것만으로는 그 둘의 차이가 나타나지 않는다. 키에르케고르에게는 기독교인에게는 또 다른 감정적 배치가 필요하다고 보았는데, 그것은 기독교인이 되는 것으로 인해서 생긴 결과물로서의 새로운 어떤 것들을 희망하고 두려워하고 사랑하는 것을 의미한다.

우리 문화에서 어떤 사람들은 감정과 이성, 그리고 인지와 정서 사이의 단순한 이분법에 빠져있다. 이러한 관점을 가진 어

*옮긴이 주
신적 계시와 인간 노력에 대한 논의를 하다 보면, 인간의 노력은 다분히 특정 사회에서 나타나는 이데올로기의 산물일 수 있지만 신적 계시는 이에 반대하는, 이에 이의를 제기하는 개인의 모습일 수 있다.

떤 사람은 기독교 신앙이 일종의 "열정"을 가지면서도 지적인 내용을 보유해야 하는 것에 대한 어려움을 말할 것이다. 키에르케고르는 인간의 사고와 감정을 단순히 두 갈래로 나누어서 보지 않는다. 그는 우리의 감정에 내용이 있고 그 내용은 철학자들이 말한 "의도성"의 특성이 있다고 보았다. 이것은 일종의 정신적인 상태를 의미하거나 어떤 상황을 야기하기도 한다. 우리는 단순히 사랑하지 않고 특정한 품격이 있는 사람을 사랑한다. 우리는 두려워할 때 누군가를 두려워하거나 무언가를 두려워한다. 우리가 희망할 때 특별한 상황에 대해서 희망한다. 이러한 관점에서 기독교 신앙이 사람의 감정적인 형태를 변화시킨다는 사실은 그리 놀라운 것은 아니다. 기독교적 감정은 사람들이 일반적으로 느끼는 감정과는 다른 신념의 체계를 가지고 있다.

요하네스 클리마쿠스는 기독교 신앙은 종교성 A가 말하는 "파토스"가 필요하고 이 파토스는 새로운 파토스 형식으로의 기독교의 변증적 내용과 혼합되어 있다고 서술하였다. (CUP, 555). 다른 말로 하면, 기독교는 사람에 있어서 감정적인 고려를 전제하고 있고, 이러한 고려는 새로운 방식의 사고를 도입함으로 통해서 변화됨을 뜻한다. 이 장에서 나는 이러한 새로운 사고방식에 대해서 집중적으로 논할 것이다. 이는 기독교 신앙이 제기하는 지성의 문제이기 때문에 이 책에서는 키에르케고르를 철학자로 보는 것이다. 그러나 키에르케고르 자신은 기독교 신앙을 일종의 열정으로 보고 그 열정은 인간 실존에 드러나 있는 부조화의 요소들을 하나로 묶고 인간의 삶에 연속성을 가져다주는 새로운 해결 방법이다.*

*옮긴이 주
여기서 새로운 문제해결방식이라고 하는 것은 기존의 해결 방식이 지적인 문제를 지적으로 해결하려고 했다면, 키에르케고르의 방식은 지적인 문제를 파토스로 혹은 열정으로 푸는데 키에르케고르는 이러한 파토스나 열정을 단순한 감정으로만 보지 않고 새로운 사고방식으로 보았다.

기독교 신앙에 대한 키에르케고르의

논의는 세 가지 부분으로 나눌 것이다. 첫째, "초월의 종교로서의 기독교"를 논할 것인데 이것은 인간이 만들어낼 수 없는 계시에 근거한 종교이다. 둘째, 나는 이 계시의 특별한 내용에 대해 살펴볼 것이다. 이것은 키에르케고르가 예수 그리스도 안에서 나타난 하나님의 성육신으로 초점을 둘 것이고, 인간 이성이 이해할 수 없는 "절대 역설"로 이해된다. 셋째, 인간이 기독교를 받아들인다는 것이 인간에게 무슨 의미가 있는지에 대해 논할 것이다. 한 인간에게 있어서 기독교 신앙이 어떻게 나타나는가? 그리고 이러한 신앙에 의해서 형성된 삶을 사는 사람들이 보여주는 차이점은 무엇인가?

계시된 종교로서의 기독교:
『아들러에 관한 책』THE BOOK ON ADLER

어떤 사람은 유대교와 이슬람도 신의 계시를 그들의 핵심으로 두는 것처럼 기독교가 "계시적인 종교"인 것은 당연하다고 말한다. 더 나아가 기독교 신학자들과 철학자들은 순수한 기독교 신앙은 계시의 결과일 뿐 아니라 그 계시에 대한 반응이라는 생각을 오랫동안 유지해왔다. 예를 들어 토마스 아퀴나스는 하나님이 계시한 것을 믿는 것이 신앙이라고 말하였다. 왜냐하면 우리에게 계시한 그분이 바로 하나님이기 때문이다.[3] 비슷한 방법으로 존 로크는 신앙을 "어떤 제안에 대해서 찬성하는 것인데, 그것은 이성으로부터 유추하는 방법이 아닌 나에게 제안한 사람에 대한 신뢰에 근거한 것으로 그 신뢰는 하나님께로부터 온 아주 특별한 방법의 의사소통으로 인한 신뢰이다"[4]라고 정의하였다. 앞으로 보게 되겠지만 키에르케고르는 이러한 신앙에 대한 전통적인 관점을 수용하면서도 로커와 아퀴나스와는 조금 다른 생각을 하였다. 하나님으로부터 온 특별한 계시가 정말로 하나님께로부터 왔는지를 이성이 결정할 수 있느냐는 질문을 던진다.

키에르케고르가 전통적인 기독교 관점을 표현하는 그 만의 특징은 기독교를 내재적 종교가 아닌 초월의 종교로 본다는 것이다. "내재적"이라는 용어와 "초월적"이라는 용어는 하나님의 존재를 의미하는 것이 아닌 인간이 어떻게 하나님을 아는가와 연결되어있다. 인간의 이성과 경험에 의해서 알려진 하나님의 관점을 유지하는 종교는 내재적이고, 하나님은 반드시 역사 안에서의 특별한 계시를 통해서 알게 된다는 관점을 유지하는 종교는 "초월적"이다. 그것은 하나님이 인간의 경험과 성찰을 "뛰어넘어" 혹은 그 "외부"를 통해 알려지기 때문이다.

하나님이 계시하셨기 때문에 그가 계시한 것을 받아들인다는 신앙의 관점은 기독교 전통에서는 상식이지만, 키에르케고르의 시대에서는 그것이 받아들여지지 않았다. 그래서 키에르케고르는 이 주장이 현대 사상에 의하여 위협받고 있는 것으로 생각하였다. 칸트는 『이성의 한계 안에서의 종교』 *Religion Within the Limits of Reason Alone*에서 종교의 진리가 역사적 계시에 근거하고는 있지만, 이러한 진리의 하위구조는 이성을 통해서 알 수 있다고 하였다. 그리하여 그 진리가 계시하였기 때문에 진리라고 생각할 필요는 없다고 주장하였다.[5] 슐라이어마허는 그의 과제를 성경에서 발견된 통찰을 보여주는 것이라고 생각하였다. 그것은 지금 시대를 살아가는 사람의 경험으로부터 인정될 수 있는 고대 사람의 종교적 경험에서부터 온다고 보았다.[6] 이러한 관점에서는 성경의 권위는 현 시대 사람의 경험의 권위에 종속되는 것처럼 보인다. 키에르케고르와 가장 관련이 많은 헤겔은 종교의 내용은 신앙이라는 영역에 근접할 수는 있지만 실제적으로는 철학적인 내용과 동일하다고 주장하였다.[7] 이러한 관점은 적어도 철학적 지성이 신앙의 내용은 될 수 없지만, 신앙의 내용은 이성에 의해서 증명된다는 것을 알게 해준다.

키에르케고르의 이러한 생각은 『아들러에 관한 책』*The Book on Adler*에서 분명해진다. 아들러Adolf Peter Adler는 덴마크 루터교회의 목회자이었다. 그는 예수로부터 전달된 계시를 받았다고 강조하였고 그 결과로 목회직에서 박탈당했다. 키에르케고르는 이러한 상황에 주목하여 현대 시대의 중요한 문제, 다시 말해서 종교적 권위의 유기는 아들러의 상황을 살펴봄으로써 분명해진다고 설명하였다. 키에르케고르는 이 경우에 대해 설명한, 적어도 세 가지 이상의 책을 기획하였지만, 어느 한 권도 출판하지는 못했다. 이는 그들의 노력이 아들러를 너무 인간적으로 본 것이라는 걱정 때문이었다. (키에르케고르는 이 책의 한 부분을 출판하였는데 아들러의 이름을 전혀 사용하지 않았다. 이 책은 "천재와 사도의 차이"*The Difference Between a Genius and an Apostle*라고 알려진 책이다).[8] 하지만 신적인 권위(하나님으로부터 온 사도적 권위의 주제와 아주 관련되어 있는)의 중요성에 대한 논의는 이 책에만 결코 국한되지 않았는데, 키에르케고르의 글들에서 만연하게 나타난다.

　　키에르케고르가 보았듯이, 현대 철학은 기독교 교리를 이성적으로 설명하도록 도와주었는데 실제로 이러한 것들은 진정한 기독교를 과소평가하게 하였다. 내가 계시된 하나님을 믿는 이유가 만약 나 자신이 독립적으로 탐구했고 그 계시된 신학이 참인 것을 깨달았기 때문이라면, 나의 믿음은 하나님을 믿는 데에서부터 나온 것이 아니기 때문에 진정한 신앙은 아닌 것이다. 아들러는 계시를 받아들여야 한다고 주장했는데 그가 말한 계시의 내용은 전통 신학과 일치하는 것이었기 때문에 당시 다른 사람들과 다툼은 없었다. 하지만 키에르케고르에게 있어서 계시는, 계시가 주장하는 내용이 무엇이든 상관없이 계시 그것 자체로 결정적이어야 했다. "계시를 소명으로 받은 사람들, 그들에게 교리가 위탁되었는데 그들은 그가 가진 권위의 기본으로서 계시를 주장한다. 나는 바울이 아주 똑똑한 천재였기 때문에 순종하는 것이 아니라 바울이 신적인 권위를 가졌기 때문에 순종한다"(BA, 177).[9]

하나님에 대해서 무언가를 이야기한다는 것은 또 다른 측면에서 신적인 권위를 가져야 함을 의미한다. 그러면 우리는 한 사람이 신적인 권위를 가졌다는 것을 어떻게 알 수 있는가? 키에르케고르는 신적인 권위를 과소평가하는 현대 철학자들을 싫어했기 때문에 어떠한 방법으로든지 인간 이성으로는 계시의 진리를 알 수 있는 방법은 없다고 말했다. 이는 그 권위를 받아들일 것인지 혹은 거부할 것인지에 대한 결정은 이성적인 기반으로는 전혀 할 수 없다는 것을 뜻한다. "그렇다면 어떻게 사도가 자신이 권위를 가졌다는 것을 나타낼 수 있을까? 만약 그가 육체적으로 표현한다면 그는 사도가 아닐 것이다. 사도가 가지는 가장 중요한 증거는 그 자신의 증언이다. 자신의 증언에 자신의 모든 것을 다 거는 것이다"(BA, 186). 이러한 상황에서 계시를 수용하거나 혹은 거부하는 사람은 완전히 독단적일 수 있다.

하지만 좀 더 자세히 들여다보면 케에르케고르는 신적 권위를 가진 진정한 사도를 인정하는데 뒷받침해 주는 기준은 없다고 생각한 것을 알 수 있는데, 아들러와 관련된 논의에서 키에르케고르는 아들러의 주장의 기만성[10]을 인지하는 몇 가지 기준을 제시하였다. 첫 번째 기준은 위의 내용에서 함축되어 있는데 단순히 그는 계시를 그가 벌인 논쟁에서의 영리함에 근거한 것이라고 주장하거나 혹은 그의 탁월한 화술에 근거해서 주장하는데, 이 주장은 그의 사도성에 대한 진정한 것이 될 수 없다.

진정한 계시에 대한 두 번째 표징은 계시를 받은 사람이 자신의 경우를 하나님의 섭리에 근거한 것이라고 말하는 것이다. 특별히 이런 경우에는 자기의 인생에서의 성공 이야기와 같은 세속적인 능력을 결부시키는 것을 거부하는 것이다. 진정한 사도가 "세속적인 의미에서 능력"을 가졌을지는 모르겠지만, 이것은 그가 "영향력이 있고 강력한 연결을 가졌다는 것을 의미하는 것인데, 만약 그가 실제로 이러한 능력을 사용하였다면 "이것 자체가 그 자신의 사도됨에 대한 그의 변명을 박탈당하게 하는 것"이었을 것이다(BA, 186). 진정한 사도는 인간 다수의 지지를 받을 필요가 없는데, 그는 하나님에 의해서 부르심을 받았고 모든 결과를 하나님의 완전한 섭리로 믿는 사람이기 때문이다(BA, 160). 그는 "모든 것이 하나님의 관계 안에서 질서를 이룬다면 심지어 그가 실패한다고 하더라도 그의 뜻은 반드시 이루어진다고 믿는다"(BA, 157).

키에르케고르가 아들러는 사도가 아니라고 제시한 두 번째 기준은 전달의 내용보다는 전달하는 사람에게 더 많이 집중되었기 때문이다. 어떤 사람이 진정한 계시를 가졌다면 계시의 내용의 특징을 기대할 수 있을 것인데 그 특징은 아마도 역설적일 것이다. 이것은 인간 이성으로는 이해할 수 없고 이러한 과정에서 인간 이성은 당황스러워할 것이다. 하나님이 보낸 사도가 역설적인 존재라면 그의 메시지 역시 역설적일 것이다(BA, 187). 이상하게 들릴지는 모르지만, 계시의 내용이 이성적이라면 계시의 진정성을 설명할 수 없다는 사실이 강조된다.

나는 다음 부분에서 역설로서의 기독교 계시에 대한 키에르케고르의 이해에 대해서 자세히 다룰 것이다. 키에르케고르가 역설 그 자체를 어떤 결함으로 이해하지 않고 일종의 선함으로 이해했다는 것은 분명하다. 진정한 계시의 근거를 제공해주는 것으로의 역설성은 키에르케고르가 역설과 인간 이성의 긴장을 강조한 것에서는 애매하게 드러나는데, 이와 관련된 주제는 추후에 논의될 것이다. 하지만 『철학적 단편』의 3장에 나타난 "부록"에서 요하네스 클리마쿠스는 역설이 진정한 계시의 증표라는 것을 분명히 한다. 이 부록의 제목은 "음향적 환상"An Acoustic Illusion이다. 이 글에서 인간 이성(지성이라 불리는)과 계시(역설이라고 불리는)를 인격화하고 이 두 인격이 벌이는 논쟁에 대해서 기술하고 있다(PF, 49-54). 지성은 역설을 불분명한 것으로 묵살시킨다. 그것은 이해할 수 없기 때문이다. 하지만 역설은 지성이 역설을 불분명한 것으로 이해하는 것 자체가 역설의 진정성이라고 조용히 대답한다. 사실 지성에 의해서 주장된 내용은 역설 그 자체가 선포한 것의 메아리이다. 그렇기 때문에 지성은 역설을 불분명한 것으로 보았고, 역설은 지성을 다음과 같이 비난하였다.

> 지성이 역설에 대해서 불쌍한 감정을 가지고 그것을 설명하려고 할 때, 역설은 지성의 행위를 철학자들에게는 볼 수 없는 초자연적인 것을 일반적인 것으로 설명하려고 하는 행위로 보았다. 지성이 역설을 그의 머리로 받아들이지 못하는 것은 지성이 무엇인가를 발견하지 못한 것이 아니라 그것 자체가 역설이기 때문이다. 그렇다고 해서 지성은 이를 부끄러워할 필요가 없다. 지성이 같은 문제에 대해서 아무렇게나 대답하는 바보가 되는 것은 아니기 때문이다.

계시의 진정성의 특징으로 이성이 계시를 완전히 이해하지 못한다는 견해는 키에르케고르만의 이야기는 아니다. 예를 들어, 토마스 아퀴나스는 기독교 계시의 진정성의 기준을 "모든 인간의 지성을 능가하는 진리"가 포함되어 있는 사실로 삼았다.[11] 우리는 진정한 계시가 이러한 특징을 가져야만 한다고 기대한다. 아퀴나스에 따르면 "우리는 인간이 생각할 수 있는 그 모든 것을 뛰어넘는 존재를 믿을 때 진정한 하나님을 믿을 수 있다."[12] 이러한 주장은 그리 이상한 것은 아니다. 결국 계시가 인간의 학습으로 이해가 가능한 것이라면 계시로서 불충분하다. 하나님으로부터의 진정한 계시가 인간이 알지 못하는 어떤 것이 포함되어 있는 것인데, 만약 그것이 계시가 되었다 할지라도 사람들이 완전히 이해하지 못한다고 받아들이는 것은 이성적일 것이다.

키에르케고르는 또 다른 기준에 대해서 언급하였다. 덜 강조했지만 이것은 계시의 진정성에 관련된 전통적인 논쟁에 있어서 중요한 역할을 한다. 이 기준은 기적이 발생하는 것과 관련된 것으로 종종 진정성의 최고의 증표로 간주되었다. 키에르케고르는 기적에 대해서 덜 강조하였다. 그 이유는 기적 그 자체가 신앙을 요구하기 때문이고 기적은 신앙을 위한 인식론적 근거를 제공해주지 못하기 때문이다. 사람들은 기적을 앞으로 오실 하나님의 행동으로 이미 받아들였을 때 그 기적을 믿을 수 있다.[13]

키에르케고르가 계시의 진정성의 기준을 제공하려고 노력한 것은 이성을 그 과정에서 완전히 제외하는 것을 의도하는 것은 아니다. 왜냐하면 이러한 기준들은 이성을 통해서만 적용 가능한 것이기 때문이다. 하지만 키에르케고르가 제시한 기준은 그것 자체가 타당해 보여도 모든 경우에 결정적으로 적용되지는 않는다. 어떤 사람들은 그 기준들을 부정적인 시험 negative test으로 여기는데, 아들러가 제시한 계시처럼 결국 그 시험을 통과하지 못함으로 권위가 없는 것처럼 보일 수 있다. 그러나 어떤 시험을 통과했지만 여전히 진정성이 없는 것으로도 볼 수 있다. 어떤 사람이 정성스럽게 선포하는 사람을 선지자나 사도로 쉽게 생각할 수 있는데 그러나 그는 미혹당한 것이다. 이러한 사람은 신적인 권위를 주장하고 이성에 근거하기

보다는 신적인 권위에 근거하여 신앙을 요구할 수 있는데, 이러한 사람은 역설적이고 이성이 받아들일 수 없는 계시와 관련된 신학을 제공할 수 있다. 요하네스 클리마쿠스가 기독교의 역설성에 대한 논의를 할 때 키에르케고르 자신이 주장하였듯이 "모든 불합리성은 불합리한 것이 아니다."[14]

계시의 진정성을 결정하는 역할을 하는 기준이 존재하더라도 그 기준을 만족하게 하는 것이 결정적인 증거는 아니다. 결국 비이성적인 선택이 필요할 것이라는 생각을 하게 되는데 이는 키에르케고르의 글들에서 나타난다. 하지만 이러한 결론은 다소 성급하다. 3장에서 논의된 키에르케고르의 인식론적 논쟁을 상기시키는 것은[15] 만약 우리가 현대 철학에 만연한 고전적 정초주의자들의 인식론을 가정한다면, 계시를 받아들이는 결정은 이성을 근거로 하여 만들어질 수 없는 것처럼 보이게 한다. 하지만 우리가 이 논의에서 보았듯이 키에르케고르는 이러한 이슈에 관련된 완전히 다른 인식론적인 관점을 제공하였다. 이러한 관점에서 본다면 계시에 있어서 신앙은 어떤 증거에 의해서 나타나는 것이 아님을 알 수 있다. 즉 결정적인 증거가 부족하다는 것이 문제로 제기되지 않을 수 있다는 것이다. 키에르케고르의 신앙에 대한 관점과 이성의 관계를 이해하기 위해서는 우리는 신앙의 내용에 대해서 더 집중해야 할 것이다. 그래서 나는 키에르케고르의 기독교 신앙에 대해서 살펴볼 것인데 그것은 "절대적 역설"로 이해되는 성육신의 초점을 두고 있다.

신앙의 대상(목적)으로서의 성육신: 철학적 단편, 그리고 절대적 역설

키에르케고르의 "절대적 역설"로서의 성육신에 대한 이해는 『철학적 단편』에서 나타난다. 『철학적 단편』은 요하네스 클리마쿠스라는 가명으로 저술되었다. 6장에서 보았듯이[16] 이 책은 일종의 사고실험thought experiment 의 형식을 취하는데, 여기서 클리마쿠스는 진리와 그 진리가 어떻게 습득되는가에 대한 소크라테스의 관점을 논리적으로 풀어낸다. 또한 논리와 상상을 활용하여 대안적인 관점을 발견하였다.

이러한 두 가지 관점의 논리적인 발판은 1장에서 나타난다. 소크라테스의 관점에서 인간은 이미 진리를 소유하고 있고 그 소유한 것을 "상기"시키는 일이 필요하다. 그러나 이에 대안적인 관점은 인간이 진리를 소유하거나 그 진리를 소유할 수 있는 능력이 있거나 그것을 소유할 수 있는 조건을 갖춘다는 것을 거부한다. 소크라테스의 관점에서 교사는 진리가 이따금씩 드러나는 상황에서 내가 이해할 수 있도록 도와주는 "산파"의 역할을 한다. 이는 나 자신이 아이를 낳을 수 있도록 도와주는 역할이다. 왜냐하면 이러한 교사는 나로 하여금 내가 그 진리를 이미 가졌다는 것을 이해하도록 도와주기 때문이다. 그것은 근본적으로 나의 것이기에 교사가 산파 역할을 할지라도 일종의 빚이 될 수는 없다는 뜻이다. 한편 대안적인 관점은 근본적으로 다른 종류의 교사를 상정하고 있고 교사와 학생 사이에 근본적으로 다른 관계임을 이해하고 있다. 이 대안적인 관점에 있어서 우리는 그것을 "가정 B"라고 부르는데 교사Teacher는 나에게 내가 결핍되어 있다는 진리를 가져다주는 사람일 뿐 아니라 근본적으로 진리에 대한 개념을 이해할 수 있는 조건을 가져다주며 나를 변화시키는 사람이다. 클리마쿠스에 따르면 이러한 교사는 하나님일 수밖에 없다. 왜냐하면 이러한 변화는 창조주만이 가능한 새로운 존재의 창조와 동등한 것이기 때문이다. 만약 하나님이 나를 새롭게 창조하고, 나에게 진리를 제공하고, 진리를 알 수 있는 조건을 제공한다면 그 교사는 단순한 산파가 아니라 내가 빚지고 있는 모든 것이 된다.

이 장에서는 이 논리적인 발판이 상상력과 함께 자세히 설명되고 있다. "교사와 구세주로서의 하나님"이라는 글 아래 "시로 쓰여진 모험"A Poetical Venture이라는 부제가 있는데 여기서 클리마쿠스는 왜 "그 하나님"이 1장에 있는 가정 B에 의하여 상정된 교사가 되는지에 대한 이야기를 서술하고 있다.[17] 하나님은 인간이 필요로 하고 있지 않기 때문에 우리의 교사가 되는 행동은 분명 하나님 자신의 사심 없는 사랑에서부터 비롯되어 있는 것이 분명하다. 이러한 상황이 하나의 연애 사건으로 특징지어졌기 때문에 클리마쿠스는 이를 인간의 연애 사건에 비유함으로써 그의 상상력을 동원한다. 하지만 그는 이러한 비유를 조심스럽게 경고한다. 왜냐하면 "어떤 인간적인 상황도 하나님과 관련해서 유효한 비유를 제공할 수 없기 때문이다"(PF, 26).

동등하지 않은 조건을 가진 두 사람의 연애 사건은 근본적으로 문제를 야기한다. 우리는 부자와 가난한 사람 간의 사랑, 교육받은 사람과 교육받지 않은 사람 간의 사랑, 혹은 권력 있는 사람과 권력 없는 사람 간의 사랑이 이루어지기가 어렵다는 것을 알고 있다. 이러한 불공평은 문제 그 자체이다. 왜냐하면 사랑은 양쪽이 자유롭게 사랑하는 일종의 공평함을 요구하기 때문이다. 하지만 이러한 불공평함은 창조주와 타락한 피조물 사이의 불공평함과는 비교될 수 없다. 한쪽은 진리를 제공하는 쪽이고 또 한쪽은 진리를 제공받는 쪽이기 때문이다. 그럼에도 불구하고 클리마쿠스는 "신성을 이해하기 위해 마음mind을 일깨운다"는 인간 비유를 활용한다(PF, 26).

그가 활용한 이 이야기는 가난한 처녀와 사랑에 빠진 한 왕의 이야기와 비슷하다. 그 왕은 부자였고 그녀와의 관계에 대해서도 확신하였지만 "그녀가 이 관계에 대해 행복해할지, 왕이 잊고 싶은 그 신분의 차이에도 불구하고 그녀가 사랑에 대한 굳건한 확신을 가질 수 있을지에 대해서 걱정하였는데 이는 그가 왕이었고 그녀는 가난한 처녀였기 때문이다"(PF, 27). 여기서 왕이 걱정하는 것이 충분히 이해된다. 근본적으로 그것은 그 여인이 그를 사랑하는 동기와 관련된 것이다. 만약 그녀가 왕의 권력의 두려움 때문에 혹은 왕의 부를 즐기려는 욕망으로 결혼했다면 왕은 그녀가 한 인간으로서 그를 사랑하지 않았다는 것을 깨닫게 될 것이고 결과적으로 그녀는 그의 권력을 두려워한 것이고 그의 자원을 사랑하는 것이 된다. 그는 반드시 그의 사랑에 대해서 그녀와 교감을 가져야 한다. 그것은 그녀로 하여금 그가 정말 어떤 사람인지를 알게 하는 것을 허락하는 것이고 그녀에게 결혼을 응할 수 있는 자유도 있지만 결혼에 응하지 않을 수도 있는 자유도 있다는 것을 허락하는 것이다. 우리 모두는 왕의 해결책이 무엇인지를 잘 안다. 그는 자신의 왕관을 버리고 그녀와 동등한 수준의 농부로 위장하여 그녀에게 구혼해야만 한다. 비슷한 방법으로 하나님은 그가 가르치기를 원하는 인간의 수준으로 내려오셔야만 했다. 그의 사랑을 그의 사람들과 더불어 완전하게하기를 원하였기 때문이다. 클리마쿠스에 따르면 하나님이 행하신 차별적인 것은 왕이 한 것처럼 단순히 위장한 것이 아니라 실제적으로 인간의 몸을 입고 오신 것이다.

> 이것은 사람이 이해하기에는 힘든 것이라는 걸 알게 해준다. 일종의 익살스러운 농담이 아니라 진지한 것이고 사랑하는 사람과 동등해지려는 의지의 진실이기 때문에 그렇다. 이러한 전능한 사랑은 왕이 할 수 있는 것도 아니었고 소크라테스가 이해할 수 있는 것도 아니었는데 그것은 어떻게 보면 일종의 사기극과 같기 때문이다(PF, 32).

독자들은 이 이야기가 더 연장할 것인데, 그것은 클리마쿠스의 "발명"

은 그 자신이 창조한 것과는 거리가 멀지만 그의 사상이 기독교의 근본적인 어떤 것과 의심스러울 정도로 동일한 것임을 깨달았기 때문이다. 어떤 독자도 분명한 것을 알 수는 없지만, 클리마쿠스는 "대화자"the interlocutor라고 불리는 상상 속의 독자의 논평을 배치함을 통해 이 사실을 강조하는데 그 사람은 이 장의 마지막 논쟁에 끼어든다. 그 대화자는 클리마쿠스가 일종의 표절을 했다고 고소하는데 그의 발명품은 "어떤 아이도 이미 알고 있는 것"이라고 지적하였다 (PF, 35). 클리마쿠스는 이러한 것에 대해 비웃는 조로 반응하는데 그의 발명이 전혀 그의 것이 아니라는 것을 인정함으로 그 책의 아이러니 형식을 받아들인다. 사실 그의 "시"는 인간의 발명품이 아니라 하나님으로부터 온 기적이라고 그는 설명한다(PF, 36).

무언가를 "발명하는 것"이라는 문학적 도구는 클리마쿠스가 기독교 신앙을 분명히 나타내기 위해 활용된 것임을 알 수 있다. 그는 결국 이 책의 마지막에서 이를 인정한다. 나는 앞 장에서 키에르케고르가 "직접 전달"에 관해서 우려했던 것을 논의하였다. 도덕적인 진리와 종교적인 진리가 위기에 처해있을 때는 이것이 문제가 될 수 있는데 그것은 실존적 이해의 지식을 쉽게 혼동하게 할 수 있기 때문이다. 기독교 신앙이 전제하는 것이 있음에도 불구하고 기독교에 대해 다룰 때 어떠한 비유를 조심스럽게 사용해야하는 이유가 있다. 이것은 학자들이 기독교에 대해 논쟁해왔던 한 부분이고 이러한 철학과의 관계 때문에

*옮긴이 주
저자는 클리마쿠스가 성육신에 대해서 논하는 방식을 점검하는 것 같다. 성육신 자체가 그가 인간적으로 만드는 발명품이 아니라 하나님으로부터 온 것이라고 하는 것에 대해서는 변함이 없는 것 같다. 하지만 많은 사람들이 이를 직접적인 방식으로 이해하는 것에 대한 우려를 표명하는 것 같다. 이러한 직접적인 방식의 이해는 인간이 처한 실존을 이해하지 못하게 만들기 때문에 각 개인이 마주한 문제를 결정하는 것에 회피하도록 만들기 때문이다. 결국 인간이 처하는 실존의 해결 방법은 간접전달에 있는 것이고 클리마쿠스가 사용한 간접 전달의 방법은 신학의 내용을 문학을 빌려 시적으로 표현한 것이다. 그것이 클리마쿠스가 말하고 싶어 하는 성육신이다. 그렇다면 클리마쿠스는 성육신의 내용이 중요한 것이 아니라 성육신을 어떻게 표현하는가가 중요하게 되는 것이다. 이러한 논점은 이 책의 전반적인 논점인 메시지의 내용보다는 전달자가 누구인지가 중요할 수 있다는 것과 일맥상통한다. 이것이 키에르케고르가 모든 삶의 문제를 바라보는 형식이다.

한 개인이 반드시 행해야 할 결정이 미루어진다고 볼 수 있기 때문이다.*

클리마쿠스는 우리가 기독교 신앙의 유일성이라고 말하는 구원의 문제, 특별한 역사적 사건과 관련된 개인의 구원(혹은 영원에 대한 인식)의 문제에 대해서 확실히 하기를 원한다. 기독교는 철학적 교리도 아니고, 상상력이 동반된 신화도 아니고, 어떠한 역사적 사건을 묶어놓은 것도 아니다(PF, 109). 그 대신 기독교는 어떤 역사적인 사건을 새로운 시각으로 보려는 하나의 시도인데 그것은 단순한 역사적인 관점을 넘어서는 것이다. 이러한 기독교적인 생각은 "인간의 마음으로부터 기인될 수 없는 것"이다 (PF, 109).[18] 이러한 기독교의 독특성은 기독교의 속성에 관한 복잡한 학문적 논쟁을 통해서 쉽게 사라진다.

> 수도사들은 역사를 이야기하는 것을 결코 멈추지 않는다. 그들은 항상 새로운 역사를 징조함으로 시작한다. 우리가 기독교와 철학의 관점을 논의한다면 우리는 이미 전에 우리에게 들려졌던 그 내용을 이해하는 것을 통해서 시작할 수 있다. 우리는 그것을 결코 마칠 수 없고 단지 새로운 시작만을 할 뿐이다. 왜냐하면 역사는 언제나 성장하기 때문이다(PF, 109).

이 문제에 대한 클리마쿠스의 해결은 정확하게 기독교를 독특하게 만드는 기독교의 핵심적인 내용을 취하고 있는데 그것은 사고 실험의 형식으로 나타난다. 그 발명의 내용은 "모든 아이들이 아는" 좋은 것이다. 왜냐하면 이것은 기독교의 핵심에 대해서 보여주는 것이고 이 자체는 역사 안에서 인간이 된 하나님의 이야기에 근거한 것이다. 이 사건은 인간의 구원에 결정적인 것으로 간주되는 것이고 논란의 여지가 없는 것이다. 소크라테스의 대안적 관점으로 그가 제시한 발명들은 실제로 기독교의 핵심과 특징이 되었다.

절대적 역설의 속성:
왜 이것은 논리적으로 모순이 아닌가?

키에르케고르는 종종 비이성주의자로 비판을 받는다. 이는 "절대적 역설"the Absolute Paradox로서의 성육신에 관한 내용과 연관이 있다. 이러한 관점에서 성육신은 하나의 "모순"으로 이해되고 이러한 역설을 믿는 것은 "불합리"를 믿는 것이 된다. 역설과의 만남은 일종의 "거치는 돌"the possibility of offense로써 기독교인이 되기 위해서 각 개인이 반드시 통과해야 하는 관문이다. 성육신이 이성과는 반대되어 이해되었다는 것을 아는 것은 어렵지 않다. 가레릭Herbert Garelick은 다음과 같이 논평한다. "이 역설은 지성에 대한 궁극적인 도전이다. 지적으로 안다는 것은 법률의 판단이나 정체성, 모순, 배중률과 같은 담론을 반드시 따라야 한다는 것을 알게 해주는 것인데 역설은 이러한 법칙을 위반한다. 이성적으로 "신인 동시에 인간"이라는 선언은 터무니없는 것이다."[19]

그러나 키에르케고르를 위와 같이 이해하는 것에 반대해왔던 주석가들이 오랜 시간 존재하였는데, 그들은 키에르케고르가 성육신이 이성과 반하는 것이 아니라고 주장하였고, 단지 이성을 초월하는 것인데, 이성이 이해하지 못하는 신비[20]라고 주장했음을 강조하였다. 이러한 관점에서 보면 이성과 신앙 사이의 긴장은 가능하지만 그 둘 사이의 불가피한 반대라는 것은 없다. 여기서 나는 키에르케고르가 비이성주의자가 아니고 더 중요한 것은 그가 기독교 신앙이 이성과 반대되는 무엇이라고 생각하지 않았다고 주장했다는 것을 살펴볼 것이다. 키에르케고르에 있어서 신앙과 이성 사이에는 필수적인 반대가 있는 것이 아니고, 자연적 긴장이 있었다는 것인데 이때 이성은 확실한 방식으로 이해된다. 내가 설명하려고 하는 것은 이런 긴장이 어떻게 일어나는가이고, 그리고 키에르케고르가 신앙과 이성이 둘 다 좋은 용어라는 것을 어떻게 가능한가를 생각하였는가이다.[21]

키에르케고르는 성육신이 이성과 모순이라는 신념은 논리적 모순이 있는 성육신의 역설성에 대한 해석에 기인한다고 생각한다. 만약 성육신 안에서의 신념이 공식적formal 모순안에서의 신념이거나, 공식적 모순을 수반하는 신념이라면, 그것은 이성과 모순이 된다. 키에르케고르도 성육신을 절대 역설the Absolute Paradox로 기술하였는데 이것이 일종의 모순을 포함하고 있다고 설명하였다.

하지만, 키에르케고르의 글에서의 "모순"덴마크어 *Modsigelse*이라는 단어는 일반적으로 논리적 모순을 의미하는 것은 아니다. 6장에서 우리는 클리마쿠스가 희극과 비극 둘 다 그들의 뿌리에는 모순이 존재하는데, 희극은 "고통 없는" 모순이 되는 것이고 비극은 "고통 하는" 모순이 되는 것이라고 말하는 것을 보았다(CUP, 514).[22] 클리마쿠스가 여기에서 말하는 긴장과 부조화는 공식적인 모순이 아님이 분명한데, 그것은 모순적인 논리의 공식은 우습거나 슬픈 것은 아니기 때문이다. 대신에 여기서 말하는 그 "모순"은 사랑을 갈망하는 젊은 여인과 그 사랑을 기만하는 그녀의 연인 사이의 갈등(비극적 모순)이거나, 코미디언이 엉덩방아를 찧을 때, 그의 시선은 위로 향하지만 그 자신의 몸은 아래로 향하는 부조화(희극적 모순)이다.

성육신에서 발견되는 모순은 영원이 시간이 되었다는 모순이다. 『후서』에서 클리마쿠스는 인간실존 그 자체는 이러한 바로 그 모순의 구현체임을 기술한다. "실존 그 자체, 실존한다는 것은 그것이 희극인 채로 파토스가 충만한 분투이며, 파토스가 충만함은 그 분투가 무한한 것이기 때문이며, 희극이라 함은 그 분투가 자기모순이기 때문이다"(CUP, 92).

클리마쿠스는 더 많은 부분에서 이 모순을 설명하는데, 그것은 정확하게 인간 삶에서의 영원성과 시간성 사이의 긴장임을 설명한다. "그러나 실존이란 무엇인가? 이것은 무한과 유한 사이, 시간과 영원 사이에서 태어난 아이인데, 그래서 끊임없이 분투한다(CUP, 92). 궁극적으로 성육신과 인간 실존 간의 구조적인 평형은 심오하게 중요하다. 이것은 클리마쿠스가 왜 이 성육신이 인간에게 모든 것 중에서 '가장한 별난 것'이라 했는지를 알게 하여 준다"(PF, 52). 그리스도가 전적인 하나님인 동시에 전적인 인간이라는 주장은 시간성의 존재인 인간이 영원의 완벽함을 온전히 구현할 수 있다는 주장인데, 이러한 주장은 우리의 모든 경험을 약화하는 것이다. 우리 모두는 지속적인 차이를 경험하기에, 완전히 풀리지 않는 긴장, 우리가 추구하는 영원한 이상과 우리의 시간성에 매인 실제 사이의 긴장, 이러한 경험적 증거는 이성과 성육신의 신념 사이의 긴장을 이해하는 데 도움을 준다.

하지만 우리의 경험이 우리에게 시간성과 영원성이 공존하는 것이 불가능하다는 귀납적, 경험적 증거의 경험을 제공할지라도, 이 증거들은 논리적으로 결정적이지 않다. 이것은 단순히 인간 경험의 한계를 반영한다. 하나님이 인간이 되는 것이 불가능하지만, 무엇이 가능하고 혹은 가능하지 않고의 이해는 우리의 개념적 이해에 따라 상대적으로 된다. "신이며 인간"의 개념을 아는 것은 논리적으로 모순인데, "사각형이면서 원"의 개념과 같은 것으로, 우리는 신이 된다는 것과 인간이 된다는 것이 무엇을 의미하는지를 이성적으로 분명히 알아야 한다. 우리는 원이 된다는 것과 사각

형이 된다는 것이 무엇을 의미하는지를 이성적으로 분명히 알아야 하고, 그 이성 때문에 이 둘이 동시에 하나가 될 수 없다는 사실을 이해한다. 하지만 클리마쿠스는 우리는 신의 속성과 인간의 속성을 분명히 이해하지 못한다는 것을 분명히 밝힌다. 『철학적 단편』의 3장은 인간이 하나님에 대한 어떤 철학적 지식을 가지지 못한다는 것을 논하고 있다. 클리마쿠스는 하나님의 존재에 대한 어떤 증거도 거절하였고, 하나님에 대한 생각이 이성을 초월하여, 이성에 반하여 알게 된다는 것도 거절하였다. 어떤 것이 진정으로 이성을 초월하는 것이라면, 이성으로는 그것을 이해할 수 없게 된다.

하지만, 이것은 하나님에게 뿐 아니라, 인간에게도 사실이다. 클리마쿠스는 소크라테스가 인간 본성 그 자체가 역설적이라는 것을 발견한 것에 찬사를 보낸다.

> 소크라테스가 그의 모든 역량을 인간과 그 자신에 대한 지식을 모으는데 헌신하였을지라도, 그렇다, 그가 수 세기 동안 인간에 대해 분명히 안 사람으로 찬양받았음에도 불구하고, 그는 결국 다음과 같이 고백하였다. 그는 페가수스Pegasus나 고레곤Gorgon과 같은 피조물의 속성과 같은 것을 생각하려는 경향성은 없었으며, 그는 여전히 자기 자신에 대해서 모르고, 그가 타이푼Typhon보다 더 괴물인지 혹은 신적인 성격이 공유된 더 단순하거나 다정한 존재인지 모르겠다는 것이다 *Phaedrus, 229 e*참고(PF, 37).

그래서 역설성은 성육신에만 있는 것이 아니라 인간 그 자체에도 있는 것이다. 우리가 하나님과 인간의 속성에 대해서 둘 다 잘 모른다는 것은 우리가 하나님에게 무엇이 가능한지에 대해 아는 것을 주장하는 것에 대해 반드시 주의를 기울여야 한다는 것을 의미한다. 우리의 경험은 다음의 것을 제안한다. 시간적인 것은 영원성의 완전을 완벽하게 이해하지 못하지만, 이것들이 우리로 하여금 이것을 확실하게 알라고 선포하는 경솔함 일수 있다. 그것은 우리가 하나님에 대해서, 하나님과 같이 된다는 것이 무엇과 같은 것인지 실제로 잘 알지 못하고, 그리고 우리 자신의 속성, 인간에게서 무엇이 가능하고 무엇이 불가능하다고 직관적인 판단의 확신에 대해서도 충분히 알지 못하기 때문이다. 우리에게 성육신은 불가능한 것인데 이것은 데카르트의 "분명하고 특징적인" 직관과는 거리가 먼 것이다.

클리마쿠스는 결정적인 문구를 제시한다. 여기서 그는 두 개의 다른 의미의 "모순"을 구분하는데, 하나는 분명한 공식적이며 논리적인 의미를 나타내는 용어인데, 성육신은 모순의 종류가 아니라는 것을 지적한다(PF, 101). 이 문구는 어떻게 성육신 안에서 믿음이 생성 가능한지, 지금 시대를 살아가는 믿음의 사람들로 하여금 그 후대의 사람들을 위해 할 수 있는 것이 무엇인지, 할 수 없는 것이 무엇인지에 대해서 다룬다. 믿음을 선물로 받은 지금 시대의 사람들은 어떤 간증을 통해서 이 믿음을 후대의 사람들에게 줄 수 있는데, 이것은 직접적으로 줄 수 있는 것이 아니라, 하나님을 통해서 가능한 것이다. 클리마쿠스에 따르면 지금 시대를 살아가는 사람이 믿음과 함께 전달해주는 것은 "의미 없는" 조각이며 이것은 "우리가 그 성육신 그 자체와 단독자로서의 관계는 생각될 수 없는 것이라고 말하는 것 외에 다른 것으로는 생각될 수 없는 것이라고 가정한다"(PF, 101). 클리마쿠스는 왜 이 가정이 의미 없는지와 생각될 수 없는지에 대해서 설명한다. "이것은 자기모순을 생산한다. 지금 시대의 사람에게는 하나님은 하나님이다. 그러나 또 다른 3자에게는 지금 시대의 사람이 하나님이 된다(PF, 101). 그에 반하여, 성육신 그 자체는 논리적으로 모순적이지 않은데, 인간은 이것을 "모든 것 중에서 가장 있을 것 같지 않은 것"과 "가장 강력한 것"으로 경험하는데, 이러함에도 불구하고 "생각thought은 자유인데 그 자신과 함께 미리 선점되는" 무엇이다(PF, 52; 101).

이성의 한계:
성육신에 대한 반응으로서의 신앙과 거치는 돌

성육신이 논리적 모순이 아닐지라도 이것은 이성에는 반한다. 그것은 성육신에 주어진 그 특징 자체가 예외적으로 별난 것이고 또 생소한 것이기 때문이다. 어떤 사람들은 내가 영원과 시간이 함께 하지 못하는 우리의 귀납적, 경험적 증거를 불러내었다고 생각할 수 있을 것인데 이러한 것들은 성육신이 비이성적이라는 신념을 보여주기에 충분한 것이었다. 하지만 이러한 방법은 클리마쿠스가 『철학적 단편』에서 보여준 것도 아니고 키에르케고르 자신의 관점도 아니다. 키에르케고르의 『일기』에 있는 중요한 서문들이 있는데 그 글에서 클리마쿠스의 관점과 키에르케고르 자신의 관점이 동일하다는 것을 보여주었고, 성육신은 단순히 이성에 반하는 것 이상이었다.

> 불합리the Absurd와 역설the Paradox은 이성이 그것을 전혀 해결할 수 없는 방식으로 구성되어 있는데, 이것은 결국은 난센스로 밝혀지는데, 하지만 이것은 일종의 상징이며, 수수께끼인데, 이 수수께끼는 이성이 반드시 말해야 하는 아주 복잡한 수수께끼이다. 나는 이것을 해결할 수 없는데 이것은 이해되어 질 수 없지만 그렇다고 해서 난센스가 되는 것은 아니다.[23]

키에르케고르에게 역설은 이성의 한계를 뛰어넘는 것이지만 이것이 이성의 한계를 뛰어넘기 때문에 이성은 역설을 표명하지는 못한다. "이것이 내가 발전시킨 것인데 (예를 들어 『결론적 비학문적 후서』에서 발전시킴) 모든 불합리성absurdity이 그 불합리the Absurd나 그 역설the Paradox은 아니다(여기서 역설과 불합리가 대문자로 시작되는 것에 주의). 이성의 역할은 역설을 부정적으로 차별화시키는 것이다. 더 이상은 아니다."[24]

클리마쿠스가 『단편』에서 발전시킨 논쟁은 이성의 경계 혹은 한계에 초점을 맞추었다. 이성이 한계를 가졌는지 그리고 이러한 한계가 무엇인지는 철학의 중요한 질문이다. 칸트는 이성의 한계는 이율배반적이거나 혹은 이성 그 자체가 적절한 한계를 초월할 때 그 자체로부터 나오는 분명한 모순에 의하여 인지될 수 있다고 논증하였다.[25]

칸트에게서 이성은 하나님의 개념을 형성하기 위해 필수적인 것이고 이러한 관점으로부터 세상을 이해하려고 노력한다. 하지만 이론적 지식은 경험에 의하여 국한되어지고 하나님은 이러한 경험을 초월하신다. 우리가 하나님에 대한 지식을 얻으려고 할 때, 우리 자신 안에 얽혀 있는 분명한 모순을 발견하게 되고, 이것은 이성의 한계를 인정할 때만 해결 가능한 것이다. 칸트는 이성이 그 한계를 초월할 때 나타나는 문제들은 "가장 운이 좋은 당혹감인데 이성은 이 당혹감 안에 포함되는 것이고" 그 이유는 이러한 사실이 적절한 이성의 영역을 아는 데 도움을 주기 때문이라고 말했다.[26] 칸트는 이성이 긍정적이든지 부정적이든지 그 한계를 뛰어넘는 것에 대해서는 판단을 형성할 수 없다고 주장한다.[27] 이성은 하나님의 존재를 증명할 수 없는데 그러나 이것이 하나님이 존재하지 않는다는 판단을 할 수 있는 기준이 되지 못한다.[28]

클리마쿠스에게 있어서 절대적 역설은 이것과 비슷한 역할을 하는 것 같다. 이성에게는 한계와 경계선이 있는데 이성이 그 한계를 이해하고자 노력할 때 그 이성 자체 안에 얽혀 있는 분명한 모순에 대해서 발견하게 된다. 하지만 이성은 이러한 한계에 대해서 부정적인 관점을 취할 필요는 없다. 대신 우리는 이성의 이러한 태도를 근본적인 양면성이라고 부를 수 있다. 한편 이성은 한계를 이해할 수 없고 이러한 한계를 발견하는 것은 이성 그 자체에는 일종의 패배가 된다. 하지만 클리마쿠스는 이러한 한계를 추구하는 것으로 보일 수 있는 인간 이성의 특징을 설명하고 이해하기 위한 끊임없는 욕구에 대해서 논증한다. 이성이 자신이 이해하지 못하는 어떤 것을 만날 때마다 그것을 설명하고 이해시키기 위한 많은 노력을 한다. 어떤 사람은 말하기를 이성이 자신이 알지 못하는 어떤 것을 만날 때마다, 그것은 진정한 이성의 한계인지를 보게 하는 일종의 시험이라고 한다. 이성이 그 자신이 이해할 수 있는 능력을 뛰어넘는 어떤 것을 만나지 않는 한, 이성은 끊임없이 팽창해 나갈 것이다. 클리마쿠스는 이성이 이러한 한계를 만난다는 것이 일종의 이성의 패배가 아니라 이성이 추구하는 것을 완성하는 것으로 보았는데 그 이유는 "사고의 궁극적인 역설"은 "그 사고 자체가 생각할 수 없는 어떤 것을 발견하는 것"이기 때문이라고 설명한다(PF, 37). 이성이 끊임없이 그리고 후회 없이 탐구하는 그러한 한계를 발견하는 것 자체가 이성의 열정적인 탐구가 된다.*

이성과 역설 사이에 만남의 결과는 이성의 측면에서 보면 자연스러운 양면성으로 나타난다. 이성이 성육신과 만나면 부정적인 관점을 가지는 경향이 나타난다.

이성understanding으로는 역설을 사유할 수 없고 그것을 형상화시킬 수도 없다. 역설이

> *옮긴이 주
> 클리마쿠스는 기독교를 이해하기 위해서 이성이 불필요함을 강조하기 보다는 비록 이성이 기독교를 충분히 아는 것에는 부족하지만 기독교에 대한 이해 혹은 하나님에 대한 이해를 할 수 있는 데까지 할 수 있는 이성만의 영역이 있음을 강조한다. 이성이 필요 없다는 말과 이성은 어느 한계까지 필요하다는 말은 분명한 차이가 있다.

선포되어질 때 이성은 그 역설을 이해할 수 없는데, 단지 그가 몰락하는 것임을 알아차린다. 이 정도로 이성을 반대할 어떤 것은 많다(PF, 47).

하지만 이러한 부정적인 반응이 모든 것은 아니다. 왜냐하면 "반면에 이성은 자신만의 역설적인 열정으로 자기 자신이 의지를 가지고 몰락한다"(PF, 47). 이러한 이성의 또 다른 경향은 이성과 역설 사이의 "상호이해"의 가능성을 열어둔다.* 이러한 상호이해가 나타난다면 이성과 역설 사이에 "행복한 관계"가 나타날 것인데 이것은 "이성이 스스로를 내려놓은 것 the understanding gives itself up"인데 반면 "역설은 그 자체를 드러낸다 paradox gives itself"(PF, 54). 이후에 클리마쿠스는 똑같은 생각을 표현하는데 조금 다른 상상을 활용한다. 이성과 역설 사이의 행복한 이해는 "그 이해가 자리를 비키면 역설이 그 안으로 들어온다 paradox gives itself" (PF, 59). 이러한 두 가지 단어가 긍정적으로 쓰이는 조건을 클리마쿠스는 신앙이라고 명명한다. "자기 자신의 자리에서 내려온" 그것은 바로 그 이성이라는 것이 중요하다. 이러한 상황은 이성의 기준을 충족하기 위한 비이성적 거절이 아니라 그 이성 자체가 한계가 있다고 인정하는 것이다.**

클리마쿠스는 이성과 역설이 둘 다 긍정적인 용어가 될 수 있다는 것을 단순하게 주장한 것은 아니다. 그는 더 나아가서 이러한 일들이 일어났을 때 이성이 충족되는 것을 발견함을 논증한다. 그는 이러한 현상을

*옮긴이 주
인간관계에서 상호이해가 필요한 이유도 이러한 맥락에서 찾을 수 있다. 한 사람이 드러나는 것은 그 주위의 여러 사람이 의도적으로 자신을 숨겼기에 가능한 것이다. 드러난 그 한 사람을 이해하기 위해서 그 사람에게 초점을 두는 것보다 그 사람을 위해서 의도적으로 숨어버린 사람들을 이해하는 것이 필요하다. 이것은 상호이해의 기초가 되는 논리이다. 성경에서 가장 큰 죄의 모습은 자기 義가 드러나는 것이다. 그런데 자기 의라는 것을 관계의 측면에서 생각해 볼 때, 내가 아무리 열심히 일해서 좋은 결과가 나타났더라도, 그 결과가 나 자신의 능력과 함께 다른 사람들의 자발적인 희생에 의해서 가능해진 것이라고 생각한다면, 훨씬 더 자기 의에 대한 측면이 감소될 것이다. 반면 이것이 더 중요한데 다른 사람을 드러내기 위해서 자신을 희생해야 했던 사람들 입장에서는 단순히 자신이 부족해서 내가 희생했다고 생각하기 보다는 내가 자발적으로 의도적으로 내려놓았다고 생각한다면, 희생한 자기 자신을 훨씬 더 긍정적인 모습으로 이해될 수 있을 것이다.

에로틱한 사랑의 비유를 통해서 설명한다. 이성과 신앙의 관계는 자기 사랑과 사랑의 관계와 비슷하다고 논증한다.

> 자기 사랑은 기본적으로 사랑을 근거로 하고 있는데, 그 자기 사랑이 절정에 이를 때 역설적 열정은 자기 사랑의 그 스스로를 내려놓는다. 이것은 사랑이 원하는 것이다. 그러므로 사랑과 자기 사랑 두 측면은 열정의 순간에 상호이해하게 되는데 그 열정이 정확하게 사랑이다(PF 48).

사랑의 초기적인 동기는 그 자신의 행복이다. 내가 사랑에 빠진다면 그 사람과 함께 있고 싶어 할 것인데 왜냐하면 그 사람이 나를 행복하게 해주기 때문이다. 하지만 클리마쿠스는 사랑이 그 절정에 이를 때 이 자기 사랑은 역설적으로 그 자신을 변화시킨다. 나는 나의 가장 최고의 행복을 나 자신의 행복보다 다른 사람의 행복을 추구할 때 발견할 수 있다. 자기 사랑은 왕관을 버리는 것이지만 어떤 면으로서는 그 왕관을 완성하는 것이다. 이성과 역설과의 행복한 관계도 이와 비슷한 상황인데 이성은 그 자신의 한계를 깨닫지만 동시에 자신을 충족시킨다. 클리마쿠스는 이러한 현상이 일어나는 행복한 열정을 "신앙"이라고 부르기로 결정하였다(PF, 59).

물론 사랑이든지 신앙이든지 이러한 일들이 자연스럽게 나타나지는 않는다. 때로는 사랑의 경우에는 그 사람이 너무 이기적이어서 자기 자신을 열지 못해서 진정한 사랑을 할 수 없다. 이러한 사람은 "사랑 때문에 위축"되고 "그 사랑을 성취할 수도 없고 그 사랑을 향해 과감히 도전할 수도 없

**옮긴이 주
외부적인 기준을 충족하지 못해서 자신이 없어지는 것이 아니라 자기 스스로가 자신의 한계를 인정하는 것이다. 앞에서도 밝혔듯이 자신의 한계를 인정한다는 것이 부정적인 모습이 아닌 것은 스스로가 의지를 가지고 인정하기 때문이다. 한편으로는 스스로가 의지를 가지고 내려놓는다 할지라도 그것이 어떻게 긍정적일 수 있을까라는 질문을 하게 된다. 하지만 여기서는 그 주체 자체가 스스로 무엇인가를 하였다는 측면을 긍정적으로 본다.

다"(PF, 48). 이러한 사람은 사랑에 대해서 적대적인 감정을 품게 되는데 클리마쿠스는 이러한 것을 일종의 고통으로 이해했고 이러한 맥락에서 자기 사랑은 그 자신을 이해하지 못하게 된다(PF, 49). 나는 그 이기적인 사람이 어떤 단계에서는 사랑이 진정한 행복을 제공할 수 있다는 것을 이해하고 이것이 그가 진정으로 갈망했던 사랑이라고 생각한다. 하지만 그의 이기심이 그 사랑으로부터 그를 분리하였고 그는 이러한 사랑을 소유하고 있는 사람의 상황을 시기, 질투하거나 분개한다.

이러한 자기 사랑의 불행한 형태를 "거치는 것불쾌하게 만드는 것, offense"이라고 말한다. 그 사람에게 신앙으로 나타날 경우에는 이성이 자신의 한계를 인정하고 성육신 안에서 하나님이 제공한 계시를 받아들여야만 한다. 내가 앞에서 언급하였듯이 이성이 제국주의적인 특징으로 말미암아 독점적으로 된다면, 이성은 그 자신이 이해할 수 없는 것을 불합리하다고 여길 것이다. 클리마쿠스는 이성에 영역에서 이러한 반응은 이해할만 하지만 이성적인 것과는 거리가 먼 것인데 이것은 일종의 오해mis-understanding의 관점으로부터 나온 것이기 때문이다. 사실 역설이 불합리하다고 말하는 이성의 주장은 단순한 메아리에 불과한데, 이것은 역설이 그 자신에 대해서 강조하는 것에 대한 "음향적 환상"an acoustic illusion에 불과한 것이다. 거치는 것, 이것은 신앙과는 거리가 먼 것인데 간접적으로 이성이 주장하는 것에 대한 확신을 제공한다. 거치는 것으로서의 이성은 역설을 공격하려고 하는데 하지만 역설은 그 공격이 자신을 지지해주는 것이라고 조용히 반응한다. "무엇이 그렇게 놀랄 것인가? 당신이 정확하게 이야기하였는데 그 놀라운 것은 당신이 생각하는 그 반대objection이다. 나는 위선자의 입을 통해서 나오는 그 진리가 천사나 사도에게서 나오는 것보다 더 나에게 소중한 것임을 안다"(PF, 52). 역설은 "모든 것 중에 가장 희한한 것"이지만 "코미

디와 소설과 거짓말은 반드시 개연성이 있는데 하지만 나는 어떻게 개연성이 있을까?"라는 말을 통해서 역설은 당황하지 않는다(PF, 50).

내가 믿는 가장 핵심적인 것은 "중립성은 없다"라고 말하는 논지에 있다.[29] 많은 철학자들은 이성을 중립적으로 보았는데 종교적인 신념의 주제와 관련되어서는 공정하지 못한 판단이다. 만약 이성이 신앙을 불합리한 것으로 판단한다면 신앙은 이성적인 사람이 반드시 거부해야 하는 어떤 것으로 보인다. 하지만 키에르케고르는 종교적인 주제와 관련해서는 인간 이성을 단순히 중립성을 담보한 것으로 보지 않았다. 인간이 성육신의 개념을 만나면 우리는 이것을 신앙이 아니면 거치는 것들 중 하나로 반응해야 한다. 신앙과 거치는 것 둘 다 열정인데 그것은 중립성이나 객관적 기준으로부터 나온 것은 아니다. 키에르케고르는 신앙을 겸손한 자세로 보는데 그 안에서 이성은 자기 자신의 한계를 인정하게 되고 거치는 것은 교만한 자세를 취하는데 여기서 이성은 그 자신의 능력을 벗어나는 어떤 실제를 인정하는 것을 거부한다. 여기서 가능한 것은 무관심밖에 없다.

우리는 이제 키에르케고르가 왜 신앙이 근본적으로 이성을 초월하는 것이고 이성을 넘어서는 어떤 것이라고 생각한 이유를 이해할 수 있고, 우리는 신앙과 이성 사이의 자연적인 긴장에 대해서 설명할 수 있다. 근본적으로 성육신은 신비한 것이고 인간 이성을 초월하는 것인데 그것은 하나님을 아는 인간의 능력을 초월하는 하나님의 행위이기 때문에 그렇다. 하지만 그 자신의 능력을 초월하는 어떤 것이라도 인정하기를 거부하는 교만한 이성은 이러한 신비한 것과는 충돌할 수밖에 없다. "절대적 역설"로서의 성육신 이해는 이러한 종류의 이성과는 "반대"될 것이다. 물론 오랜 시간 동안 기독교 신앙에서 인간은 죄로 인하여 타락하였다고 보았고 많은 신학자들은 인간의 죄성을 교만함에 있다고 보았다. 클리마쿠스는 우리가 하나님을 이해하지 못하는 것은 하나님과 우리 사이에 근본적인 "다름"에 있다고 주장하였다 (PF, 47).

어떤 사람은 이러한 다름이 창조주와 피조물 간의 다름으로 보는데 클리마쿠스는 다소 놀랍게도 이런 창조주와 피조물과의 관계를 절대적 차이로 보지 않고 유사성 혹은 닮음으로 간주한다(PF, 46-47). 하나님과 인간 사이에 절대적인 차이는 우리의 죄성으로 부터 기인한다. 이성과 신앙 사이의 긴장의 핵심은 바로 죄이다. 무한한 창조주로서의 하나님은 인간의 유한한 생각을 초월한다. 어떤 사람들은 말하기를 인간의 유한성은 역설의 신비함의 근거가 되고 이것은 심지어 타락하지 않은 존재에게도 역설이 된다. 하지만 그 타락하지 않은 피조물에게는 이러한 신비함은 하나의 문제가 되지 않고 오히려 하나님의 능가할 수 없는 위대하심에 대한 확증으로 인정되어 진다.

교만과 더불어 신학자들은 이기성과 자기 중심성을 인간 죄의 핵심으로 보았다. 만약 그렇다면 우리는 성육신과 인간 이성 사이의 당연한 긴장으로서의 또 다른 이유를 발견할 수 있다. 성육신의 경우에는 만약 이것이 나타난다면 이기적이지 않은 사랑의 현현임이 틀림없는데 그것은 하나님은 피조물로부터 어떤 것이라도 요구하지 않기 때문이다. 우리가 이러한 사랑에 대한 또 다른 경험이 없기 때문에 우리에게는 이것의 실제에 대한 의문이 생기는데 이것은 우리가 그 사랑을 경험하기까지 그러하다. 이기적인 자기 사랑과 거치는 것은 사라져야 하는 것으로 판명이 되었다.

하나님의 선물로서의 신앙,
신앙의 "경우境遇, occasion"로서의 역사적 증언

클리마쿠스가 하나님의 계시의 역설성paradoxicalness을 설명했는데 우리는 그것을 하나의 문제로 보기보다는 확증적인 특징으로 보았다. 하지만 우리에게는 어떻게 한 사람의 신앙이 실존으로 나타나는지에 대한 구체적인 설명이 필요하다. 왜 어떤 사람은 신앙을 받아들이고 어떤 사람은 거부하는가?

어떤 사람은 생각하기를 인간의 형태를 입은 하나님의 나타나심에 관한 신앙 혹은 믿음[30]은 역사적 증거에 근거하여야 한다고 생각하는데 이러한 생각은 역사적 사실에 있어서는 맞는 말이다. 하지만 클리마쿠스는 성육신을 믿는 신앙에 관련되어서는 그렇지 않다고 생각한다. 『단편』의 4장과 5장 사이의 "막간"에 클리마쿠스는 그의 주장을 설명하는 인식론적 분석을 전개한다. 그는 역사적 증거 그 자체는 전혀 역사적 믿음belief의 근거가 될 수 없다고 강하게 주장한다. "실존으로 늘어오는" 모든 믿음은 만약의 사건contingency에 감염되어 있는데, "무엇이든 실존으로 들어오는 것"은 그렇지 않을 수도 있었을 것이다. 그리고 그렇지 않을 수도 있었던 것은 논리적으로 증명이 불가능하다. 논리의 영역은 필요성의 영역인데 필요하지 않은 것은 증명될 수 없다. 이것은 심지어 자연계와 관련된 신념에는 진실이지만 엄격한 의미에서 역사와 관련되어서는 더 중요한 진실인데 그것은 인간 역사는 "실존으로 들어오는 것과 더불어 실존으로 들어오는 것"을 포함하기 때문이다(PF, 76). 인간 역사에 영향을 주는 이중적인 만약의 사건이 있다. 이것은 부분적으로 인간 행동에 의해서 구성된다. 이러한 행동은 자연계의 일부이고 그래서 만일의 사건이 된다. 하지만 인간존재는 자연계에서 특별한 부분인데 그들 스스로 그 안에 반드시 선택되어 져야 하는 가능성으로서의 어떤 것 보유하고 있다. 그리하여 인간 역사는 이중적으로 doubly "그렇지 않을 수도 있는 것"인데 심지어 증명하기에 덜 민감하다. 그 증거가 얼마나 확실한지와는 상관없이 그 증거가 제시하는 것과는 다른 방향으로 일이 전개되었을 가능성이 항상 있다. 클리마쿠스는 논점을 정리하는데 그리스의 회의주의skepticism의 역사로부터 부분적으로 인용을 하는데 우리가 반드시 회의론자가 되어야 한다는 것을 주장하는 것이 아니라 회의주의는 극복되어야 하고, 그것은 논리적 증거가 아니라 신앙에 의해서 극복되어야 함을 주장한다(PF, 81-85). 회의주의는 어떤 의지에 기초하고 있는데 그것은 증거와 신념 사이의 논리적인 틈을 말하는 것이고 이것은 단순히 회의론자로 하여금 자기 자신이 얻고자 하는 그 의지를 성취하는 것을 가능하게 하는 것이다. 궁극적으로 회의론자가 아닌 사람들은 회의론적으로 되는 것을 원하지 않는 사람이고 회의론자가 되는 것을 선택하지 않는 사람이다. 그리하여 신앙은 우리의 인식론적 삶인식과 관련된 삶의 근본이 된다.

이 모든 것은 클리마쿠스가 말한 "일상적 신앙"과 관련되어서는 진실이다(PF, 87). 성육신 안에서의 신앙은 "탁월한 감각" 안에서의 신앙이다(PF, 87). 이러한 경우에 신앙의 대상object은 인간의 시간 안 나타난 하나님 God in time인데 이것은 역사적 사건을 수반하는 모든 불확실성all uncertainty을 포함하고 뿐만 아니라 특별한 불확실성special uncertainty도 포함하는데 이것은 어떤 의문스러운 사건의 사실로부터 나타나는 것인데, 이 의문스러운 사건은 절대적 역설인데, 이것은 인간의 이성으로 이해할 수 없고 무엇이 일어날 것이라고 기대하는 모든 것을 위반하는 것이 된다. 특별한 불확실성은 역사적 증거의 중요하지 않음의 특성에 대하여 의문을 제기한다. "변호사는 중대한 범죄는 모든 경미한 범죄를 흡수한다고 말하는데 이것은 신앙에서도 마찬가지다. 신앙의 불합리성은 절대적으로 사소한 사건들을 흡수한다. 그렇지 않으면 모순들discrepancies은 방해하는 것이 되는데, 여기서는 방해하지 않고 문제가 되지 않는다"(PF, 104).

클리마쿠스가 한 개인 안에서 신앙이 나타나기 위해서 역사적인 증거가 중요하지 않다는 것을 논쟁하는 것은 그리 놀라운 일이 아니다. 그가 말하는 한 개인을 상상해 보는 그 개인은 "독재자의 힘"과 "독재자의 열정"이 혼합된 사람인데 그는 역사적인 사실을 결정하기 위해서 그가 할 수 있는 일을 다 하는 사람인데 생존해 있는 증인들을 심문할 것이며 심지어 그가 원하는 것이 나올 때까지 그들을 굶주리게 하고 감금하게도 할 것이다(PF, 92). 클리마쿠스에 따르면 이러한 사람은 역사적인 연구를 통해서 얻어질 수 있는 그 모든 것을 성취하였을 것이다. 하지만 이러한 것들은 하나님의 제자가 되는 것에는 필요한 것이 아니다.*

신앙을 위한 특별한 역사적 증거에 대한 설명은 필요하지 않다. 클리마쿠스는 오늘날 하나님이 죽었다고 말하는 이 시대에 그를 만나기 위해 오신 오늘날의 하나님을 상상하였는데, 이 시대 사람들에는 하나님의 가르침과 삶에 관하여 발견할 수 있는 시간의 여유가 없다. 만약 그가 변화되어서 하나님의 제자가 된다면, 시간이 없어서 하나님의 가르침과 삶에 대해서 탐구할 수 없고 그래서 역사적인 증거를 찾지 못하는 것이 이러한 하나님과의 만남이 그 개인에게 결정적인 것이 되는 것을 막을 수 없다(PF, 60). 클리마쿠스는 더 설명하는데 역사적 증거를 주장하는 지금의 세대가 다음과 같은 메모, "우리는 어떤 한 시대에 하나님을 믿었고 그는 어떤 한 시대에 종의 형태를 입은

*옮긴이 주
역사적인 증거라는 것은 독재자에 의해서 충분히 왜곡 가능한 것인데, 그것은 그 독재자가 원하는 대로 세상을 만들었기 때문이다. 그러한 역사적 사실은 진실을 왜곡하는 것이다.

겸손한 모습으로 나타났고 우리 가운데 사시고 가르치셨고 그리고 죽었다"라는 종이 메모를 남겼다면 현대인들은 그들의 후손을 위해서 "필요한 어떤 것"을 했을 것이고 이것은 차고 넘치는 것이다(PF, 104).[31]

만약 역사적인 증거가 충분하지도 않고 필요하지도 않다면 어떻게 신앙이 한 사람 안에 실존으로 나타날 수 있는가? 그 대답은 하나님과의 역사적 만남에 있는데 이것이 즉각적인 현대인의 경험을 통해서 나타나든지 혹은 다음세대에게 전해져 오는 간증의 형식으로 나타나든지, 이것은 삶을 바꾸는 만남임이 틀림없다. 하나님에 대한 진리를 이해하는 것을 가능하게 하는 그 "조건"은 믿음이다. 그리고 믿음은 각 개인이 하나님과 만나는 바로 그때 개인으로부터 나타나는 열정이다. 믿음은 하나님의 선물로 지적으로든지 혹은 의지적으로든지 상관없이 평범한 인간의 노력으로 성취할 수 없는 것이다(PF, 62).

만약 믿음이 전적인 하나님의 역사라면 클리마쿠스가 예정의 교리로 움직이는 것처럼 보이는데, 이 교리는 어떤 특정 개인에게 믿음이 주어졌고 다른 사람에게는 주어지지 않았다는 교리이다. 하지만 인간이 할 수 있거나 혹은 할 수 없는 일이 한 가지 있는데 그것은 그들이 그들 자신의 신앙을 얻기 위해 할 수 있는 일이 없다는 사실을 받아들이는 것이다. 이러한 관점에서 인간이 그들의 구원을 성취하기 위해서 할 수 있는 한 가지는 이 구원을 성취하기 위해서 할 수 있는 일이 없다는 사실을 깨닫는 것이다. 이런 인정은 죄성의 인정recognition of sinfulness인데 이것은 우리가 진리를 소유하지 못한다는 것을 받아들이는 것이고 이것이야말로 진리를 얻을 수 있는 조건이 된다. 만약 믿음이 진리를 얻는 "조건"이 된다면 우리는 죄의식consciousness of sin을 그 조건을 위한 조건이라고 말할 수 있는데 키에르케고르 그 자신은 사람들로 하여금 그리스도를 믿게 하는 동력은 죄의식이라고 굳게 믿고 있었다. 예를 들어 역사적 지식은 그 자체로 믿음을 생산하기에는 충분하지 않은 이유는 그 자체로는 "학습자들에게 가장 깊은 자기반성을 발전시키지 못하기 때문인데" 이것은 "조건understanding을 위한 조건condition으로서의 죄의식이다"(PF, 93). 나는 죄의식이 있느냐 없느냐가 한 개인이 성육신과의 개인적인 반응을 할 수 있느냐 없느냐를 결정하는 것이라고 믿는다. 반응할 경우에는 믿음이 되고 반응하지 못할 경우에는 거치는 돌이 될 것이다.

엄격하게 말해서 죄의식은 사람이 그들 자신의 것으로 성취할 수 없는 것이다. 클리마쿠스는 인간은 계시에 의해서만 자신의 깊은 죄의식을 이해할 수 있고 그 죄의식은 "하나님만 가르칠 수 있는 것"이다(PF, 47). 우리가 하나님을 만날 때 얻어질 수 있고, 이때 하나님의 사랑과 우리 자신의 사랑의 차이가 발견되고 우리의 구원을 위해서 하나님이 얼마나 깊이 관여하시는지를 보게 된다.

하지만 우리 자신의 죄성을 발견하기 위해서 하나님과의 만남이 필수적이지만 이것으로 충분하지는 않다. 우리는 반드시 이러한 통찰을 받아들여야 하는데 그것은 우리의 이성이 제한적이라는 것을 이해하게 한다. 이것이 우리 자신을 위해서 우리가 반드시 해야 하는 것인데 클리마쿠스에 따르면 이것은 "사고실험"의 형태로서의 기독교의 현현과 소크라테스의 진리, 모든 사람은 이미 진리를 소유하고 있고 교사는 그 진리를 꺼내기 위한 산파에 불과하다는 관점 사이의 유일한 합의점을 제공한다. "어떤 사람도 진리를 소유할 수 없다. 이런 의식의 행위에 대한 소크라테스의 원리는 유효하다. 교사는, 그가 누구이든지 혹은 그가 심지어 신god이더라도, 하나의 경우occasion일 뿐이다. 왜냐하면 나는 나 자신의 비진리를 오직 나 자신에 의해서만 발견할 수 있기 때문이다"(PF, 14).

키에르케고르의 신앙에 대한 관점과
외재주의자externalist 인식론

3장에서 나는 고전적 정초주의에 대해서 간략하게 다루었는데 그 인식론적 관점은 현대 서구 철학에 만연하고 아직까지 넓은 문화권에서 중요한 역할을 하고 있다.[32] 이런 관점으로부터 보면 지식은 확실함을 요구하는데 사람은 그가 아는 것에 대하여 아는 능력이 있을 때 알게 되는 것이다. 확실성은 객관적 관점을 통해 얻어지는 것인데 이것은 우리의 감정적인 삶을 밖으로 내몰아 버릴 것을 요구한다. 기초적인 확실함은 우리의 인식적 삶을 근거로 하고 있고 다른 신념에 증거를 제공한다. 고전적 정초주의자들은 다양한 신념을 제공하는데 어떤 사람들은 존 로크를 따르는데 그는 지식의 수준을 더 이상 높이지 말고 이성적 수준으로 두어야 한다고 믿고 있었다. 하지만 이러한 이성적 신념은 증거가 반드시 있어야 하는 지식의 단점을 야기한다. 이러한 존 로크의 신념을 따르는 사람들은 증거가 제공되는 것만 믿는데 이러한 것은 아직도 현대 철학이 선호하는 것이다.[33]

이러한 관점에서 키에르케고르의 기독교 신앙에 대한 설명은 받아들일 수 없을 것 같은데 왜냐하면 신앙이 전혀 증거에 의존하지 않기 때문이다. 하지만 우리는 키에르케고르가 이미 이러한 인식론적 관점에 대한 도전을 제기했다는 것을 볼 수 있는데 특별히 도덕적 신념과 종교적 신념과 관련되어서이다. 그의 관점에서 볼 때 확신함이란 얻을 수 없는 것인데, 논리적 체계에서는 하나님에게는 가능할지 몰라도 실존적 체계에서의 인간에게는 불가능한 것이다(CUP, 109). 우리가 성취할 수 있는 진리는 우리 자신을 우리의 감정으로부터 멀어지게 해서 순전히 객관적이 되는 것으로 얻어지는 것이 아니라 올바른 감정을 요구하고 발전시키는 것 바로 "주체성"subjectivity을 발전시키는 것이다. 현대 철학에 만연해 있던 인식론의 형태에 대한 이러한 도전은 키에르케고르가 믿음에 대해서 설명할 때 계속되어 진다.

현대 철학은 전형적으로 인식자the knower에 대해서 무시하였고 오로지 증거에 대한 질문에 집중하였다. 키에르케고르의 관점에서 보면 이것은 오류인데 왜냐하면 우리가 알 수 있는 것은 그 인식자가 누구인가에 따라 결정되기 때문이다. 현대 인식론적인 관점에서 발달된 것은 "덕의 인식론"virtue epistemology인데, 이것은 적절한 지식은 그 인식자와 선한 인식자good knower가 가진 자질quality에 집중해야 한다고 주장한다.[34] 사람들은 비윤리적인 사람이 깊은 윤리적 이해를 소유한다고 기대하지 않는다. 이러한 관점으로부터 종교적인 진리를 파악할 수 있는 인간의 능력은 그 증거를 소유하고 있는지 없는지 보다는 이러한 겸손과 같은 지질의 획득에 있다는 것을 이해할 수 있다.

고전적 정초주의자의 인식론에 대한 또 다른 도전은 "외재주의"externalism이라고 명명되는 현대적 인식론에서 발견된다. 이 외재주의는 정초주의의 한 부분인 "내재주의"internalism의 반대개념이다. 내재주의자들은 그들이 지식이나 이성적 신념을 결정하는 것은 자신들의 생각mind에 있는 것을 분석함을 통해서만 가능하다는 사실을 견지한다. 그래서 지식이나 이성적 신념은 의식을 향한 내부에 있는 것에 의존한다. 고전적 정초주의자들은 대체로 인식론의 과제를 지식과 이성적 신념에 대한 주장을 평가하는 것으로 보고, 이것이 측정 가능한지를 살펴보는 것인데, 강조된 가정들이 우리 자신의 생각을 살펴봄을 통해서 가능한지를 살펴보는 것이다. 우리가 정확한 증거들에 접근할 때, 지식과 이성적 신념이 나타난다.

이러한 인식론은 이성이 뒷받침해주는 어떤 권위가 인정하는 그러한 지식에 대해서 강조한다. 이러한 인식론적 기계로 무장해서 철학자들은 회의론자를 물리치고 거짓된 지식과 참된 지식을 구분하고 이성적 신념과 비이성적 신념을 구분한다. 어떤 사람들은 이 프로그램을 "야심적인 인식론"[35]이라 부를 것이다. 하지만 모든 철학자들이 이 프로그램이 수행하는 것을 동의하지 않는다.

대안이 있는가? 아마도 회의주의를 반박하고 야심적인 인식론이 포기하는 것을 보증할 수 있는 지식이나 신념을 주는 것은 철학의 영역을 벗어난 것일 수도 있다. 아마도 인간이 지식이나 이성적 신념을 가졌는지는 우리의 외부의 세계와의 관계에 의존하는데, 우리의 생각안에서 나타나는 것에만 의존하지 않을 수 있다. 우리의 뇌는 원래는 외부의 세계와 연결된 연결망의 일부인데, 그러나 우리 뇌가 그 연결망과 상관없이 혼자 떨어져 나와서 거대한 통 안에서 홀로 있게 된다면 brains in vats 통 안에서 전선과 연결되어 전기의 자극을 받아서 움직여서 우리가 가질 수 있는 경험을 생산할 것이다. 원래 뇌는 외부 세계의 자극을 받아 경험을 생산하는데 단지 통속에서 전기 자극을 받아 경험을 생산한다는 것은 거짓일 가능성이 많다. 만약 그렇다면 우리 모두는 속임을 당하게 되고 진리를 발견하지 못할 것이다. 외재주의의 관점에서 본다면, 지식은 우리가 안다고 생각하는 그 외부적 실제와 정확하게 연결되어 있다. 우리 능력들 faculties이 믿을만하다면, 그들이 상황에 적절하게 맞게 기능한다면, 우리가 지식이나 합리적인 신념을 가질 수 있는데, 하지만 이러한 조건들이 갖추어져 있는지에 대한 보장은 할 수 없다.

외재주의자들의 인식론은 급진적으로 다른 두 가지 영향으로부터 영감을 받았다. 한편으로는 진화사상가들은 자연적인 능력으로서 지식과 신념에 대해서 강조해왔는데, 이 능력은 반드시 진화되어왔고, 그래서 우리로 하여금 환경에 대처하게 하였다는 관점이다.[36] 다른 철학자들은 종교적인 관점에서 영향을 받았는데, 인간의 능력들faculties은 하나님의 선물이기에, 본질적으로 신뢰하지 못하거나 속이는 것이 될 수 없다는 관점이다.[37] 두 관점 모두 인간 인식자의 유한함을 강조하였다. 우리는 피조물인데, 우리의 능력들faculties과 환경을 신뢰함으로 뭔가를 시작해야만 하는 존재이지 그 주어진 기능이나 환경을 활용하기도 전에 어떤 조건이 가능하도록 보장을 요구하는 그런 존재는 아니다.

이러한 외재주의와 덕의 인식론의 관점에서 본다면, 키에르케고르의 기독교 신앙에 대한 설명이 고전적 정조수의자들의 관섬보다 훨씬 너 이해가 된다. 외재주의의 핵심은 지식이 외부세계와 정확하게 연결되어 있는지가 중요하다는 주장인데, 이러한 외부세계와의 연결이라는 주장은 이러한 경우가 우리가 항상 확인할 수 있는 어떤 것은 아니라는 것이다. 그 실제와 정확하게 연결된 우리의 능력은 부분적으로 인간존재human being로서 우리가 소유한 자질quality에 의존되어있다. 인간의 외부가 아닌 인간의 내면적인 자질과 관련이 있다. 우리가 알거나 정확하게 믿을 때, 이것은 그 과정을 신뢰trust하는 것으로 가능한데, 이 과정은 우리로 하여금 그 실제를 "추적하게" 한다. 키에르케고르는 우리로 하여금 "죄의식"이라고 불리는 주체성의 발달이 어떻게 우리로 하여금 하나님의 실제를 추적하게 하는지를 보기 원한다. 그는 철학이 우리에게 이러한 추적을 가능하게 한다고 생각하지 않는다. 하지만 고전적 정초주의자가 이러한 일에 실패한다면 그들은 인간에 대한 기본적인 어떤 질문에도 대답하지 못할 것이다.

8장

불확실성 시대를 위한 철학적, 신학적 통찰

기독교 철학자로서 키에르케고르는 현시대를 향해 이중적 도전을 제시한다. 한편으로는 그는 기독교적 실존의 그림을 제공하는데, 이는 인간 실현을 위한 가장 높은 가능성으로 제시된다. 이러한 인간의 관점은 다원화된 현 세상에서 다른 종교적 믿음에 뿐 아니라 세속적 세계관에도 도전을 던진다. 하지만 키에르케고르의 "국교화된 기독교"에 대한 비판은 현시내의 기독교교회 특히 그 시대의 문화와 동일시 되어버린 기독교뿐 아니라, 교회 자체가 키에르케고르가 말하는 "공고해진 질서"가 되어버린 것에 대해 강하게 도전을 제기한다. 이 결론적인 장에서 나는 키에르케고르의 기독교적 실존이해가 이 두 가지 도전에 모두 정당함을 설명할 것이다.

절망과 실존적 일치unity를 위한 추구

키에르케고르의 가장 영향력 있는 책 중의 한 가지는 『죽음에 이르는 병』이다. 이 책은 가명저자 안티-클리마쿠스의 이름으로 저술되었지만 훗날에 키에르케고르 자신의 작품임이 밝혀졌다. 이때는 키에르케고르가 기독교적 성격에 대해서 집중적으로 다루고 있을 때인데, 그는 이 저서들을 초기에 가명으로 저술하였던 "미학적"인 저서들과는 현저한 차이를 두었다. 키에르케고르는 처음에는 『죽음에 이르는 병』을 그 자신의 실명으로 출판하려고 하였지만, 이 책에 제시된 기독교적 이상이 그가 생각하기로 많이 부족하다고 생각되어서 실명으로 출판할 것을 고민하였다. 이 문제의 해결은 그가 일종의 이상적 기독교인으로서 "안티-클리마쿠스"라는 인물을 창조한 것인데, 전혀 기독교인이 되지 말라고 주장했던 "요하네스 클리마쿠스"와 대척되는 인물이다. 안티-클리마쿠스는 이러한 관점에서 진정한 가명이었는데, 키에르케고르 자신의 것이 아닌 관점을 구현한 인물이 된다. 하지만 이것이 키에르케고르가 이 책에 나타난 관점들을 반대하였다는 의미는 아니다. 이 책에서 표현된 관점은 그가 개인적으로 성취하기 위해 "분투"하였다는 것이다.[1]

『죽음에 이르는 병』은 20세기 "실존적 심리학"에 관련된 가장 영향력 있는 책 중의 하나이다. 이 책에서 안티-클리마쿠스는 절망의 심오한 분석을 제공하였는데, 절망을 단순한 하나의 감정으로 본 것이 아니라, 우리가 말하는 "절망"이라는 감정을 통해서 알려진 존재의 상태에 대해서 이해한 것이다. 본질적으로 절망에 빠진 사람은 온전한 자신이 되는 것에 실패한 사람이다. 자신이 비어져 있는 깨달음은 보통 절망이라고 부르는 감정을 야기하는데, 안티-클리마쿠스는 자기가 비어져 있다는 것을 깨닫지도 못한 채 그 상태에 있는 사람들이 많다고 생각하였다. 이 책은 3장에서 논의되었던 자신이 된다는 것이 무엇을 의미하는 것인가에 대한 기술로 시작되는데, 여기에서 자신은 "그 자신이 또 다른 것과 관계함"을 통한 "자기 자신과 관계하는 관계"로 묘사된다.[2] 나는 여기서 이러한 인간됨의 의미의 함축점을 발전시키기 이전에 3장에서 밝힌 이 부분에 대한 내용을 간단히 다시 정리할 것이다.

나는 인간 자신이 서로 모순되는 성질로 혼합된 역설적인 존재라는 키에르케고르의 관점을 여러 번 언급하였다. 『죽음에 이르는 병』에서 안티-클리마쿠스는 이러한 주제를 계속적으로 발전시킨다. "인간은 유한과 무한의 종합이며 시간과 영원의 종합이며 자유와 필연성의 종합인데 결국 종합이다"(SUD, 13). 하지만 인간을 이렇게 보는 관점은 자기 자신이 무엇을 의미하는지를 알기에는 충분하지 않은데 자기됨이란 단순한 관계가 아니라 서로 떨어져 있는 요소들을 연결 짓는 행위이며 그 행위는 자기의식에 의하여 수반되는 행위 그 자체이고 그리하여 그 자신과 관계를 가진다. 하지만 이 그림은 여전히 복잡한데 왜냐하면 인간은 자율적인 개체가 아니기 때문이다. 그들이 그들 자신에 대해서 자기 의식적으로 성찰할 때 진정한 자기의 빛 아래서 행하여지는데 그것은 일종의 정체성을 제공한다. 정체성을 제공해주는 이러한 이상(ideal)은 자기 자신에 의하여 창조되는 것이 아니라 자기 자신의 바깥의 어떤 것과 관계 맺음을 통해서 발전한다. "인간 자신은... 인간 자체는 일종의 파생된 존재인데 관계를 기정사실로 하는 존재인데 하나의 관계는 그 자신과 그 자신을 관계하며 이러한 관계 맺음은 타자와 관계 맺는 그 자신을 관계한다"(SUD, 13-14).

하나님의 피조물로서 인간은 하나님과 관계 맺도록 만들어졌다. 형이상학적으로 인간은 바로 그 존재 때문에 하나님을 의지해야 하는데 그것이 하나님과의 관계를 의도하게 한다. 하지만 하나님은 인간에게 자유를 부여하셨으며, 이것은 그들로 하여금 하나님 외에 다른 것에 근거를 두는 것이 가능해졌다. "이것은 하나님이 인간을 관계의 존재로 만드셨고 그것은 인간으로 하여금 하나님의 손에서 벗어나도록 허락한 것이다"(SUD, 16). 안티-클리마쿠스는 인간이 하나님 외에 다른 것에 자신의 근거를 두려고 할 때 자신을 구성하는 대조적인 요소들을 묶는 "종합"은 허물어진다는 것을 보여주었다. 그는 이러한 자기 자신됨의 상실을 절망이라고 불렀다. 절망이 완전히 제거되었을 때 이상적인 상태와 대조해서 보면 절망의 의미가 더 분명해진다. "자기 자신과 관계함으로써 그리고 자기 자신이 되기를 원함으로써 자기 자신을 정립한 힘에 투명하게 근거를 두고 있다"(SUD, 14).

인간은 의존적인 존재로 자기와 바깥의 어떤 것과 관계하는 관계에 의해서 그 자신과 관계한다. 안티-클리마쿠스에 따르면 그것 때문에 두 종류의 절망이 나타난다. 만약 인간이 완전히 자율적인 존재이고 자기 결정적인 정신spirit이라면, 만약에 인간이 사르트르가 생각한 것 같은 그런 종류의 인간이라면, 자아 됨을 상실할 수 있는 한 가지 유일한 길은 "그 자신이 되기를 의지적으로 하지 않는 것"이다(SUD, 14). 실제로 자기됨을 실패하는 두 가지 방법이 있는데 하나는 자기 자신이 되기를 의지하지 않는 것으로부터 비롯된 것이고, 다른 하나는 자기 자신이 되는 것으로부터 비롯된 것이다.

이상적인 자기는 하나님이 각 개인에게 되기를 의도했던 것인데 그 이상을 실현하지 못하는 데에는 두 가지 절망이 있다. 약함에 의한 절망은 그 이상을 실현하는 것을 수동적으로 실패하는데 이러한 자기는 그 자신이 되기를 의지하지 않는다. 하지만 반항하는 절망은 새로운 자기 자신을 창조하기 위해서 능동적으로 움직인다. 자기의식은 그 자신의 실제적인 자기로부터 물러서서 그 자기와 협상하는 것을 허락한다. 반항적으로 절망하는 사람은 그가 반드시 되어야 하는 것으로 설정된 이상적 자기가 되는 것을 거부하고 하나님이 그에게 주신 자기의식에 자유를 활용하여 새로운 자기를 창조하기를 노력한다.

그는 무한이라는 형식의 도움을 받아서 부정적인 자기를 변화시키려 하였다. 이는 부정적인 자기의 무한한 형식의 도움을 통하여 나타난다. 그러므로 그 자신이 되기를 원한다. 이 말은 다른 사람들보다 조금 일찍 시작하기를 원하는 것인데, 그것은 이미 시작한 것in the beginning이지, 더불어 시작하는 것with the beginning은 아니다. 그는 자기 자신이 되는 과제를 그 자신의 것으로 받아들이기를 원하지 않고, 외부로부터 주어진 것으로 받아들이기를 원하지 않았다. 단지 그는 무한의 형식의 도움을 받아 자기 자신을 창조하기를 원하였다 (SUD, 68).

이러한 사람은 그 자신이 창조주인 것처럼 하나님의 자리를 차지하려고 할 것이다. 이러한 그림은 우리가 3장에서 보았듯이 사르트르의 실존주의와 매우 유사한 것을 알 수 있다.[3]

안티-클리마쿠스는 절망에 대한 두 가지 다른 관점을 보여주려고 한다. 첫째, 그는 절망의 증상에 대해서 말하는데 이것은 한 개인이 그 자신과 올바른 관계를 맺지 않음으로 나타나는 여러 종류의 병리학적인 현상을 설명하였다. 그리고 그는 절망의 형태의 현상학적인 기술을 제시하는데 인간이 얼마나 절망을 의식하는지에 대한 정도를 살펴봄으로 제시한다. 나는 절망을 서술하고 분석하는 방법에 대해서 간략히 설명할 것이다.

증상에 따라 분석된 절망의 형태

앞에서 보았듯이 모든 인간은 "종합"이 되려는 경향이 있거나 혹은 시간과 영원, 자유와 필연, 무한과 유한의 관계가 되려는 경향이 있다. 안티-클리마쿠스는 사람이 하나님과 그 자신의 관계를 적절하게 갖지 못하면 그 종합은 조화롭지 않은 결과를 가져올 것이고 서로 다른 요소들과의 관계를 제대로 형성하지 못할 것이라고 주장하였다. 이러한 부조화적인 관계는 일방적인 형태로 나타날 것인데 종합에 있어서 상대적으로 한 가지 요소가 다른 요소보다 훨씬 더 위축되거나 혹은 더 발달한 형태가 될 것이다. 각각의 경우에 안티-클리마쿠스는 하나님과의 적절한 관계가 그 병리적 이상을 해소할 것이라고 주장하였다.

다양한 병리적 형태의 서술은 공식처럼 정형화되어 있는데 키에르케고르는 이러한 것들이 "대수적algebraic" 특징을 가졌다고 말하였다.[4] 그리하여 무한성의 절망은 유한성의 결핍에 의하여 특징되어지고 반면 유한성의 절망은 무한성이 결핍된 것이다. 가능성의 절망은 필연성이 결핍된 것이고 반면 필연성의 절망은 가능성이 결핍된 것이다. 재미있게도 안티-클리마쿠스는 시간성과 영원성이라는 양극체제에 관련된 절망의 형태를 묘사하지는 않는데 이 짝은 초기의 종합의 요소에 포함되어 있었다. 아마도 네 가지 예를 제공함에 있어서 그는 독자들에게 절망의 두 가지 형태가 무엇인지 생각할 수 있도록 내버려 둔 것 같다. 혹은 세 개의 양극체제는 인간 자신의 역설적 구조(영원과 시간, 무한과 유한, 가능성과 필연성)를 묘사하기 위하여 사용되었는데 이것은 다른 요소들을 표현한 것이 아니라 단순히 한 가지 근본적인 이중성을 묘사하는 세 가지 방법인 것이다. 만약 그렇다면 시간성의 결여에 의해서 특징되어지는 절망과 영원성은 아마도 다른 요소에 이미 나타났을 것이다. 확실히 이러한 관점에서는 영원성, 무한성 그리고 가능성은 연결되어 있는데 또 다른 측면으로 시간성, 유한성, 필연성 역시 강하게 연결된 그룹의 형태이다.*

*옮긴이 주
단순하게 두 양극의 차이에 대한 종합이 아니라 여기서 나타나는 세 가지 예는 근본적으로 이중적 혹은 다원적인 것을 상정하고 있고 그러한 것들을 묘사하는 또 다른 세 가지의 방법으로 설명되고 있다. 키에르케고르의 이런 접근법은 그가 이미 이 세상을 다원적, 다양성 그래서 역설적으로 해석하고 있고 이 다원성 혹은 다양성을 표현하는 방법을 고민한 것이다. 다시 말하면 이러한 다양성을 설명할 수 있는 방법을 역설성에서 찾고 있다.

그리하여 무한성의 절망은 유한성이 결여된 절망으로 묘사되고 있다. 무한성에 사는 사람은 상상력을 통해서 사는 사람인데 "무한함의 매체"라고 묘사된다(SUD, 30). 상상력 그 자체는 인간 삶에 필수적인데 "모든 능력을 위한 능력"이 되고 사람이 "느끼고, 알고 그리고 의지하는 것"을 통해 사람이 성취할 수 있는 것으로 한계를 설정한다(SUD, 30-31). 무한성의 절망에 사로잡혀 있는 사람의 문제는 그 상상력이 그 사람으로 하여금 무한대로 이끌어가기 때문에 실제 그 자신과는 거리가 멀어지게 하지만, 그 사람은 유한성과의 구체적인 관계가 결여하기에 그것은 다시 자기 자신으로 돌아오게 한다(SUD, 31). 예를 들어 감성을 고려한 나머지 이러한 개인은 감상주의에 빠지게 되고 변덕스러운 감정은 그의 실제적인 삶과 연결되지 못한다. 그는 가난한 사람들의 고통 때문에 고민에 잠겨 있을 수 있을 것이고 혹은 그가 죽음을 마주하는 인간성의 용기를 통해서 영감을 얻을 수 있을 것이다. 하지만 이러한 감정은 그가 만나는 가난한 사람들의 역경을 경감시키기 위한 어떠한 일을 하도록 그를 움직이게 하지 못할 것이고 혹은 그로 하여금 어떤 악에 협박당할 때 용기 있게 행동하도록 그를 움직이게 하지 못할 것이다. 그의 감정은 너무나 추상적이어서 그 감정들은 이 세상에서의 실제적인 목적에 참여할 수는 없다.

똑같은 질병이 무한성의 절망에 사로잡혀 있는 사람의 의지에 영향을 미칠 것이다. 그는 위대한 해법을 만들고 어떤 위대한 어떤 것을 의지하지만 그러한 의지는 기필코 구체적이거나 특별한 것이 될 수 없다. 그는 아마도 아름다운 꿈과 목적을 가질 것이지만 그가 취해야 하는 구체적인 단계에 대해서는 전혀 생각하지 않을 것이다. 아마도 그는 에이즈의 치료법을 발견하려는 의사가 되고 원하지만 그는 과학을 배우려 하지 않을 것이다. 그는 아마도 전 지구적인 빈곤을 퇴치하려고 하지만 어떻게 그 자신의 삶에 모습을 바꾸어서 그의 이웃에게 구체적인 어떤 것을 할지에 대해서는 생각하지 않을 것이다.

무한성의 절망은 지식과 관련되어서도 가능하다. 클리마쿠스는 건강한 자기는 지식이 증가하는데 이것은 결국 자기 지식을 증가시키는 것이라고 말했다(SUD, 31). 내가 지식을 얻으려고 할 때 나는 왜 그 지식이 가치있고 왜 내가 추구해야 하는지에 대한 생각을 하게 된다. 하지만 무한성의 절망에 빠져있는 사람은 지식 그 자체에 의해서 넋이 빠져있다. 그는 아마도 천문학이나 고대의 동전 혹은 새의 깃털의 종류에 대해서 모두 알 것이다. 이러한 지식은 물론 재미있고 흥미롭고 이러한 흥미가 이 지식을 가치있게 하지만 이 세상을 단순하게 살아가고 그 자신에 대해서 호기심이 없거나 인간으로서 자기 자신의 과제에 대한 흥미가 없는 사람들에게는 진정한 자기가 되기보다는 삶의 구경꾼으로 만들어버리고 만다.

무한성의 절망은 안티-클리마쿠스가 말한 가능성의 절망과 비슷해 보이는데, 이것은 필연성이 결여된 것이다. 이런 종류의 사람들은 가능성의 세계에서 상상하는 것으로 인하여 뭔가를 잃어버리고 만다. 우리는 이러한 사람들을 "꿈같은 세상에 사는 사람"이라고 부르는데 그들의 삶은 실제가 아니며 안티-클리마쿠스는 실제성의 상실은 필연성의 결핍임을 주장한다. "가능성의 거울은 일상적인 거울이 아니다. 이것은 최대한 주의를 많이 기울여 사용해야 한다. 이 거울을 아무리 최대한으로 잘 활용한다고 하더라도, 이 거울은 진실을 말하지 않는다. 자기$_{self}$가 자기 자신$_{itself}$의 가능성으로 나타난다는 것은 반쪽 진실인데, 이것은 자기 자신의 가능성 안에서 그 자기는 자기 자신과는 아직 거리가 멀고, 여전히 자기 자신의 반쪽이기 때문이다"(SUD, 37). 가능성은 "즉흥적으로 파티에 참여하기를 원하는 아이들을 위한 어린아이의 초대"와 같은 것이고, 필연성은 그 아이들의 부모와 같이 그 파티가 실제로 열리도록 허락해야 하는 사람들이다(SUD, 37).

어떤 사람이 다양한 방법의 가능성 안에서 무언가를 잃어버릴 수 있지만, 안티-클리마쿠스에 따르면 그러한 방법들에는 두 가지 근원적인 형태가 있다(SUD, 37). 한 가지는 가능성을 "욕망"하거나 "갈망"하는 것이다. 여기서 한 사람은 무엇인가를 욕망함으로 시작하고 결국은 욕망 그 자체의 상태를 단순히 욕망하는 것으로 끝내버리고 만다. 이것은 사랑에 빠진 사람이 실제 어떤 사람과의 관계를 발전시킴을 통해서 사랑을 완성해나가는 것을 향유하는 것이 아니라, 처음 그 관계의 시작에서 그 아찔한 가능성의 감정에 압도되어버리는 것을 즐기는 것이 된다. 두 번째 형태는 "우울함이 가득한 상상력melancholy-imaginary"의 형태이다. 이것은 더더욱 비현실적인 형태이다. 한 사람이 무언가에 의해 도취되었을 때 그것은 실제로 가능한 어떤 것을 욕망함으로 도취된 것이 아닌, 가능성과 관련된 두려움, 걱정 혹은 희망에 의해 도취된 것으로 이것은 사람들의 실제적인 삶과는 별 상관이 없다.

안티-클리마쿠스에 따르면, 무한성/가능성의 절망과 대치되는 형태는 무한성이 결여된 유한성의 절망, 가능성이 결여된 필연성의 절망이다. 전자의 형태는 중산층 순응주의자의 절망으로 홍Hong이 번역한 단어로는 "원시성"primitivity/*Primitivitet*이 결여된 사람들인데 이것은 진정성 혹은 고유성으로 번역할 수 있다. 유한성의 절망은 무엇인가 되기를 의도하였던 개개인의 절망에 필연적이다.

모든 인간은 원초적으로 하나의 자기가 되기를 의도하였는데, 자기 자신이 되는 것이 목적이었다. 그러한 모든 자기는 확실히 모가 난 것이지만 이것으로부터 그것은 단지 모양에 맞춰져 있어야 한다는 것, 그것이 매끄럽게 갈려져야 한다는 것, 완전히 자기 자신을 포기하는 것이 다른 인간이 된다는 두려움에서 오는 것이 아니라는 것을 따를 뿐이다 (SUD, 33).[5]

현대사회의 확실성을 어리둥절하게 만드는 선포적인 단어들을 가지고, 클리마쿠스는 이러한 유한성의 절망과 앞에서 살펴보았던 무한성의 절망의 차이점을 설명한다.

한 종류의 절망은 무한한 광야로 나가서 자신을 잃어버리고, 다른 종류의 절망은 "타자"에 의해서 형성된 그 자기가 되도록 허락하는 것과 같은 절망이다. 그런데 이것은 일종의 속임수와 같은 것이다. 군중에 의해서 둘러싸여 있고, 온갖 세속적인 일에 분주하며, 세상의 방법에 더욱더 약삭빠르게 되는데, 이러한 사람은 자기 자신을 잊어버리고, 그의 이름에 부여된 신성을 기억하지 못하고, 그 자신을 신뢰하는데 용감하지 못하고, 자기 자신이 될 만한 위험을 감수하지 못하고, 아주 쉽고 안전하게 다른 사람과 같이 되고, 복제물이 되고, 숫자가 되고, 군중 속의 한 사람이 된다(SUD, 33-34).

유한성의 절망이 순응주의의 절망이라면 필연성의 절망은 운명주의의 절망이다. 안티-클리마쿠스는 인간 삶에서의 가능성과 필연성의 기능에 대해서 영리한 언어의 비유를 통해 설명한다. 그는 가능성은 말로 나타나야 할 모음과 같고 "필연성은 순전한 자음과 같다"라고 말했다(SUD, 37). 순수한 가능성으로 산다는 것은 어린아이들의 모음 소리의 순전함과 같은데, 이것만으로는 분명한 것과 정확한 것을 표현할 수 없다. 모음만으로는 정교한 말을 할 수 없지만, 이것이 없으면 어떤 것도 말로 나타날 수 없다. 비슷하게 "인간이 가능성이 결여된 어떤 곳으로 인도함을 받는다면, 그것은 절망 속에 있는 것이고, 모든 절망의 순간에 가능성이 결여된다(SUD 37). 같은 생각이 다른 생생한 상상을 통해서 표현되는데, 그것은 숨을 쉬는 것과 비교되는 인간의 실존이다(SUD, 40). 산소 없이는 숨을 쉴 수 없지만, 순수한 산소만으로 숨을 쉴 수는 없다. 가능성은 영적인 산소이지만, 이것 없이는 인간이 살아갈 수 없는데, 인간은 순수한 가능성만으로 살아갈 수 없다.

안티-클리마쿠스는 하나님과의 관계가 이 두 가지 종류의 절망을 치유하는 해독제가 된다고 말한다. 한 개인이 가능성/무한성 안에서 자신을 잃어버리든지 아니면 필연성/유한성에 매여 있든지 하나님과의 관계가 치유의 가능성을 제공한다. 한편, 인간이 피조물이라는 사실은 순수한 가능성/무한성으로부터 나와서 유한성/필연성을 인지해야 하는 것으로 인도한다. 하나님의 창조물로서 인간은 자신의 위치가 결정되어있고, 말하자면 자신의 실제 상황을 벗어나는 시도는 일종의 반역이 된다. 하지만 하나님 역시 유한성/필연성에 사로잡힌 절망의 해독제가 된다. 하나님은 우리를 개별자로 창조하였는데 영적으로 이해하면 우리는 각자 독특한 이름이 있다. 그래서 하나님은 우리가 그가 창조하였던 것처럼 개별자가 되기를 원하시는데, "타자"가 생각해야만 하는 것의 두려움을 통해 자신은 잃어버리지 않기를 원하신다. 하나님은 모든 것을 가능하게 하시는 분인데, 모든 것이 상실될 때, 우리 희망의 유일한 근원이 되신다(SUD, 38-39).

의식의 정도에 따라 분류된 절망

안티-클리마쿠스는 절망을 증상에 의해서 분류하는 것 외에 사람이 절망을 의식하는 정도에 의해서 분류되는 또 다른 절망의 형태에 대해서 서술한다. 이 분류는 절망을 의식하는 정도에 따라 나타나는데, 절망의 상태를 의식하지 못하는 수준에서부터 출발하여 절망을 의식하지만 희미한 상태, 절망의 본성에 대해서 혼동하는 상태를 거쳐 완전히 절망을 의식하는 상태로 구분한다.

어떤 사람은 절망을 인식하지 못한다는 개념이 불가능하다고 말할 것이다. 만약 인간이 완전히 그들 자신으로 투명하게 되고, 데카르트적인 자아가 의식에 의해서 완전히 결정된다면 그럴 것이다. 하지만, 키에르케고르는 니체와 프로이트와 같은 심층심리학자로서 인간의 완전한 투명함이란 일종의 이상이지 실제가 아니라고 본다. 우리가 불안을 우리의 근원적인 상태로 받아들인다면 인간이 이것을 인지하지 못하고 그 상태에 있다는 것은 그리 놀라운 일이 아닐 것이다.

이러한 절망의 관점은 안티-클리마쿠스의 주장에 함축되어 나타나는데, 절망은 그 안에 있는 사람의 본질적인 상태이다. 누구도 이유 없이 절망에 빠지지는 않는다. 만약 우리가 일자리를 잃거나 여자 친구와 헤어진 그 사람을 가리켜 절망에 빠져있는 것이라고 한다면, 그것은 본질적인 것이 아니다. 그 사람이 "내가 일자리를 잃지 않고 여자 친구와 헤어지지 않았기에 절망에 빠지지 않는다. 그 상실이 나의 절망의 근거이다"라고 말하는 것은 자연스럽다. 클리마쿠스는 여기에 2가지 실수가 있다고 본다. 한편으로 그가 말하기를 모든 절망은 자기와 관련된 것over으로 자기 바깥의 어떤 것은 아니다(SUD, 19). 절망의 진짜 이유는 그의 일자리 상실이나 여자 친구와의 헤어짐이 아니라, 일을 상실하고 여자 친구와 헤어진 바로 그 자신이 되는 것을 의지적으로 하지 않음에 있다. 하지만 실수는 더 깊어진다. 일자리를 상실하거나 여자 친구와 헤어지는 일은 부수적인 것이지만, 사람이 절망에 빠지는 것은 부수적인 어떤 것이 아니다. 일자리를 상실하거나 여자 친구와 헤어지는 것이 정말로 보여주는 것은 인간은 그 존재 내내 절망에 빠져있다는 것이고, 그의 정체성은 너무나 깨지기 쉬워서 자기됨의 근거가 될 수 없는 것에 근거하고 있다는 것이다(SUD, 24). 이러한 연약한 정체성의 근거가 산산조각이 나면 자기의 공허함이 드러난다.

안티-클리마쿠스는 절망은 보편적이며 이것이 사람들에게 영향을 주는 단순한 정신병적 이상이 아니라고 주장하였다(SUD, 22). 그 자신의 상태에 대해 무지한 절망은 유익하지 않은 것인데, 이것은 사실 가장 위험스러운 종류의 절망이다. "절망 그 자체는 부정적인 것이다. 그리고 이것을 모른다는 것은 새로운 부정성이 된다. 하지만 진리에 도달하기 위해서는 우리는 반드시 모든 부정성을 통과해야 한다. 어떤 마법을 깨는 것에 대한 오래된 전설은 유효한데, 그 주문은 거꾸로 재생되어야 한다. 그렇지 않으면 그 마법에서 벗어나지 못한다(SUD, 44).* 절망에 대한 무지가 윤리적 관점에서 보면 의식적인 질망보다 더 순수한 것이지만, 의식적으로 절망을 아는 사람은 그 상태를 인지하는 장점을 지녔는데, 이것은 치료를 가능하게 한다.

자기 자신에 대한 의식이 결여된 절망은 실제로 인간이 되어야 할 정신의 자각이 결여되어있다. 자기가 된다는 것이 무슨 의미인지에 대한 감각이 없다는 것, 혹은 더 나쁘게는 하나님 외의 다른 것에 근거하고 있는 자신에 대한 감각을 가진다는 것은 안티-클리마쿠스에게는 정신이 결여된 것spiritlessness이다.

*옮긴이 주
거꾸로 재생되는 것, 뒤를 돌아봄을 통해 이루어지는 일은 무지의 부정성과 절망 그 자체의 부정성을 마주하고 들추어보는 것을 말한다. 뒤를 돌아보는 것이 앞으로 나가는 전진의 의미는 아니지만 이것을 통과해야만 문제 해결이 가능하기 때문이다.

자기 자신을 정신으로 의식하지 못하거나 혹은 정신으로 하나님 앞에서 개인적으로 자기 자신을 의식하지 못하는 모든 인간 실존, 하나님 안에 투명하게 안착하지 못하고 추상적 보편적인 것에 헛되이 거주하는 실존, 그 자신의 능력의 근원에 대한 깊은 깨달음이 없음으로 되어감becoming이 되지 못하는 실존, 그 자신의 능력을 단순히 생산하는 힘으로 간주하여 어두움에 거주하는 모든 인간 실존, 모든 것을 다 이해하려고 노력하여도 설명할 수 없는 실존-그러한 모든 실존은 무엇을 성취하든지 아주 놀라운 것이 되고, 어떤 것을 설명하든지 실존의 모든 것이 된다. 하지만 미학적으로는 강력한 삶을 즐기게 된다-그럼에도 불구하고 이러한 모든 실존은 절망에 빠져 있다(SUD, 47).

안티-클리마쿠스가 이교도에 우수한 중요한 한 가지가 있다고 말하였지만, 이것은 이교도들에게나 국교화된 기독교인들에게도 중요한 것이다. 이교도의 그 정신spirit은 결여되었어도 "그들은 여전히 그 정신을 향하려고 하고 있다"(SUD, 47). 어떤 사람들은 이교도들이 정신을 향하고 있고 아마도 그것을 갈망하고 있다고 말한다. 하지만 국교화된 기독교 안에서는 다르게 말하고 있다. "국교 안에서의 이교도주의는 정신으로 가야 하는 길과는 완전히 다른 방향으로 가면서 정신이 결여되거나 다른 길로 빠져버리게 되어 엄격한 의미에서는 결국 정신없음spiritlessness이 된다"(SUD, 47).

안티-클리마쿠스는 더 높은 의식의 단계로 나아가는데, 그것은 어느 정도 절망에 대한 의식의 정도가 있는 단계이다. 하지만 절망에 대한 의식을 가졌다는 것이 절망의 본성에 대해 진정으로 이해하는 것의 필수요소는 아니라는 것을 강조한다. 실제로 안티-클리마쿠스는 절망에 대한 의식의 가장 극단적인 정도는 인간에게 가능하지 않은 것이지만 우리는 그것을 이상적인 형태로 보아야 할 것임을 제안하였다. 절망에 무지하다는 것은 일종의 근사치적인 접근이다. 자신이 절망에 있다는 것을 완전히 모르는 사람은 아무도 없을 것인데, 그 사람은 자신과 관련된 걱정이나 불편함이 없는 사람이다(SUD, 48). 비슷하게 "자신의 존재가 절망에 있다는 것을 완전하고 분명하게 의식하는 것"(SUD, 47)이 가능한지는 의문이다. 그래서 절망에 빠져 있지만 그 절망의 속성에 대해서 다소 혼동하는 것이 흔한 일이다. 절망의 모든 형태는 자기인식과 자기기만의 상호 관계를 포함하고, 인간은 실제로 그 자신을 어두움에 두려는 기술이 있다. 이것을 실행하기 위해 "주위를 다른 곳으로 돌리려는 방법을 동원한다. 예를 들면 이러한 방법 중 한 가지는 일에 몰두하거나 자신을 바쁘게 내버려 두는 일이다"(SUD, 48).

어느 경우든지, 우리가 앞에서 서술하였던 종류의 사람이 되는데, 어떤 부수적인 상실과 관련된 절망에 빠져 절망에 대해서 의식은 하지만 절망의 상태에 대한 진정한 이해는 없는 사람이 된다. 이러한 절망은 "세속적인 절망"이다(SUD, 50). 이러한 질망은 이 땅에서의 좋은 것을 상실하는 것과 관련이 있다. 만약 이 세상에서의 좋은 것에 관련된 공허함을 느끼기 시작한다면 그는 "세속적인 어떤 것something earthly"과 관련된 절망으로부터 "세속적인 것과 관련된 절망despair over the earthly"으로 발전해 나간다. 안티-클리마쿠스는 이러한 상태를 "절망의 다음 형태를 위한 변증적인 초기적 표현"이라고 말하는데, 이것은 영원의 절망과 관련된 것이다(SUD, 60).

영원과 관련된 절망과 이 세상적인 절망세속적인 절망의 차이는 이 세상적인 절망은 "그의 연약함 그 자체in"에서의 절망이며, 영원과 관련된 절망은 "그의 연약함으로 인하여over"이다. "절망하는 자, 그 자신은 이 세상의 것을 중요하게 하는 것은 바로 그 연약함인데, 이 연약함은 절망으로 향한다는 것을 이해한다. 하지만 지금, 절망에서 바로 신앙, 그의 연약함으로 인하여 하나님 앞에 자신을 겸손하게 하는 신앙으로 바로 돌아서는 대신에 그는 그 절망, 그 자신의 연약함으로 인하여 그 절망에 더 깊어진다"(SUD, 61).

절망을 의식하는 낮은 수준에서는 사람들은 아직도 그들 자신의 영적인 특성을 분명히 이해하지 못하는데, 안티-클리마쿠스는 이것을 "연약함의 절망"이라고 묘사하고, 이것은 사람들이 자기 자신이 되어야 할 그 자신이 될 수 없는 절망의 종류이다. 이것은 "저항의 절망"과 대조를 이루는데, 이것은 아래에서 설명될 것인데, 사람들이 자신이 되기 위해서 적극적으로 노력하지만, 그 자신은 그가 창조된바 그 자신은 아니다. 영원의 절망은 아직 저항적defiance이지는 않은데, 안티-클리마쿠스에 따르면, 아직 연약함의 형태이다. "아들에게 유산을 물려주지 않은disinherit 아버지처럼, 자기self는 그가 아주 약하게 된 후로는 자기 자신itself에 대해 알기를 원하지 않는다"(SUD, 62). 하지만, 이러한 형태의 절망은 더 의식적이고 더 적극적인데, 자기self가 되기를 실패한 것으로 인한over 절망을 위하여 이러한 형태의 절망은 자기self의 영적인 특성을 의식하는 것을 요구한다. 안티-클리마쿠스는 이러한 연약함의 형태는 일종의 교만한 자기중심성이라고 말한다. 교만하다고 비난받을 때, 사람은 이것을 거부하는데, 그것은 "마치 막대한 강조점이 연약함에 무게를 두고 있는 것이기에 교만함이 아닌 것처럼, 그의 연약함을 인식할 수 없는 그 자신에 대한 교만이기에 교만함이 아닌 것처럼" 그는 그 자신을 교만함이 아닌 연약한 존재로 보기 때문이다(SUD, 65).

이 지점에서 다음의 사실이 분명해지는데, 절망이 "죽음에 이르는 병"이긴 하지만, 또 다른 의미로는 자기를 치유하는 한 가지 방법이기도 한 것이다. 안티-클리마쿠스가 서론에서 이런 것에 대한 힌트를 주기도 하였는데, "책의 모든 부분에서, 제목에서도 표현되었듯이, 절망은 치료가 아닌 병으로 해석되었다. 다른 절망은 참으로 변증적이다"라고 말하였다(SUD, 6). 그래서 연약함의 절망과 관련된 논의에서 그가 연약함에 대한 적절한 인식은 절망을 극복하는데, 필수적임을 암시하는 것은 그렇게 놀랄 일은 아니다. 안티-클리마쿠스는 그 자신의 연약함으로 인하여 절망하는 사람에게 조언을 주기 위해 다음과 같이 상상한다. "당신은 반드시 자신의 절망을 통해 자신으로 나아가야 한다. 당신의 연약함은 꽤 정확한 것일지 모르지만, 그 연약함이 당신으로 절망으로 빠지게 해서는 안 된다. 자기self는 자기 자신itself이 되기 위해서 반드시 깨어져야 하지만, 그것 때문에 절망해서는 안 된다(SUD, 65). 이것은 다른 종류의 절망의 방법을 보여주는데, 신앙으로 인도하는 과정의 부분으로서 절망이 있고, 교만하게 치료를 거부하는 절망이 있다.

만약 사람이 자신이 되는 것에 실패한 것을 분명히 알았다면, "선환이 나타나고 그것은 저항이 나타난다"(SUD, 67). 이제 사람은 자신이 되는 것에 대해 완전한 자기의식을 가지게 되고, 이것은 더 이상 영원의 절망이 아니지만, 이것은 "영원의 도움을 통한 절망"이 된다. 이러한 절망은 어떤 면에서 진리와 아주 가까운데, 그것은 그 사람이 책임적인 자기로서의 자신의 특성에 대해 아주 강렬하게 알기 때문인데, 그러나 또 다른 한편으로는 이것이 진리와 거리가 멀 수도 있다. "신앙으로 가는 길로서의 절망은 영원의 도움을 통해서 나타나는데, 이러한 영원의 도움을 통해서 자기self는 자기자신itself을 얻기 위해서 자기자신을 상실할 수 있는 용기를 가지게 된다. 하지만 자기자신을 상실하는 것을 시작하는 것은 비 의지적인 것이지만, 자기자신이 되는 것은 의지적인 것이다"(SUD, 67).

이러한 절망의 형태와 관련해서 안티-클리마쿠스는 올바른 단어를 제시한다. 이러한 절망하는 자기는, 앞에서 본 것처럼, 자기가 자신을 창조하기를 원하는데, 자기자신을 창조하기 위해 자신의 자유를 활용하기를 원하는 것이다. 안티 클리마쿠스는 이것을 무엇이라고 명명하려고 하는 것을 멈추지 않는다. "만약 한 사람이 이러한 종류의 절망의 태생적인 명칭을 원한다면, 그것은 금욕주의라고 명명되는데 이것은 오직 비밀스러운 종교집단에 적용되는 것이다"(SUD, 68). 놀랍게도 키에르케고르를 "실존주의의 아버지"라고 생각하는 사람은 키에르케고르가 자기가 설명하기를 노력하는 이러한 것에 이것보다 더 나은 명칭을 가졌을 것으로 생각하는데 그것은 실존주의이다. 이 실존주의는 적어도 사르트르에 의해서 나타난 유형이다.

사르트르적인 실존주의자는, 우리가 3장에서 보았듯이, 인간의 과제를 "급진적 선택"을 통한 가치를 창조하는 것으로 보았다.[6] 사르트르에게는 인간 의식은 본질적으로 부정적인 형태를 지니게 되는데, 우리는 무엇을 의식하든지, 그것으로부터 우리 자신을 멀리하게 되는데, 그래서 고정된 정체성에서 탈피하게 된다. 이것은 안티-클리마쿠스가 묘사한 것과 비슷한데, 그는 이러한 종류의 자기는 그 자신의 근거가 되기 위하여 "무한의 형태, 부정적인 자기"를 활용하기를 원한다고 하였다.

이러한 종류의 자기의 문제는 임의성을 감소시키는 그 자유인데, 결국 자율적인 자기는 결국 아무런 내용을 가지지 않게 된다. "자기의 부정적인 형태는 힘을 소멸하기도 하고 그 힘을 제한한다. 이것은 어느 때든지 상당히 임의적으로 시작된다"(SUD, 69). 그리하여 "이것은 나라가 없는 절대적 군주로서의 왕으로 보인다. 그가 실제적으로 다스리는 것은 아무것도 없다. 그의 위치, 그의 왕국은 변증적인 것에 예속되어 있는데 그것은 언제나 합법적으로 가능한 저항이다"(SDU, 69). 아이러니하게도 실존주의가 사르트르의 사상과 맥락을 같이하는 이상, "실존주의의 아버지"라고 불리는 키에르케고르는 대부분의 경우 그러한 사르트르의 실존주의를 예리하게 비판할 수밖에 없다.

저항을 위한 절망의 개요는 "악마적 분노"로부터 고통당하는 한 인물로 묘사되었다. 안티-클리마쿠스가 말하기를, 이러한 인물은 보기 드문 것으로 직접적으로 인식될 수 없다고 하였다. 그것은 홍Hong이 "따로 남겨두어서 포함하는 것"으로 번역한 전형적인 형태에 갇혀있기 때문이다. "악마적 분노"를 나타내는 덴마크어 "Indesluttetheden"는 그 자신 안에서 자기가 "입을 닫고 있는" 것을 묘사하는 단어이다. 이것은 "꼼짝 못하게 하는 자물쇠로 인한 내면성의 형태"로 나타나는데 영어에서는 이와 비슷한 단어를 찾기가 힘들다(SUD, 72). 안티-클리마쿠스는 이러한 사람을 자신의 실수를 인식은 하지만 고치려고 하지 않는 작가에 비유했다.

> 어떤 실수가 작가의 글에 나타나게 되고 그 실수 자체는 하나의 실수로 인식되는데 아마도 그것이 이 작품 전체의 관점에서 볼 때 하나의 작은 실수임에도 불구하고 이제는 그 실수가 저자에게 저항하고 저자로 하여금 그 실수를 고치는 것을 방해하고 미친 듯이 저항하면서 다음과 같이 말한다. "아니오. 나는 없어지지 않을 것이오. 나는 당신을 반대하는 증인으로 나타날 것이고 나는 당신이 아무것도 아닌 작가라고 증언할 것이오"(SUD, 74).

유사하게도 저항하는 고통받는 자defiant sufferer는 비슷한 태도를 취할 것이다. "그의 근심을 제거해버리는 위해 모든 것을 받아들였기에, 그러나 그는 기다려야만 했다." 이러한 사람은 "차라리 모든 것에 화를 내야 했고, 그리하여 모든 실존과 모든 세계의 잘못된 희생물이 되는 편이 나았다"(SUD, 72). 위에서 서술한 관점들은 키에르케고르 자신의 관점이라고 생각하기는 어렵다. 그의 관점은 많은 고통을 받은 사람은 계속적으로 고통을 직면하고 있고 끊임없이 몸부림쳐야 하는데 그것이 언제나 성공적이지 않아도 계속해야 하는 것이다.

남성적masculine 절망과 여성적feminine 절망: 성gender에 관한 키에르케고르의 관점

안티-클리마쿠스는 "여성적" 절망으로서 약함의 절망에 대해 기록하고 있는 반면, 저항하는 절망을 "남성적"으로 묘사하고 있다(SUD, 49). 이러한 두 종류의 절망에 관한 논의는 오늘날 젠더 이슈와 연결되어 논의될 수 있다.

이러한 시도는 키에르케고르 시대에 전형적인 생물학적 성에 대한 단순한 논의가 아니다.[7] 자기 자신의 작품 여러 곳에서 이러한 전형적인 요소들이 많이 나타나고 있다. 특히 그가 기록한 각주에서 많이 발견된다. "여성은 자기의 개념이 자기중심적이지도 않고 결정적인 의미에서 지성적이지도 않다. 하지만 남성보다 아주 많이 부드럽고 예민한 것은 사실이다"(49n). 하지만 키에르케고르가 그때 당시의 평범한 생물학적 성과 관련된 고정 관념을 놀라울 정도로 거부한다는 사실을 아는 것이 중요하다.

주목해야 할 첫 번째는, 그가 남성적 그리고 여성적 형태의 절망이라고 부르는 것은 일종의 "이상적 형태"이며 이것이 한쪽 성이 다른 한쪽 성보다 더 우세하다는 의미는 아니다(SUD, 49-50n). 남자는 여자보다 더 저항하는 절망 쪽에 가깝다. 그들은 다소 자기중심적이고 자율적인 개체로서 다른 사람들보다 앞서 자신의 필요와 원함을 추구한다. 여성은 약함의 절망으로 표현될 수 있다. 그들은 다른 사람의 필요와 기대에 너무 많은 주의를 기울인 나머지 그들 자신에게 필요한 것이 무엇인지를 파악하는 것에는 실패한다. 일반적으로 이러한 주장들은 키에르케고르의 시대뿐 아니라 오늘날 현대 서구 사회에도 마찬가지인 것 같다.

하지만 안티-클리마쿠스는 이러한 일반화는 단순한 일반화일 뿐이라고 주장한다. 남성일지라도 여성과 같은 약함의 절망을 겪을 수 있고 여성일지라도 남성과 같은 저항의 절망을 경험할 수 있다. 이것이 비록 사회적 규범에는 "예외적"일지라도 그렇다(SUD, 49n). 기술심리학과 기술사회학에서처럼 절망의 남성적 그리고 여성적 형태에 관한 묘사는 진리를 다루는 훌륭한 요소를 포함하고 있다.

안티-클리마쿠스는 인간을 하나님과의 관계에서 바라볼 때 남성적 절망과 여성적 절망의 차이는 감소한다고 설명한다. "하나님과의 관계에서 남자와 여자의 차이는 사라지는데 서로 자기 자신을 주고 그 자신을 얻는 방식으로서의 헌신이라는 관점에서는 남자와 여자가 동일하다"(SUD, 50n). 이러한 평등주의적인 주장은 다음에 결론적인 문장에 의해 의미 없게 된다. "실제로 대부분의 경우 여성이 하나님과의 관계를 맺는 것은 오직 남자를 통해서 가능함에도 불구하고 남성과 여성은 동일하다." 나는 키에르케고르가 이 문장을 자신의 결론의 첫 번째 문장에 썼어야 한다고 생각한다. 하지만 우리는 키에르케고르의 이러한 문장을 그때 당시 사회가 여성에게 교육의 기회를 주지 않았음을 안다면 너그러이 받아들일 수 있을 것이다.

절망과 죄

『죽음에 이르는 병』의 마지막 후반부에서 안티-클리마쿠스는 죄로서의 절망에 대해 기술한다. 죄는 절망이 강화되거나 악화된 상태로 묘사되고 있다. "죄는 하나님의 면전에서 혹은 하나님에 대한 개념을 가지고 절망하여 자기 자신이 되지 않으려는 것이고 또한 절망하여 자기 자신이 되려고 하는 것이다"(SUD, 77). 이 책의 근본적인 의도가 철학자로서의 키에르케고르를 소개하는 것이지, 신학자로서 소개하는 것이 아니기 때문에 『죽음에 이르는 병』에 대해서 광범위하게 논의하지는 않을 것이다. 하지만 유명한 소크라테스의 주장인 죄는 무지한 것이라는 관점에 주의할 필요는 있다(SUD, 87-96). 이러한 관점에서 잘못된 행동을 하는 사람은 그들이 하는 행동이 무엇인지에 대해 무지한 것이 분명하다. 우리는 항상 우리가 좋다고 인지하는 것을 선택하기 때문이다.

궁극적으로 안티-클리마쿠스는 이러한 관점을 거부하고 기독교적인 대안을 제시한다. 소크라테스의 관점은 죄의 요소를 결정하는 것이 결여되어 있었다. "그것은 의지와 저항이다. 그리스 지식인들은 너무 행복하고 너무 순진하고 너무 미학적이고 너무 아이러니하고 너무 재치 있었는데 그래서 너무 죄스러웠는데 그것은 누구나 다 알고 있는 것을 지식으로 가지고 있었기 때문이고 그래서 무엇이 올바른 것이고 틀린 것인지에 대한 지식을 갖고 선한 일을 하는 데에 실패하였다"(SUD, 90). 인간의 죄가 그들의 철학적인 기반을 통해서 이해할 수 있는 것이 아니라는 것은 키에르케고르의 지속적인 주제였고 안티-클리마쿠스는 다음과 같이 분명하게 말한다. "죄가 무엇인지 알기 위한 것은 하나님의 계시로부터만 가능하다"(SUD, 89).

여기서 더 중요한 것은 그리스 사상과 기독교 사상의 차이를 보는 것이 아니라 현대 기독교 사상에 그리스적 관점의 어떤 것이 있다는 사실인데 그 관점은 회복되어야 한다.

> 소크라테스, 소크라테스, 소크라테스. 그렇다. 사람들은 당신의 이름을 세 번 외칠 수 있을 것이다. 열 번을 부른다 할지라도 부족할 것이다. 당신에게 도움이 되는 경우라면 말이다. 사람들은 공화국을 원하고 새로운 사회적 질서와 새로운 종교를 원하지만 수많은 지식에 혼동되어서 그 누구도 이 세상이 원하는 것이 소크라테스라는 것을 깨닫지 못한다(SUD, 92).

안티-클리마쿠스에 따르면 현대사회가 원하는 것은 소크라테스의 원칙을 회복하는 것인데 그것은 "이해하는 것to understand, 그리고 이해하는 것to understand은 두 가지 다른 것이다"(SUD, 92). 소크라테스는 어떤 사람이 그가 진실임을 말한 것과 동등한 행동을 하지 않을 때 그가 안다고 말한 것이 진정으로 아는 것이 아니라고 주장하였다. 이러한 "그의 이해는 순전히 상상력이 동원된 것이다"(SUD, 92). 이러한 주장은 키에르케고르기 주장한 단순한 말과 그 사람의 실존에 대한 이해와 연결되는 "주체적 이해" 사이의 차이점을 상기시켜준다. 많은 부분에서 현대 사회에 필요한 것은 소크라테스적 통찰의 회복이다. 이 세상이 기독교 계시에 의해 나타난 것들을 들으려고 할 때 이 세상에서의 실존적 이해의 결여가 드러날 것이다. 죄는 "그가 가지고 있는 지식을 애매모호하게 하는 행동을 하는 그 사람으로부터 슬며시 시작된다"(SUD, 92).

죄가 절망을 강화하기에 죄를 치유하는 것은 신앙인데 그 신앙은 자기 자신이 되는 형식으로 강화된다. "신앙은 자기 자신이 되는 자기이며, 하나님 안에서 투명하게 정착하려는 자기 자신이다"(SUD, 82). 이러한 모든 정의의 요소는 중요하다. 실존하는 자기는 서로 다른 요소들을 종합하는 것을 결코 마칠 수 없지만 그럼에도 불구하고 신앙 안에서 이러한 자기는 일종의 기초를 형성하고 "휴식"의 상태를 성취한다. Hong이 번역한 문장에 따르면 그 상태는 자기가 자기 자신을 있는 그대로 받아들이는 상태이다. 이러한 자기는 투명해지고 자기 자신을 다른 사람에게 개방하고 자기 자신을 속일 필요가 없고 다른 사람도 자기 자신에게 속일 필요가 없다.

궁극적으로 대조되는 것은 자기 자신이 되는 형식으로서의 신앙과 진정한 자신됨을 거부하는 것으로서의 죄이다. 안티-클리마쿠스가 로마서 14장 23절을 인용한 것은 놀라운 일이 아니다. 그 구절에서 "죄의 반대는 덕이 아니라 믿음"임을 나타내고 있다(SUD, 82). 이 문장은 종종 키에르케고르의 관점에서 덕을 거부한다는 것으로 잘못 이해된다. 이 부분에서 키에르케고르와 맥켄타이어Alasdair MacIntyre, 누스바움Martha Nussbaum과 같은 현대 사상가들의 긴장이 나타나는데 그들은 윤리적 사고는 특별한 방법으로 어떠한 의무를 수행하는 것보다는 덕에 초점을 맞추어야 한다고 주장한다. 하지만 키에르케고르의 주장은 덕의 윤리와 상반된 것이 아님이 분명하다. 키에르케고르의 관점에서 "덕"이라는 것은 칸트적인 관점인데 인간의 의지에 의하여 성취될 수 있는 도덕적 선이다. 여기에서 주장된 것은 진정한 자기 자신 됨으로써의 신앙은 단순히 자율적인 도덕적 투쟁으로만 성취될 수 없다는 것이다. 현대의 덕 이론은 "덕virtue"이라는 단어를 이러한 방법으로 사용하지 않는다. 그 대신 그 덕을 훌륭하게 수행할 수 있는 그 사람의 탁월하고 가치 있는 특성에 대해서 말하는데 그 특성들은 성취된 것이다. 이러한 관점에서 덕으로서의 키에르케고르적인 신앙은 진정한 자기 자신을 만드는 덕과 탁월성에 있다고 말할 수 있다.[8]

이웃을 사랑하기: 사랑의 역사

키에르케고르가 말하는 탁월한 덕은 일반적으로 기독교 전통에서 최고의 덕이라고 간주되는 것들로 그것은 믿음, 소망, 사랑이다. 나는 『죽음에 이르는 병』에 나타난 신앙에 대한 개념을 신앙과 반대되는 개념인 절망과 죄를 살펴봄으로써 설명하였다. 소망과 관련된 기록은 키에르케고르의 『교화를 위한 담론』[9]에 나타난다. 여기서 나는 소망에 관해서 잠깐 논의하고 그 이후에 키에르케고르의 실명으로 저작된 『사랑의 역사』에 나타난 사랑에 대해 논의할 것이다. 여기에서 우리는 윤리의 핵심적인 내용에 관련하여 키에르케고르 자신의 목소리로 살펴볼 것이다. 여기에 행동하는 믿음으로서의 삶에 대한 묘사가 나타난다.

『사랑의 역사』는 아주 복잡하고 긴 책이기 때문에 단순히 요약하는 것은 정당하지 않다.[10] 여기서 나는 이 책의 첫 몇 장에 나타나는 주요한 주제에 대해 단순하게 다루고 그 책의 내용이 얼마나 풍성한지를 밝힐 것이다. 이 책의 전체적인 내용은 유대교와 기독교에 똑같이 주어진 위대한 명령인 이웃을 내 몸과 같이 사랑하는 것을 수행하는 것이 어떤 의미인지를 알려 준다.

유대교와 기독교 둘 다 이 명령이 보다 더 높은 명령인 하나님을 조건 없이 사랑하라는 예수의 가르침이 이 의무와 연결되어 있다는 것을 안다. 이것은 누가복음 10장 27절에 나타난 히브리 성경을 인용한 것이다. "내 마음을 다하며 목숨을 다하며 힘을 다하며 뜻을 다하여 주 너의 하나님을 사랑하고 또한 네 이웃을 네 몸과 같이 사랑하라 하였나이다."[11] 어떤 사람들은 네 이웃을 사랑하라는 두 번째 명령이 하나님을 사랑하라는 첫 번째 명령을 가볍게 여긴다고 생각할 수 있을 것이다. 그러나 그것은 사실이 아니다. 이 책은 삼위일체 기도로 시작된다. 이 기도는 기독교 공동체가 신중하게 따라야 할 것에 대해 분명히 제시하고 있다. 이 책에는 어떠한 신학적인 내용은 없지만 이 기도가 다음의 사실을 분명히 한다. 아버지 하나님은 모든 사랑의 근원이고, 아들 하나님은 우리의 구원자와 구속자로 나타난 진정한 사랑의 현현이고, 성령 하나님은 믿는 자가 "그가 사랑받은 것처럼 이웃을 자신과 같이 사랑하는 것을 상기할 때마다 나타나는 분"이다(WL, 3-4). 이 책의 첫 번째 장에서는 진정한 사랑의 근원으로서의 하나님에 대해 논쟁한다. 이 책의 전체는 이웃 사랑을 위한 진정한 사랑은 하나님을 사랑하는 것에 근거하고 있음을 보여준다. 이는 하나님이 어떤 종류의 진정한 사랑과 관련된 "매개적 역할"을 하기 때문이다.[12] 키에르케고르의 관점에서는 하나님 사랑과 이웃 사랑 간의 어떤 경쟁은 있을 수 없다. 왜냐하면 하나님을 사랑함 없이 이웃을 사랑할 수 없고 하나님의 형상으로 지어진 이웃을 사랑하지 않고는 진정으로 하나님을 사랑할 수 없기 때문이다.

이 책은 사랑이 일종의 의무로 보이는 역설과 함께 시작된다. 키에르케고르는 이를 "명백한 모순"이라고 지적하였다(WL, 24). 우리는 진정한 사랑은 반드시 자유롭고 자발적이어야 한다고 생각하는 경향이 있고, 의무는 우리가 억지로 해야 하는 것으로 생각하는 경향이 있다. 그래서 사랑을 의무로 보는 것은 어렵다. 우리가 사랑을 즉각적인 감정과 동일시하면 명령으로 이해되는 사랑은 불가능할 것이다. 인간은 즉각적인 감정을 의지적으로 통제할 수 없기 때문이다. 칸트는 이웃을 사랑하라는 명령을 일종의 "행동하는 사랑"으로 번역하는데 이것은 행동을 통해 존재하는 사랑이며 그는 우리가 우리의 행동을 통제할 수 있다고 생각하기 때문이다.[13]

키에르케고르는 어떤 면에서는 칸트의 관점과 유사한데 그는 "사랑은 그 열매로 알게 된다."라고 말하였고 그래서 진정한 사랑은 "사랑의 역사"를 통해서 나타나게 된다. 하지만 키에르케고르는 진정한 사랑의 역사는 내부적인 어떤 것으로부터 나오는 그러한 사랑으로부터 기인된다고 주장한다. 키에르케고르는 오랫동안 지속되는 열정을 인지함을 통해 칸트와 결별하게 되는데 그것은 특별한 방식을 통한 다른 사람을 향해 느끼는 오랫동안의 성향이며 특별한 방법으로 다른 사람을 향한 행동인데 이런 것들은 부분적으로 우리의 통제 아래 있는 것이다. 우리가 이러한 열정을 계발하는 것은 가능하다.[14]

로버츠Robert Roberts는 이러한 것을 가능하게 하는 감정에 대해 설명한다.[15] 로버츠에게는 감정은 "다른 사람에 대한 고려가 기본이 되는 이해construal"인데 이것은 우리가 다른 사람에 대해서 이해하는 방법에 기초하는 어떤 것에 대한 반응이다. 내가 만약 나의 이웃 프레드를 나의 아이들에게 고함치는 성미가 고약한 사람이라고 이해하면construe 나는 화가 나고 싸증이 난다. 왜냐하면 나는 그가 성미가 고약하고 사랑하지 못할 사람으로 받아들이기 때문이다. 하지만 내가 그의 고독을 불쌍하게 여기고 그가 인간의 한 사람이고, 하나님의 형상으로 지어진 존재라는 것을 기억한다면 그를 향한 나의 감정적 반응은 조절이 될 것이고 심지어는 바뀔 수도 있다. 키에르케고르적인 열정은 단순히 형성되어진 감정 이상의 것, 어떤 감정을 향한 성향 이상의 것이다. 그와 관련된 예로서는 수년 동안 결혼생활을 해서 그들의 사랑을 발전시키기 위해서 열심히 노력한 사람을 생각해 보는 것인데 단지 처음 만나서 격정적인 사랑에 사로잡히는 십대들과는 다른 사랑 혹은 다른 열정일 것이다.

만약 이것이 사실이라면 우리는 사랑은 아마도 하나의 의무라는 생각을 할 수 있을 것이다. 의무라 함은 만약 그것이 실제적이고 견딜 수 있다면 반드시 실천해야 하고 수고해야 하는 어떤 것을 의미하는데 왜냐하면 우리는 사람이나 상황을 특징적으로 이해construe하는 방법을 통제할 수 있기 때문이다. 하지만 우리가 우리의 열정을 통제할 수 있다 하더라도 이웃 사랑 대한 개념은 여전히 특별한 문제를 던져준다. 선한 사마리아인의 비유를 가지고 인용하면서 키에르케고르는 그 이웃이란 "모든 사람"임을 주장한다(WL, 21). 이웃은 추상적인 것이 아니라 "당신이 보는 바로 그 첫 번째 사람인데"(WL, 51), 그러나 어느 누구도 이웃의 개념을 배타적으로 혹은 선호하는 방식으로 사용할 수 없다. 그 이웃들이 다른 민족의 사람들이거나 다른 성별의 사람이거나 혹은 다른 신앙의 사람들이라고 해서 나의 이웃이 아니라고 말할 수 없고 나와 비슷한 사람들만 사랑할 수 없는 것이다.

에로틱한 사랑, 우정, 애국심은 우리가 말하는 "자연적" 사랑과 같은 형태인데 여기에서의 사랑은 사랑하는 사람과 사랑받는 사람이 어떤 연결 고리가 있다는 것이다. 나는 나의 아내를 사랑하는데 그녀가 나의 아내이기 때문이고 나의 친구들을 사랑하는데 그들이 나의 친구들이기 때문이다. 그래서 이러한 사랑은 선호적이며 이러한 선호적 배타성의 근거는 자기 자신과의 관계에 있다. 이러한 이유 때문에 키에르케고르는 이러한 사랑은 자기 사랑self-love의 요소를 가지고 있다고 주장한다. 키에르케고르는 아리스토텔레스 그 자신이 친구는 "다른 자기"이며 "다른 나"라고 말한 것을 강조하였고 그래서 이웃 사랑은 자기 사랑으로 변형된다고 주장하였는데 "'이웃'the neighbour이란 사상가들에 의해 '타자'the Other라고 명명되는데 이 것에 의해 자기 사랑self-love 안에 있는 이기심이 점검test된다."

우리는 이웃사랑이 다른 사랑과 비교해서 보다 더 다른 종류의 근거를 요구하는 이유를 알게 된다. 나와의 관계를 기본으로 해서 타자를 선택하는 방식으로 타자와 연결되는 어떤 방법은 반드시 선호적인 사랑의 형태를 생산하게 된다. 키에르케고르는 모든 사람을 사랑하고 진정으로 다른 것을 받아들이는 그러한 이웃사랑은 반드시 하나님의 명령에 근거해야 하는데 그것은 우리의 자연적인 경향이 이러한 비 선택적인 방법으로 우리를 인도하지 않기 때문이다.

이웃사랑이 보편적인 사랑 즉 "차이를 만들지 않는 사랑"이라는 대한 키에르케고르의 주장은 종종 쉽게 오해될 수 있다. 어떤 사람은 그가 비인간적인 평등주의, 다시 말해서 전혀 모르는 낯선 사람을 친구나 가족처럼 대하라고 주장한다고 생각할 수 있다. 하지만 더 자세히 읽어보면 이러한 의미가 아님을 알 수 있다.[16] 사랑은 "차이를 만들 수 없다"라는 것은 사랑을 받는 사람의 관점에서 가능하다. 나는 어떤 경계를 만들려고 하거나 어떤 사람은 나의 도덕적인 고려 바깥 범위에 있다는 것을 말하려는 것은 아니다. 하지만 이러한 주장은 내가 타자를 사랑하는 특별한 방법은 내가 타자와 관계 맺는 그 관계의 성격을 반드시 고려해야 한다는 것이다(WL, 141-142). 이 주장은 이웃 사랑이 반드시 결혼에서의 사랑이나 우정을 대체할 수 있어야 한다는 주장은 아니고 이웃사랑이 이러한 모든 특별한 사랑의 기본적인 요소가 되어야 한다는 것인데 이러한 요소가 그들을 변화시키고 순결하게 한다(WL, 146).

하지만 이웃을 사랑하는 것은 그렇게 쉽지 않고 우리가 자발적으로 할 수 없는 것임에도 불구하고 이러한 방법으로의 사랑은 우리에게 여전히 좋은 것이고, 우리가 이웃을 사랑하는 방식으로 사랑하는 그 사람은 이러한 사랑을 받을 만한 가치가 있는 사람이다. 하나님의 명령은 우리가 임의로 바꿀 수 있는 것은 아니다. 하나님의 형상으로 창조된 피조물로서의 모든 사람은 키에르케고르가 말한 "내적 영광"을 소유하고 있는데 그것은 인간이 인간으로서 소유하고 있는 것이다(WL, 87). 그는 이러한 내적 영광과 "일반적인 워터마크"를 비교하는데 이 워터마크는 빛에 비추었을 때만 보이는데 그 내용은 다양한 종류의 다른 글들이 담겨질 수 있다(WL, 89). 비슷하게 인간이 아무리 다양하다 할지라도 그들은 무조건적인 가치와 인간으로서의 존엄성을 지니고 있는데 이러한 특징은 그들을 사랑하는 것이 가능하게 하고 그것이 그들을 사랑받기에 가치 있는 것으로 만든다. 다른 사람을 이러한 "내적 영광"을 소유한 사람으로 간주하는 것은 가능하다. 하지만 이것은 그들을 한 개인으로서 그들을 특징짓는 다른 성격을 가졌다는 것을 의미하지 않고 그러한 것들이 한 개인으로서 우리와 닮았거나 닮지 않음을 만드는 것이 아님을 의미한다.*

*옮긴이 주
인간이 사랑받을 수 있는 존재라는 것은 인간 개개인의 특징들이 그 인간을 다른 인간으로 보는 것에 있는 것이 아니라, 다시 말해서 서로가 다르기 때문에 사랑받을 수 있다는 것이 아니라 그러한 인간의 내적인 특징과는 상관없이 인간 안에 있는 하나님의 형상으로서 내적 영광을 소유한 사람으로 간주한다는 것이 인간을 사랑받기에 가능한 존재로 생각하게 한다. 다시 말해서 이웃이라는 개념은 나와 다른 사람인데 나와 다른 특징을 가졌다는 것이 사랑받을 수 있는 조건이 아니고 그런 것과는 상관없이 하나님의 형상을 소유한 존재로서의 나의 이웃이기에 사랑받을 가치가 있다는 것이다. 이러한 관점은 키에르케고르가 이웃사랑이라는 개념에서 이웃을 일반적인 다른 타자가 아니라 하나님의 형상을 입은 존재로서 해석하는 것으로 독특한 관점이다.

그러므로 왜 하나님이 이웃을 사랑하라고 명령하셨는지 이해할 수 있고 어떻게 이 명령에 순종할 수 있는지를 이해할 수 있다. 키에르케고르에게는 하나님은 무조건적인 선이며 선이 무엇이라고 명령할 수 있는 유일한 존재이다. 이웃 사랑의 선량함은 만약 우리 인간이 우리 자신을 완전히 이해하고 타락하지 않았다면 우리는 이웃을 사랑하라고 명령을 받을 필요가 없다는 것을 의미한다. 『사랑의 역사』의 결론 부분에 키에르케고르는 사도요한이 강조하였던 "중간

톤"을 시적으로 형상화하는데 이것은 이웃사랑의 의무는 그것의 두드러짐에서 물러남으로부터 시작되고 자기 사랑과 이웃사랑 사이의 긴장은 허물어지기 시작한다.

> 좋으신 주님, 무엇이 이 사랑으로부터 당신을 숨기겠습니까? 이 모든 것이 자기 사랑을 통해서 성취될 수 있는 것입니다. 사랑하라는 명령은 만약에 당신이 당신 자신과 그 삶을 이해한다면 당신은 그 명령 자체가 필요 없는데 왜냐하면 사람을 사랑하는 것은 당신이 그만한 가치가 있는 삶을 산다는 것이고 이러한 사랑이 없으면 당신은 실제로 사는 것이 아닙니다(WL, 375). *

여기에 나타난 키에르케고르의 생각은 칸트와 유사한데 그는 "거룩한 의지"의 존재가 된다는 것은 의무의 원칙과 부합되는 삶을 사는 사람으로 간주하였는데 이것은 의무를 의무로서 경험하는 것과는 다르다.17** 하지만 칸트는 인간은 이러한 거룩한 의지를 소유하지 못한다고 말하지만 키에르케고르는 영원성의 부족short of eternity으로의 의무의 범주는 여전히 필요하다고 생각한다. 앞에서 본 사도의 형상화된 말씀이 여전히 신적 권위를 가지고 있고 이러한 의무의 희미해져도 이웃사랑을 실천할 수 있다는 것은 성인the saints들만이 이해할 수 있는 이상ideal이 된다. 키에르케고르 자신은 우리들 모두와 비슷하게 의무의 필요성을

*옮긴이 주
결국 자기 사랑과 이웃사랑이 다른 것이 아님을 말해주고 있다. 위에서의 중간 톤은 둘 사이의 차이를 의미하는 것인데 진정한 사랑은 이 차이를 허물어 버리는 것이다. 이웃을 사랑한다는 말은 내가 그 사랑만큼 가치 있는 삶을 살고 있다는 것을 의미하는 것이다. 어떤 구체적인 행동으로 이웃을 사랑하는 것이 아니라 내 존재의 가치를 그 사랑만큼 살아냄을 통해서 가치를 형성하는 것이다.

**옮긴이 주
여기서 의무를 의무로 경험하다는 것은 이웃사랑에 있어서 이웃을 나의 구체적인 행동을 통해서만 사랑한다고 여기는 것이고 의무의 원칙에 부합되는 삶은 그러한 행동보다는 혹은 구체적으로 이웃을 사랑하는 행동이 없다고 할지라도 그 원칙에 따라 자기 자신을 사랑한다면 그것이 이웃사랑이라는 의미이다. 어떻게 보면 구체적인 행동이 없는 사랑이 사랑일 수 있을까라는 반문을 할 수 있지만, 여기에서는 행위보다는 존재에 더 강조점을 두는 것 같다. 사랑의 행위가 중요한 것이 아니라 사랑하고 사랑받을 수 있는 그 존재가 중요한 것이다. 그것을 키에르케고르는 하나님의 형상을 가진 존재로 이해했고 칸트는 거룩한 의지의 존재로 이해했다.

실감한다고 말했다. "그러므로 우리는 이러한 방식으로 감히 말하지 않는다. 완벽한 사도의 입에서 나오는 그 말을 단순히 무엇을 시작하는 초심자가 그대로 따라 한다는 것은 그 초심자가 그것에 대해서 깊게 생각하지 않고 곧바로 그것을 이해했다고 말하는 것과 유사한 것이다"(WL, 376).

죄성이 있는 피조물로서 우리 인간은 이웃 사랑을 자연스럽게 실천할 수 없다. 우리가 우리의 가족을 사랑하고 우리의 친구를 사랑하고 우리의 종족과 민족을 사랑하는 것은 자연스러운 일일 수 있지만 우리와 같지 않은 사람들 그리고 우리를 위해서 무엇인가를 해 줄 수 없는 사람들을 사랑한다는 것은 쉬운 일이 아니다. 우리는 의무의 범주가 필요하다.

다음과 같은 질문들을 가정해보자. 하나님이 이웃을 사랑하라고 한 것이 사실인가? 왜 우리는 하나님께 순종해야 하고 그를 기쁘게 해드려야 하나? 이러한 방식으로 이웃을 사랑한다는 것이 우리에게 어떤 좋은 것인지를 아는 것에 대해서 하나님의 명령이 기여하는 방식은 무엇인가? 어떤 사람에게는 이 질문에 대한 대답이 신적인 보상과 처벌 사이를 오갈 것인데, 그 보상으로서 하늘이 주어질 것이고 그 벌로서는 지옥이 주어질 것이다. 하지만 키에르케고르는 이러한 방식으로 신적 보상과 처벌을 이해하는 것을 거부한다. 하나님은 본질적으로 선한 분이고 본질적으로 사랑이기 때문에 하나님이 할 수 있는 유일한 것은 각 개인의 선함을 위한 것이고 하나님으로부터 주어진 어떤 "형벌" 조차도 그 개인의 선한 목적을 의도할 따름이다(UDVS, 44-60). 하나님의 형벌은 두려운 것이 아니라 오히려 환영 되어야 할 것이다. 하나님의 명령을 순종하기 위한 동기부여로서의 지옥의 두려움은 호소력이 약하다. 키에르케고르도 외적인 보상을 위해서 하늘의 것에 호소하지 않는데 그것은 이러한 상에 의해서 움직이는 자들은 진정으로 선한 것을 사랑하는 사람이 아니기 때문이다.

하나님께 순종해야 하는 이유는 단순히 하나님이 전지전능하신 존재이기 때문이 아니라 그 전지전능하신 하나님이 사랑이기 때문이다. 하나님께 순종해야 하는 이유는 연인이 그가 사랑하는 사람을 기쁘게 해주기를 원하는 것으로부터 동기부여 받는 것과 유사하다. 로맨틱한 사랑을 하는 사람들의 의무는 그들의 사랑이 그들 관계의 역사에 기초해야만 하는데 그 관계는 그들이 서로에게 했던 약속이 포함되는 것이고 그들이 행하였던 사랑의 행동이며 그 행동은 다른 사람으로부터 사랑과 감사를 가능하게 한 것이고 결국은 즐거움을 추구하는 것으로 귀결된다. 우리가 하나님께 순종하기 위한 우리의 동기의 근거도 이것과 비슷한데 하나님과의 사랑의 관계는 어떤 로맨틱한 사랑 관계보다 더 깊고 더 강한데 그 의무보다 더 강한 어떤 것을 야기하게 한다. "영원한 사랑의 역사는 아주 빨리 시작되었는데 그 사랑은 당신이 태어날 때부터 시작이 되었고 그때 당신은 무에서부터 실존으로 들어왔는데 이것은 분명하게도 당신은 아무것도 아님이 될 수 없는 것을 의미하는 것이고 이것은 무덤에서 끝나지 않는다"(WL. 150).

키에르케고르는 이웃사랑이 자기 부인을 요구한다는 것을 강조하였는데 우리는 우리의 자연적인 경향성을 따르는 것이 아니라 우리의 행복보다는 타인에게 좋은 것을 추구해야한다는 것을 의미한다. 이 말은 얼핏 키에르케고르와 윤리적인 삶이 행복의 추구와 연결되어 있다고 강조하는 아리스토텔레스 전통이 근본적으로 차이가 남을 나타내는 것처럼 보인다. 하지만 그 차이는 나타난 것 보다 그렇게 분명하지 않다. 자기 부인의 필요성은 인간의 죄성에 근거하고 있다. 우리가 앞에서 본 것처럼 키에르케고르는 진정한 이웃사랑은 사랑을 받는 이웃뿐 아니라 그 이웃을 사랑하는 사람에게도 좋은 것인데 성인들에게는 이러한 사랑이 심지어 명령되어질 필요가 없다. 키에르케고르의 관점은 다음과 같은데 진정한 도덕적인 삶과 행복의 차이를 연결하는 것이 한 사람의 도덕적 성품을 발달시킨다는 것이다. 행복을 미학적인 관점에서 이해하는 사람은 행복을 추구하는 것과 의무의 요구 사이에 긴장을 감지할 수 있을 것인데 이러한 의무는 자기 부인을 요구하게 된다. 하지만 진정한 행복의 성격을 이해하기 시작한다면 이러한 긴장은 사라지게 될 것이고 이러한 사라짐은 성인들에게뿐 아니라 영원함의 축복을 소유한 사람들 모두에게 가능하다.

아직 성인이 되지 못한 사람에게도 진정한 행복은 이웃사랑의 의무를 완수하는 것에 있다는 것을 보게 되는 것이 가능하다. 키에르케고르는 인간이 자연스럽게 추구하는 선한 것이 있는데 그것은 선호적인 사랑이며 그것은 이웃을 위한 사랑 안에서 더 잘 이해되어지고 더 안전해지게 되고 이러한 것은 영원성에 기초하고 있다는 것을 강조한다. 우리의 이 땅에서의 사랑에서 우리는 참을 수 있는 사랑을 추구하는데 이 사랑은 우리로 사라지게 하지 않고 그 사랑은 우리의 자유와 우리의 독립심을 강화시켜주고 그 사랑은 우리의 삶에 의미를 주고 우리를 절망으로부터 보호한다(WL. 29-43).[18] 키에르케고르는 이웃사랑은 실제로 선호적인 사랑이 할 수 없는 그 좋은 것들the goods을 보증한다. 예를 들어 로맨틱한 사랑은 서로의 주고받는 행위를 원하지만 이러한 사랑에 매여 있는 연인은 진정으로 자율적이지는 않다. 더 나아가서 그 연인은 절망에 유혹되어서 실연을 당할 것이다. 대조적으로 이웃사랑은 하나님의 영원한 사랑과 하나님의 영원한 명령에 기초를 둔다. 이러한 사랑은 참을 수 있는 것인데 이것이 영원한 것에 기초한 것이기 때문이다. 다른 사람을 이웃처럼 사랑하는 그 사람은 계속적으로 사랑할 수 있고 그의 사랑은 다른 사람의 반응에 얽매이지 않는다. 게다가 우리 모두는 이웃을 사랑하라는 신적인 소명을 가졌는데 그리하여 모든 삶은 의미와 목적이 있는 것이다. 우리에게는 이웃을 위한 사랑이 의무인 것이 실제적으로 더 좋은 것이다.

어떤 사람들은 이웃을 사랑하라는 의무가 하나님의 명령 이외의 다른 것에 근거할 수 있다고 생각한다. 아마도 우리는 우리 자신이 개개인으로서 혹은 공동체의 일원으로서 그 의무의 근원이 될 수 있다. 예를 들어 칸트는 우리의 도덕적 의무는 이성에 근거하고 있고 도덕적 법칙은 우리 자신이 이성적 존재라는 것을 합리화시켜준다고 주장했다. 하지만 키에르케고르는 인간이 단순히 "스스로 법을 만드는"self-legislator 존재는 아니라고 생각하였다.

칸트는 사람이 자기 자신만의 법칙자율성을 가지고 있다고 생각했다. 다시 말하면, 그 사람은 그 법칙 아래서 자기 자신을 자기 자신에게 줌으로써 그 자신을 구속한다는 것이다. 사실 더 깊은 의미에서 이것은 법칙 없음lawlessness이 어떻게 성립이 되는지, 혹은 새로운 실험법칙이 어떻게 성립되는지 나타낸다. 이것은 돈키호테에 나오는 산초 판자Sancho Panza의 자기관리보다 더 엄격한 것은 아닌데, 이 자기관리는 그의 전 존재에 영향을 미칠 만큼 강력한 것이었다.[19]

키에르케고르는 여기서 앤스콤Elizabeth Anscombe의 관점에 기대는 것처럼 보인다. 그녀는 "법칙을 만드는 개념은 그것보다 한 단계 높은 법칙을 만드는 사람을 요구한다"라고 주장하며 칸트의 "스스로 법을 만드는" 생각은 불합리한 것처럼 보인다고 하였다. 그것은 매번 결정을 위해서는 사람들의 투표가 필요하고 그 투표는 반드시 과반수가 넘어야 하기 때문이다.[20]

하지만 한 개인이 다른 개인보다 더 우월한 존재가 될 수 없다는 이유로 사회가 도덕 법칙에 필요한 "더 높은 권위"가 될 수 있을까? 아마도 도덕 법칙은 일종의 이성적 선택 혹은 사람들이 만드는 사회적 계약으로 생각될 수 있다.[21] 다시 한번 강조하지만 키에르케고르는 이러한 관점을 거부하였다. 누가 그 법칙에 동의하였는지가 분명하지 않고 이러한 동의가 실제 개개인과 어떤 관계가 있는지 분명하지 않기 때문이다.

> 법이 무언가를 결정하는 것에 있어서 개개인이 굴복해야만 하는 모든 사람의 공통적인 결정이 필요한 것인가? 만약에 그 모든 사람(모든 살아있는 사람 혹은 그들 중 모두? 그렇다면 죽은 사람은 어떻게 하나?)과 결정짓는 시간과 장소를 찾는 것이 가능하다면, 만약에 그것이 가능할지라도, 모든 사람이 어떤 하나에 동의한다는 것 자체는 불가능하다(WL, 115).

어떤 결정을 위한 동의라도 계속적인 재협상에 직면할 수밖에 없는데 이것은 도덕적 혼돈을 가져오는데 키에르케고르에 따르면 이는 현대 사회의 "의심과 소용돌이"이다(WL, 115).

그리하여 키에르케고르의 관점에 따르면 도덕적 의무의 기초가 하나님을 대신할 수 없음을 알 수 있다.[22] 이웃을 사랑하라는 우리의 의무는 하나님의 명령에 근거할 때 가장 잘 이해될 수 있다. 이제 우리는 키에르케고르가 말한 하나님이 모든 건강한 사랑의 관계에서의 매개념middle term이라는 것을 이해할 수 있고 이웃을 사랑하라는 의무는 하나님을 사랑하라는 계명과 함께 감을 이해할 수 있다(WL, 58, 107). 우리가 이웃을 사랑할 때 우리는 그들을 하나님의 형상으로 만들어진 피조물로 사랑하는 것이고 우리는 하나님의 명령에 의해 그렇게 움직이는 것이고 우리가 따르는 그 명령은 사랑과 감사로부터 나온 것이다.

나는 여기에서 『사랑의 역사』에 나타난 주제들을 표면적으로 살펴보았다. 사실상 이 책의 대부분은 행동을 교화하고 수정하는 것에 초점이 맞추어져 있다. 키에르케고르는 어떻게 사랑이 다른 사람을 세워줄 수 있는가, 어떻게 사랑이 우리를 굴복시키는 무력을 거부할 수 있는가, 어떻게 사랑이 선을 위해 싸울 뿐 아니라 우리가 그 선을 위해 투쟁할 때 맞서야 하는 반대하는 사람과 화해하는지에 대해 계속 서술해간다.[23] 사랑은 "허다한 죄를 덮는데" 이것은 용서뿐 아니라 누군가 나에게 끼친 피해를 기억하지 않는 것이다(WL, 280-299). 사랑 그 자체는 자비로움 안에서 표현되는데 물질적 자원이 거의 없어도 강화될 수 있는 자질이다(WL, 315-330).

무엇보다도 사랑은 항상 그것을 볼 수 있는 구체적인 사람에 집중하는데 사랑은 추상적이지 않기 때문이다(WL, 154-174). 키에르케고르가 강조한 "이웃 사랑"은 우리가 사랑할 때 우리는 "눈을 감아야 한다"는 의미도 포함되어 있다(WL, 68). 이 의미는 우리가 사랑하는 사람을 선택할 때 특별한 계급이나 성별이나 외모를 따지지 말아야 한다는 의미이다. 하지만 이러한 강조는 우리가 실제로 사랑하는 사람을 선택할 때 우리는 우리 자신의 독특한 상황에 맞는 방법으로 도울 수 있는 사람을 찾아야 한다는 주장과 균형을 이루어야 한다.

구속자와 그 모델로서의 그리스도

키에르케고르의 후기 작품을 다룸에 있어서 그를 단순히 철학자로 보는 것은 적절치 않다. 그 이유는 그가 신학적인 주제에 대해 많이 다루고 있었고 특별히 그 당시의 "국교화된 기독교"는 그가 말하는 "신약 시대의 기독교"와는 전혀 관계가 없기 때문이다. 하지만 키에르케고르의 그리스도에 대한 관점과 기독교인의 삶에서 중요한 부분을 차지하는 그리스도의 역할에 대한 관점에 집중하는 것은 적절하다. 그의 그리스도에 대한 설명이 그가 제기하였던 윤리적 문제에 대한 대답을 제공해주기 때문이다.

『사랑의 역사』에서 나타난 키에르케고르가 제시한 이웃 사랑의 윤리는 최고의 것을 요구한다. 그것은 많은 사람들이 하지 못하는 자기 부인과 거의 소수의 사람만 할 수 있는 원수까지도 품을 수 있는 의지가 포함된다.[24] 그러므로 이 책이 그리스도를 "구속자와 구원자"로 묘사한 삼위일체 기도로 시작한다는 것은 우연한 일이 아니다. 키에르케고르가 본 인간의 상황은 헤어(John Hare)가 말한 "도덕적 간극(gap)"을 직면하고 있다는 것이다.[25] 그래서 『사랑의 역사』안에서 그리스도가 "율법의 완성"으로 묘사되는 건 놀라운 일이 아닌데 그는 사랑의 법을 완성한 분이기 때문이다(WL, 101).

> 율법의 요구가 사람들로 하여금 몰락하게 하지만 그것은 그들이 율법의 요구를 만족할 수 없고 오직 죄만 깨닫기 때문이다. 그래서 그리스도는 율법에 굴복되었다. 왜냐하면 그것이 그에게 요구된 것이기 때문이다. 결국에는 이러한 굴복은 율법의 필요조건이 충족될 때 그 필요조건은 오직 실현됨으로써만 존재하고 필요조건으로서만 존재하지 않는다 (WL, 99).

그리스도는 사랑의 삶을 통하여 율법을 실현(realizes)하였고 그러나 그 율법을 실현함을 통해서 율법의 "폐지"를 제시(represents)하였다.

물론 그리스도의 상황과 똑같은 인간의 존재는 없을 것이다. "우리는 그리스도와 모든 기독교인 사이의 영원한 차이에 대해 망각해서는 안 된다. 율법이 폐지되었음에도 불구하고 그 율법은 신인 동시에 인간인 그리스도와 모든 사람 사이에 나타나는 영원한 차이를 분명하게 만든다"(WL, 101). 이 말은 보통의 기독교인들에게는 내가 신앙 안에서 그리스도와 연결되어 있을 때만이 그 율법이 완성된다는 의미이다. "모든 기독교인들은 그리스도께서 율법을 폐지하셨고 그것을 믿는 것을 통하여 기독교인들에게 전유된다"(WL, 101).

키에르케고르의 후기의 글들은 "그리스도를 본받아"라는 주제가 지배적이었다. 키에르케고르에게 그리스도는 "하나의 모형" 혹은 "원형"인데 이것은 홍Hong이 덴마크 단어인 *Forbilledet*을 번역한 것이다.[26] 그리스도는 완전한 사람이고 진정한 기독교인은 그리스도를 본받는 사람이어야 한다(덴마크어 *EfterFølger*는 문자적으로 '따르는 사람' 혹은 '따르는 그 사람을 따라가는 사람'을 의미한다). 키에르케고르의 국교화된 기독교에 대한 비판의 핵심은 그리스도를 따르는 것을 망각하였다는 것이고 진정한 기독교인은 제자를 따르는 사람이 아니라 단순히 그리스도를 받아들여야 하는 사람이어야 한다는 것이다. 이것은 키에르케고르의 시대뿐 아니라 오늘날에도 기독교 교회에 던져주는 중요한 도전이 된다. 키에르케고르는 그리스도처럼 사는 삶의 방식은 급진적이며 그 삶의 방식을 바꿈에 있어서 대가를 지불한다고 믿는다. 이러한 인식은 키에르케고르로 하여금 그의 가명 저작에 자주 나타나는 "숨어있는 내면성"에 대해 의심을 가지게 하였다. 그는 기독교적 실존은 분명히 현 기존의 질서와 충돌되어야 하고 진정한 기독교인은 반드시 조롱을 당해야 하며 심지어는 처형을 당해야 한다고 생각하였다. 왜냐하면 기독교인들은 현대 사회에 만연한 자기중심적 물질주의를 거부하기 때문이다. 진정한 기독교는 기존의 문화와 부딪치는 것이고 체제 전복적인 운동을 일으키는 것이고 누구나 환영하는 기존의 안정된 질서는 기대하지 않는 사람들이다.

그럼에도 불구하고 그리스도를 본받는 것에 대한 강조를 통해 그는 그리스도를 모형으로뿐 아니라 이 세상의 죄로부터 우리를 구원해주는 구속자로 분명하게 이해하게 되었다. 그리스도에 대한 이러한 두 가지 관점의 균형은 사후에 출판된 『너 자신을 판단하라』*Judge for Yourself*라는 책에 나타난 "기도문"에 분명히 나타난다.

여기, 우리 한 사람 한 사람 우리 모두를 도우소서. 당신은 의지이시며 가능성이십니다. 당신은 모형Pattern이시며 구속자Redeemer이십니다. 그 구속자이자 모형이신 당신은 한 사람이 그 모형 아래에 좌절하고 무너지고 절망할 때 구속자이신 당신은 그를 다시 일으켜 세우시고 이와 동시에 당신은 또 그가 분투를 지속적으로 할 수 있는 모형이 되십니다(JY, 147).

기독교인의 삶은 일종의 자연적인 믿음을 갖는 것이다. 그 믿음 안에서 사람들은 그리스도를 모형으로 받아들이고 그리스도를 모형으로 받아들여 겸손하여지고 그리스도를 구속자로 받아들여야만 한다. 또한, 그리스도의 기름 부으심을 통해 은혜와 죄 용서함을 받아들여야 하고 이것은 다시 그리스도를 본받는 분투를 위한 에너지가 되어야 한다.

어떤 사람은 키에르케고르가 그가 초기에 강조한 "간접 전달"을 거부하였을 것이라고 생각한다. 그 이유는 그가 "숨겨진 내면성"에 대해 비판하고 있고 기독교인의 직접적인 증거를 요구하고 있기 때문이다. 그럴 가능성도 있지만 그가 자신의 이전의 관점을 포기하지 않은 것은 윤리적 종교적인 커뮤니케이션과 대비하여 기독교적 커뮤니케이션의 개념을 유지하였기 때문이다. 그것은 직접적인 화법뿐 아니라 간접적인 화법을 요구하는 것이다. 어떤 경우라도 "산파"의 개념을 지닌 간접화법은 여전히 유효한 것으로 보인다. 기독교인이 신앙에 대한 직접적인 증거를 소유하여야 하는 것은 분명한 사실이지만 그럼에도 불구하고 신앙은 그 개인이 하나님으로부터 온 선물로서의 전유물로 간주되어야 한다. 증인의 간증은 형식에 있어서 직접적일 수는 있지만, 그것을 듣는 사람의 자유와 자율성 또한 여전히 존중되어야 한다.

결론: 세속적 세계를 향한 키에르케고르의 도전

나는 이 장에서 키에르케고르의 사상이 어떻게 기독교적 관점으로 막을 내리는지에 대해서 살펴보았다. 그는 진정한 자기됨과 절망으로부터의 자유는 기독교 신앙을 필요로 하고, 모든 사람을 이웃으로서 사랑하라는 도덕적 의무는 하나님의 형상으로 창조된 모든 사람을 사랑하라는 하나님의 명령에 기초하여 가장 잘 이해될 수 있다는 사실을 논증하였다. 우리가 이러한 이상적 명령을 실현하기 위해서 분투할 때마다 느끼는 죄책감은 우리로 하여금 다시 그리스도 안에서의 신앙으로 돌아가게 한다. 그리스도는 "신이면서 인간"으로 이해되고 신앙의 대상인 절대 역설로서 이해되는데 이것은 우리가 7장에서 논의하였다.

어떤 사람은 이러한 주장들이 "후기 기독교적"post-Christian인 사회 혹은 세속적인 서구 사회와 어떤 관련이 있는지 의문을 품을 것이다. 확실히 말하지만 대부분의 오늘날의 세계는 그다지 세속적이지 않다. 힌두교는 인도에서 번창하고 있고 불교는 대부분의 아시아의 국가에서 번창하고 있다. 많은 나라에서 이슬람이 다시 일어나고 있고 아시아와 아프리카에서의 기독교의 놀라운 성장은 세속화가 분명한 사실이 아님을 보여준다. 이러한 종교적 다원주의의 세상을 향해 키에르케고르가 할 수 있는 것은 열려있으면서도 매혹적인 질문을 던지는 것이다. 그의 중요한 독자들이 국교도들(그 당시의 기독교인들)이라는 사실은 의심의 여지가 없는데 그들은 다른 신앙을 전수받은 사람들은 아니다. 하지만 그가 기독교인이 아닌 소크라테스를 존경하여 "진리는 주체성이다"라고 주장한 것과 그의 "종교성 A"에 대한 분석은 비 기독교인들과의 논의를 위한 근거를 제공한다.

현재의 세상에 많은 부분에서 종교적으로 남아있지만 서구 사회, 특별히 유럽에서의 지식인들은 키에르케고르의 시대보다 지금이 더 많이 세속화되어 있다는 것에 의심의 여지가 없다. 이러한 세속화된 지식인들, 그들은 키에르케고르의 기독교 신앙을 일종의 시대에 뒤떨어진 것 혹은 심지어 예스러운 것으로 간주하는 사람들인데 그들에게 키에르케고르는 뭐라고 말할 것인가? 첫 번째로 그가 말하고 싶은 것은 신앙 혹은 신앙의 부족함이 "사람들의 인기" 혹은 "시대적 반영"에 근거하여 정해지는 것은 아니라는 것이다. 키에르케고르는 많은 부분에서 진정한 기독교를 단순히 인기 있거나 혹은 많은 세월 동안 지속되었기 때문이라고 결론 내리지 않는다. 국교화된 기독교는 진정한 기독교에 대한 증거를 제시하지 못하였다. 하지만 똑같은 이유로 우리는 단순히 기독교의 인기가 지식인들 사이에서 감소되었다는 이유만으로 기독교 신앙이 틀린 것이라고 결론을 내릴 수는 없다. 우리가 "후기 기독교"(세속적 혹은 종교적 다원주의) 세계에 살고 있기 때문에 기독교인이 되지 않겠다고 결정할 수 없고 비슷한 맥락으로 기독교적인 가치관이 만연한 세계에 살기 때문에 기독교인이 되어야겠다고 결정해서도 안 된다.

그 대신에, 순전히 철학적 정신으로 가득 찬 키에르케고르는 우리가 종교적인 신앙을 받아들이거나 혹은 거부하는 결정은 인간으로서의 실존적인 상황에 대한 우리의 지각에 근거하여야 한다고 주장한다. 근본적으로 이러한 상황은 시간에 따라 변하지 않는다. 우리가 언제 태어났는지에 상관없이 우리는 진정한 인간이 되는 것, 삶의 목적과 의미를 마주하는 것, 죄책감과 죽음의 문제에 마주하는 과제들을 가지고 있다. 키에르케고르는 종교를 무시하는 세속적 비판자들에게 이 문제를 새롭게 보라고 권유할 것이다. 키에르케고르는 그 비판자들에게 적어도 키에르케고르 자신의 진정한 자기됨의 발달과 윤리적 삶에 관한 종교적 신앙의 역할에 대한 논증을 살펴보라고 권유할 것이다. 그리고 신앙의 감소가 진정 새로운 지식인들이 많아짐에 근거하고 있는지 혹은 그보다도 키에르케고르 자신이 생각했던 상상력과 정서적인 능력의 상실에 근거하는지를 숙고해보라고 권유할 것이다.

종교적인 목소리를 냄에 있어서 키에르케고르는 종교를 위한 특별한 호의를 전혀 요구하지 않는다. 우리가 보았듯이 그는 국교화된 기독교에 대해서 강하게 비판하며 진정한 기독교는 어떠한 문화와도, 그 문화가 덴마크 문화든, 미국 문화든지 상관없이, 동일시될 수 없다고 주장하였다. "제도화된 기독교"라는 것은 키에르케고르의 관점에서 모순적이다. 콘스탄티누스 황제 이후로 제도화된 기독교는 키에르케고르에게 있어서 사라져버린 이상이 아니라 문제의 일부분이 되고 있다.

어떤 사람이 말하길, 자유롭고 민주적인 사회에서 종교적인 확신은 공공의 삶과 따로 구분되어야 된다고 한다면 키에르케고르가 주장한 신앙과 진정한 자기됨, 그리고 윤리적인 삶과의 연결은 의심스러울 수밖에 없다. 분명 어떤 사람들은 종교와 공공적인 삶의 분리가 종교가 사회에 결정적인 힘으로 작용할 수 있고 종교적인 확신은 공공의 영역에서 무관용과 폭력을 일으킬 수 있다는 사실에 근거하여 이러한 주장을 한다. 이러한 이슈는 이 책의 주요한 목적이 한 철학자의 사상을 소개하는 것이기에 그 복잡성을 다루기는 힘들다.[27]

내가 여기서 한 가지 분명하게 제시할 수 있는 사실이 있다. 종교적 신앙이 개인화되어야 한다는 것을 요구하는 사회는 사실 종교적인 개인이 자신의 통합된 방식으로 공공의 삶에 참여하도록 허락하는 사회보다 덜 진보적이고 덜 자유적인 사회라는 것이다. 이러한 자신의 통합된 방식은 그들의 깊은 개인적인 종교적 확신을 격하시키지 않고 그들의 삶에 위대한 세월을 보냈다는 자신들의 자부심을 드러내지 않는 방식이다. 종교의 중립성은 일종의 신화다. 공공의 삶에서 하나님에 대한 확신을 제거하는 것은 각 개인에게 하나님에 대한 확신을 요구하는 것보다 덜 진보적이다.

어떠한 경우에도 키에르케고르는 공공의 삶에 종교적 확신을 가져올 때 그 확신이 어떤 확신이냐는 것이 다름을 만들어낸다고 가르친다. 기독교인으로서 키에르케고르는 기독교를 포함한 종교를 비판하였고 이것은 그의 신앙을 고취시키는 힘이 되었다. 그는 의지적으로 십자가에서 죽음의 고통을 감당하여 악을 극복하는 승리를 얻은 그분을 따르는 사람이다. 키에르케고르는 그리스도를 따르는 자는 똑같은 방식으로 의지적으로 고통을 겪어야 하고, 순교자의 대가를 치르더라도 사랑과 평화의 증인이 되어야 한다고 믿는다. 대가를 지불하는 제자도의 삶을 살 수 없는 기독교인들은 자신들이 적어도 최고의 기독교인이 아님을 겸손히 고백해야만 한다.

참고할 도서 목록: 개인적인 제안

Cambridge University Press가 이 책의 독자들을 위해 비교적 짧은 주석이 붙여진 문헌 목록을 제시하였다. 이것은 전통적으로 인용된 참고 도서와는 다른 것이다. 이 책들은 다양한 이유로 추천되었다. 어떤 책들은 나의 책인데, 그것은 이 책에 나오는 여러 가지 주제에 관련된 설명들을 더 깊이 볼 수 있는 이점이 있다. 또 다른 책들은 내가 좋아하는 책들이고 나에게 많은 영향을 미친 책들이기 때문에 포함되었다. 또 다른 책들은 내가 판단하기에 높은 수준의 책들로 많이 읽히고 많은 영향을 주는 책들이기 때문에 포함되었다. 이 책들의 선택과 이에 관련된 첨언들은 저자의 주관적 관점임을 분명하게 밝혀둔다.

키에르케고르 자신이 저술한 책

덴마크어로는 세 가지 종류의 키에르케고르 전집 *Samlede Vørker*이 Gyldendals에 의해 출판되었다. 첫 번째 출판의 쪽 매김은 *Kierkegaard's Writings*이라는 제목으로 Princeton University Press에 의해 출판 된 책의 여백에 포함되었다. 모든 출판된 책뿐 아니라 남아있는 일기들과 글들은 코펜하겐에 있는 Gad Publisher에 의해 새롭게 편집되어 *Søren Kierkegaard's Skrifter* 55권으로 출판되었다.

키에르케고르의 작품들을 영어로 초기에 번역된 대부분의 책은 David Swenson과 Walter Lowire에 의해 번역되었고 Princeton University Press와 Oxford University Press에 의해 출판되었다. 그들의 번역본은 문학적 가치로 인하여 많은 사랑을 받았다.

학문적인 기준이 되는 영어판은 오늘날 *Kierkegaard's Writings*이라는 제목으로 Princeton University Press에 의해 출판되었다. 이 출판물의 대표 편집지는 Howard V. Hong이고 대부분의 번역은 Howard Hong과 그의 아내인 Edna Hong에 의해 이루어졌다. Hong 부부의 번역은 정확도가 높고 많은 정보의 참고 문헌뿐 아니라 키에르케고르의 일기에서 가져온 적절한 내용들이 포함되어 있어 그 가치가 있다. Hong 부부는 Indiana University Press에서 *Kierkegaard's Journals and Papers*를 번역하였고, 현재 Princeton University Press에서 새로운 덴마크 판을 기반으로 새로운 영어 번역을 진행하고 있다.

다수의 읽을 만한 키에르케고르의 작품의 다양한 번역본은 Alastair Hannay에 의해 Penguin 출판사에서 출간되었다. *Fear and Trembling*의 우수한 번역본은 읽어볼 만한 것으로 매우 정확하고 학문적인 첨언도 포함되어 있다. 이 책은 Sylvia Walsh에 의해 Cambridge University Press에서 출판되었고 이 책의 서론은 이 책의 저자, Stephen Evans에 의해 진행되었다.

C. Stephen Evans에 의해 저술된 키에르케고르와 관련된 책들

Kierkegaard on Faith and the Self: Collected Essays. Waco, Texas: Baylor University Press, 2006. 이 책은 25년 동안 쓰인 글들의 모음집으로 특별히 신앙, 이성, 심리학, 그리고 윤리에 초점이 맞추어져 있다.

Kierkegaard's Ethic of Love: Divine Commands and Moral Obligations. Oxford: Oxford University Press, 2004. 이 책은 키에르케고

르를 윤리주의자로 설명하며 *Either/Or, Fear and Trembling, Concluding Unscientific Postscript*, 그리고 *Upbuilding Discourses in Various Spirits* 책들의 내용이 간략히 요약되어 있다. 그러나 윤리와 관련된 많은 내용들은 *Works of Love*에 나타나 있는데 여기에서는 도덕적 의무를 "신적 계명"으로 간주하였다. 이 책에서는 이런 종류의 윤리는 그 당시에 나타난 여러 세속적 학문에서 논의되는 윤리 사상보다 더 훌륭함을 논증하고 있다.

Faith Beyond Reason. Edinburgh: Edinburgh University Press. Grand Rapids, Michigan: Wm. B. Eerdmans, 1998. 이 책은 키에르케고르가 "신앙지상주의자"인지 아닌지에 대한 논의가 나타난다. 이 논의에서 이성에 대한 그의 비판이 굉장히 합리적임을 보이고 있다.

Passionate Reason: Making Sense of Kierkegaard's Philosophical Fragments. Bloomington, Indiana: Indiana University Press, 1992. 이 책에서는 매 장마다 주석이 달려있다. 특별히 키에르케고르가 이해한 성육신에 관련된 주제에 초점이 맞추어져 있는데 그는 이 주제를 역사와 신앙의 관계라는 관점에서 보았다.

Kierkegaard's Fragments *and* Postscript: *The Religious Philosophy of Johannes Climacus*. Atlantic Highlands, New Jersey: Humanities Press, 1983. Amherst, New York: Humanity Books, 1999.에서 재 발행됨. 이 책은 가명저자인 "요하네스 클리마쿠스"의 작품들의 개관을 제시하며 여기에 나타나는 주요 내용들을 분석하였다.

전기문

Garff, Joakim. *Søren Kierkegaard: A Biography*. Princeton, New Jersey: Princeton University Press, 2005. 이 책에서는 많은 전기문들이 축적되어 있다. Bruce Kirmmse에 의해 번역된 책으로 읽기에 용이하며 많은 정보들이 들어있다. 그리고 키에르케고르의 관점에 대한 저자의 냉소적이며 폭로적인 부분이 다소 포함되어 있다.

Kirmmse, Bruce, ed. *Encounters with Kierkegaard: A Life as Seen by His Contemporaries*. Princeton, New Jersey: Princeton University Press, 1996. 엄격히 말하면 이 책은 참고문헌의 종류는 아니고 키에르케고르에 대해 그 동시대의 사람들이 기록한 모든 글들의 편집본이다. 자서전적 성격을 지니고 있다.

Lowrie, Walter. *A Short Life of Kierkegaard*. Princeton, New Jersey: Princeton University Press, 1942. Lowrie는 키에르케고르의 책의 초기 영어 번역본을 만든 사람으로 다양한 세대에 걸쳐 키에르케고르를 소개하였다. Lowrie는 덴마크어에 대해 약간의 비판적인 견해를 가졌지만 덴마크를 사랑하는 사람이었다.

키에르케고르 글들로 구성된 일반적이지 않지만 유용한 문집

Lefevre, Perry D. *The Prayers of Kierkegaard*. Chicago: The University of Chicago Press, 1956. 이 책에 있는 기도문들은 Samuel Barber에 의해 음악으로 만들어졌다.

Oden, Thomas, ed. *The Humor of Kierkegaard*. Princeton, New Jersey: Princeton University Press, 2004.

Oden, Thomas, ed. *The Parables of Kierkegaard*. Princeton, New Jersey: Princeton University Press, 1978.

키에르케고르와 관련된 다른 책들

영어로 번역된 키에르케고르와 관련된 훌륭한 연구들은 Robert L. Perkins가 편집하고 Mercer University Press에서 출판된 International Kierkegaard Commentary 전집에서 발견된다.

Bukdahl, Jørgen. *Kierkegaard and the Common Man*. Grand Rapids, Michigan: Wm. B. Eerdmans, 2001. 이 책은 덴마크 학자에 의해 쓰여지고 Bruce Kirmmse가 번역된 키에르케고르의 정치적 사회적인 태도에 관련된 훌륭한 연구이다.

Davenport, John J. 그리고 Rudd, Anthony, eds. *Kierkegaard After MacIntyre*. Chicago: Open Court, 2001. 이 책은 키에르케고르와 관련된 영향력 있는 책들에 대해 도전하여 "급진적인 선택"의 지지자인 Alasdair MacIntyre에 의해 저술되었다.

Denzil, G. M. Patrick. *Pascal and Kierkegaard: A Study in the Strategy of Evangelism*. London: Lutterworth Press, 1943. 이 책은 발견되기 어려운 책이지만 Scotsman에 의해 저술된 흥미로운 비교연구이다. 그는 학자였지

만 선교사가 되었다. 키에르케고르가 그 당시의 "국교화된 기독교"를 비판한 것이 키에르케고르의 선교적 사명이라고 생각하였기 때문이다.

Eller, Vernard. *Kierkegaard and Radical Discipleship*. Princeton, New Jersey: Princeton University Press, 1968. 이 책에서는 키에르케고르를 재세례파 기독교인으로 보았다. 재세례파 기독교인들은 당시 제도화된 서구사회에 대한 급진적인 비판 의식을 가진 사람들이었다.

Elrod, John W. *Kierkegaard and Christendom*. Princeton, New Jersey: Princeton University Press, 1981. 이 책은 키에르케고르의 사회적 정치적 사상에 대한 훌륭한 연구이다.

Ferreria, M. Jamie. *Love's Grateful Striving: A Commentary on Kierkegaard's Works of Love*. New York: Oxford University Press, 2001. 이 책은 윤리와 관련된 키에르케고르의 가장 중요한 주석집으로 만연되어 있는 키에르케고르와 관련된 오해와 비판을 종식시킨 책이다.

Ferreira, M. Jamie. *Transforming Vision: Imagination and Will in Kierkegaardian Faith*. Oxford: Oxford University Press, 1991. 이 책은 "신앙을 위한 도약"의 개념을 단순한 의지의 행동보다는 상상력으로 재구성하였다.

Gouwens, David J. *Kierkegaard as Religious Thinker*. Cambridge: Cambridge University Press, 1996. 이 책은 키에르케고르를 신학자로 본 좋은 책 중의 하나이다.

Kirmmse, Bruce. *Kierkegaard in Golden Age Denmark*. Bloomington, Indiana: Indiana University Press, 1990. 이 책은 키에르케고르의 사상을 19세기의 상황으로 본 역사학자의 획기적인 책으로 이 시대의 산업화와 사회 변화의 중요성에 초점을 맞추었다.

Lippitt, John. *Humor and Irony in Kierkegaard's Thought*. Basingstoke: Palgrave Macmillan, 2000. 이 책은 키에르케고르 사상의 중요한 영역에 관련된 연구로 많은 정보가 담겨져 있다.

Mackey, Louis. *Kierkegaard: A Kind of Poet*. Philadelphia: University of Pennsylvania Press, 1971. 이 책은 키에르케고르에 대해 문학적으로 접근한 책으로 전통적인 철학적 견해는 다소 과소평가되었다.

Mackey, Louis. *Points of View*. Tallahassee, Florida: University Press of Florida (Florida State University Press), 1986. 이 책은 자신의 첫 번째 책에서의 문학적 접근을 발전시킨 책으로 여기에서 그는 키에르케고르 자신의 본명으로 저술한 저작들, 심지어 그의 "페르소나"들이 저작한 가명 저작들과 관련된 단 하나의 "관점"도 없다고 주장하였다.

Malik, Habib C. *Receiving Søren Kierkegaard: The Early Impact and Transmission of His Thought*. Washington, D.C.: Catholic University of America Press, 1997. 그 제목에서 이야기하는 것들을 발전시켰다.

Mullen, John Douglas. Kierkegaard's Philosophy: *Cowardice and Self-Deceit in the Present Age*. New York: New American Library, 1981. 이 책은

키에르케고르의 개론으로써 잘 쓰인 책이다. 마지막 부분에 과도한 실존주의적 관점이 포함되었다.

Poole, Roger. *Kierkegaard: The Indirect Communication*. Charlottesville, Virginia: University of Virginia Press, 1993. 이 책은 키에르케고르를 "해체주의자" 혹은 "포스트모던주의"의 좋은 예시로 보았다.

Rae, Murray. *Kierkegaard's Vision of the Incarnation: By Faith Transformed*. Oxford: Oxford University Press, 1997. 이 책은 키에르케고르의 성육신에 관련된 관점을 "절대적 역설"로 이해한 훌륭한 연구이다.

Roberts, Robert. *Faith, Reason, and History: Rethinking Kierkegaard's Philosophical Fragments*. Macon, Georgia: Mercer University Press, 1986. 이 책은 분석 철학의 관점에서 연구된 책이다.

Swenson, David. *Something About Kierkegaard*. Minneapolis, Minnesota: Augsburg Publishing House, 1941. 이 책은 미국에서의 선구자적인 키에르케고르의 번역가 중 한 사람에 의한 고전적인 글 모음집이다.

Taylor, Mark C. *Kierkegaard's Pseudonymous Authorship: A Study of Time and the Self*. Princeton, New Jersey: Princeton University Press, 1975. "종교성 A"에 관련되어 오해한 내용을 제외하고는 이 책은 시간과 관련된 실존의 영역에 대한 훌륭한 연구이다.

Walsh, Sylvia. Kierkegaard: *Thinking Christianly in an Existential*

Mode. Oxford: Oxford University Press, 2008. 이 책은 키에르케고르의 신학에 관련된 훌륭한 개론서이다.

Walsh, Sylvia. *Living Christianly: Kierkegaard's Dialectic of Christian Existence*. University Park, Pennsylvania: Pennsylvania State University Press, 2005. 이 책은 긍정적인 것(축복, 영원한 삶)들이 부정적인 것(고통, 자기를 죽이는 것)에 의해 제한된다고 주장한 키에르케고르의 관점을 위한 "역 변증법"에 초점을 맞추었다.

Walsh, Sylvia. *Living Poetically: Kierkegaard's Existential Aesthetics*. University Park, Pennsylvania: Pennsylvania State University Press, 1994. 이 책에서는 실존의 세 가지 영역에서 미학적으로 산다는 것이 무엇인지를 보여줌으로써 키에르케고르의 "미학"에 초점을 맞추었다.

Westphal, Merold. *Becoming a Self: A Reading of Kierkegaard's Concluding Unscientific Postscript*. West Lafayette, Indiana: Purdue University Press, 1996. 이 책은 키에르케고르의 연구를 관통하는 가장 중요한 연구 중 하나이다. Westphal은 헤겔 철학을 확립한 사람으로 키에르케고르를 키에르케고르 당시의 유럽인 철학자들과 현대의 철학자들을 연결시켜 연구하였다.

Westphal, Merold. *Kierkegaard's Critique of Reason and Society*. Macon, Georgia: Mercer University Press, 1987. 이 책은 키에르케고르의 신앙과 이성에 대한 관점과 그의 정치적, 사회적 사상에 대한 관점을 잘 설명해주는 훌륭한 문집이다.

각장 미주

서론

1 키에르케고르는 "나는 커다란 정신적 유산을 남기게 될 것이다. 그리고 내 저작들이 유행하게 될 때에, 나는 즉시 오해될 것"이라 말했다. 이에 관해서, Karl Jaspers, *The Great Philosophers*: The Disturbers: Descartes, Pascal, Lessing, Kierkegaard, Nietzche. Philosophers in Other Realms: Einstein, Weber, Marx (Harcourt, Brace & World, 1962), 192를 참고하라. (역자 주)

1장

1 키에르케고르에 대한 초기 수용에 대한 기록과 특히 키에르케고르가 어떻게 덴마크 외부로 알려지게 되었는지에 대한 기록은 Habib Malik, *Receiving Søren Kierkegaard: The Early Impact and Transmission of His Thought* (Washington, D. C.: Catholic University of America Press, 1997)을 참고하시오.

2 키에르케고르는 그의 후기 작품들의 모든 부분의 제목을 정할 때, 이 문구들의 변형을 사용하는 것을 고려하였다. *Kierkegaard's Journal ans Papers*, Vol.VI, trans., and ed. by Howard V. Hong and Edna H. Hong (Bloomington, Indiana University Press, 1978), Entry 6217, pp. 70-71.

3 G.W.F.Hegel, *Phenomenology of Spirit*, trans. by A.V. Miller (Oxford University Press, 1979), p. 6.

4 엄격히 말해서 "오직 그 진리, 교화하는 진리는 너를 위한 진리이다." 이 말은 키에르케고르의 말이 아니다. *Either/Or II*, trans. and ed. by Howard V. Hong and Edna H. Hong (Princeton, New Jersey: Princeton University Press, 1987), p.354에 나타난 교구 성직자의 설교에 나타난 것이다. 교구 성직자라는 가명으로 나타났음에도 불구하고 나는 대부분의 독자들이 이 말을 키에르케고르의 생각이라고 생각한다고 믿는다. 영어 독자들의 편의를 위해 영어 번역본으로부터 키에르케고르를 인용하고 있다. 다른 주의사항이 없는 이상, 나는 Princeton University Press에서 출판한 Kierkegaard's Writings을 사용할 것이다. 하지만 이 번역은 내 자신의 것이기에 Hong의 번역과는 다를 수 있다. 이 번역은 다음에 근거하고 있다. Kierkegaard's *Samlede Vørker* (Copenhagen: Gyldendals, 1901-1906). Princeton판은 덴마크판의 페이지를 포함하고 있기 때문에 만약 영어 독자들이 1차 자료를 살펴보고자 한다면 덴마크어와 상응되어 있어 보기에 용이할 것이다. 키에르케고르의 글에 나타난 계속되는 참고자료는 이 책의 본문에서 괄호로 처리될 것이고, 책 제목은 이 책에 처음 제시된 약자로 처리할 것이다.

5 나는 이 책에서 키에르케고르가 사용하던 19세기 덴마크어 표기법을 사용할 것인데, 모든

명사형은 대문자로 시작하였다.

6   Joakim Garff, *Søren Kierkegaard: A Biography*, trans. Bruce H. Kirmmse (Princeton: Princeton University Press, 2005), p. 376.

7   *Søren Kierkegaard's Journals and Papers*, 7 vols., ed. and trans. Howard V. Hong and Edna H. Hong (Bloomington, Indiana: Indiana University Press, 1967-1978), Vol. V, entry 5998, p. 376.

8   군중의 조롱과 비방에 압도당해서 죽을 것 같은 느낌(역자 주).

9   Walter Lowire, *A Short Life of Kierkegaard* (Princeton, New Jersey: Princeton University Press, 1942), pp. 176-187.

10 Garff, pp. 393-394.

11 Howard Hong은 뮐러가 키에르케고르와의 논쟁에 앞서, 이 책에 자기 생각을 드러냈다는 것을 밝힌 최초의 사람이다. *The Corsair Affair*, ed. and trans. by Howard V. Hong and Edna H. Hong (Princeton, New Jersey, Princeton University Press, 1882), p. xxvii and also n. 279에 나타난 Hong의 논의를 참고하시오. Erslew의 *Forfatter-Lexicon*의 속 표지에는 1847년이라고 기록되어 있는데, Hong은 이 책이 작은 소책자로 1843년 초기에 출판되었다는 것을 발견하였다. 이 소책자 안에 뮐러가 1845년에 호소했다는 내용이 포함되어있다. 이 주제에 대한 Robert L. Perkins의 논의와 Hong의 연구에 대한 주석은 다음 책의 '서론'을 참고하시오. *International Kierkegaard Commentary: The Corsair Affair*, ed. Robert L. Perkins (Macon, George: Mercer University Press, 1990), pp. xiii-xxv, 특히 n.3, p.xviii.

12 위에서 언급된 주석에서 인용된 "서문"인에 있는 이 사건에 대한 Perkin의 탁월한 기록을 참고하시오.

13 Garff, p. 729.

14 다음의 구문을 참고: 기독교는…"진리로의 증인들"에 의해서 봉사 되었는데, 그들은 이런 교리 때문에 이득을 취하는 것이 아니라 오히려 모든 것을 희생한 사람들인데… 이런 교리에 살고 죽었던 사람들이다 (JY, 129).

15 Walter Bauer, Frederick William Danker, William A. Arndt, and F. Wilbur Gingrich, *A Greek-English Lexicon of the New Testament and Other Early Christian Literature*. Third Edition (Chicago: University of Chicago Press, 2000), pp. 619-620.

16 위의 책.

17 이 부분에 대해서 도움을 준 신약성서학자인 Mikeal Parsons에게 감사한다.

18 대부분의 키에르케고르의 전기작가들은 죽어가는 키에르케고르와의 대화를 기록한 Boesen의 기록에 의존하고 있다. Garff, p. 787.

19 키에르케고르의 저널에 대한 가프(Garff)의 의심은 Henning Fenger의 작품인 Kierkegaard: *The Myths and Their Origins* (New Haven, Connecticut: Yale University Press, 1980)을 참고하

시오.

20 Garff, p. xxi.

21 Louis Mackey, *Point of View: Reading of Kierkegaard* (Tallahassee, Florida: Florida State University Press, 1986).

22 위의 책, pp. 187-190. 맥키가 강조한 것처럼 "Soren Kierkegaard"가 또 다른 가명으로 간주되는 것은 키에르케고르의 동생인 Peter에 의해서 처음 제시되었는데 이러한 것들이 두 형제 사이에 불행한 결과를 가져오게 하였다.

23 위의 책, p. 188.

24 위의 책, p. 187.

25 Roger Poole, Kierkegaard: *The Indirect Communication* (Chalottesville, Verginia: University if Virginia Press, 1993), p.6.

26 위의 책, p. 9.

27 *Kierkegaard on Faith and the Self: Collected Essays* (Waco, Texas: Baylor University Press, 2006).

28 더 놀라운 키에르케고르의 일본 수용은, 그가 영어권 세계를 인지하는 것보다 훨씬 앞서 있었는데, www.kierkegaard.jp/2005/masugata2.html.에 있는 Kinya Masugata의 논문을 참고하시오.

29 이 인용은 "A First and Last Explanation"으로부터 온 것인데 이것은 *Concluding Unscientific Postscript*에 첨부되어 있는데 이 글은 키에르케고르가 가명으로 저술하였지만 그의 친필 서명이 포함되어 있다.

30 키에르케고르의 선택에 대한 자세한 분석을 위해서는 아리스토텔레스 전통에 관한 그의 동의하지 않음이 포함된 나의 글을 참고하시오. "Where There's a Will There's a Way: Kierkegaard's Theory of Action," reprinted in *Kierkegaard on Faith and the Self: collected Essays* (Waco, Texas: Baylor University Press, 2006), pp.311-326.

31 PV, p.50.에서 키에르케고르는 그가 독자의 선택을 결정할 수 없고 독자로 하여금 선택하는 것을 "인식하도록" 강요하는 것은 가능하다고 말하였다.

32 CUP, 335-338. 여기에서 클리마쿠스는 성찰은 "그것이 그 자신을 취소할 때까지 계속된다."라는 헤겔주의 관점을 비판한다.

33 *Kierkegaard's Journal and Papers*, Vol. II, entry 1268.

34 Harry Frankfurt, "Freedom of the Will and the Concept of a Person," in *Free Will*, ed. Robert Kane (Oxford: Blackwell, 2002), pp. 127-144. esp. pp. 133-134. *The Journal of Philosophy*, LXVIII (January 14, 1971), pp.5-20.에 처음 나타났다.

35 니체는 실제로는 "오랜 시간 동안 그리고 한 방향으로의 순종"에 대하여 말하였다. Frie-

drich Nietzsche, *Beyond Good and Evil, in Basic Writings of Nietzsche*, Trans. and ed. Walter Kaufmann (New York: The Modern Library, 2000), p. 291. 흥미롭게도 유진 피터슨(Eugene Peterson)은 니체의 문구를 활용하였지만 니체의 의도대로는 사용하지 않았다. Eugene Peterson, *Perseverance: A Long Obedience in the Same Direction* (Downers Grove, Illinois: Inter Varsity Press, 1996).

36 어떤 사람이 "감정"이라는 단어를 느낌과 함께 활용하기를 원한다면 그 사람은 열정을 특별한 종류의 감정을 가지는 오랫동안의 성향으로 정의해야 한다.

2장

1 『철학적 단편』의 경우에는 철학적인 작업이 진행되었는데 키에르케고르는 이 책을 그 자신의 이름으로 출판하려고 의도하였다. 가명은 나중에 만들어진 것이다. 자세한 기록은 다음을 참고하시오. Johnny Kondrup, "On the Genesis of Philosophical Fragments," in *Kierkegaard Studies Yearbook 2004*, ed. Niels Jørgen Cappelørn, Hermann Deuser, and Jon Stewart (Berlin and New York: Walter de Gruyter, 2004), pp.1-17.

2 키에르케고르의 저술에, 그것이 출판되었든지 출판되지 않았든지 상관없이, 나타난 간접 전달과 관련된 중요한 문구들의 목록에 관하여는 다음을 참고하시오. *Kierkegaard's Journals and Papers*, Vol. II, p. 597. 그리고 같은 책에 있는 pp.383-388에 나타난 이 주제와 관련된 저널의 목록을 참고하시오.

3 나는 여기서 "아마도"라는 말을 썼는데 그것은 클리마쿠스가 때로는 역사적 지식이 있다라는 것에 대해서 종종 부인하는 것처럼 보이기 때문인데 그는 역사적 지식을 "근사치"로 보았기 때문이다. CUP, 81, 316을 참고하시오. 하지만 CUP, 193에는 클리마쿠스가 수학적 지식과 역사적 지식을 "객관적 성찰"로부터 나오는 "다양한 종류"의 지식으로 간주하고 있다.

4 1장을 참고하시오.

5 모순의 법칙에 관한 논의는 CUP, 300-308을 참고하는데 여기에서 클리마쿠스는 아리스토텔레스의 비모순의 법칙에 대한 헤겔주의의 공격은 추상적인 생각의 관점에서는 유효한 것이지만 실존적인 관점에서는 유효하지 못하다고 주장했다.

6 키에르케고르의 열정과 감정에 대한 설명은 다음을 참고하시오. Robert Roberts, "Existence, Emotion and Character: Classical Themes in Kierkegaard," in *Cambridge Companion to Kierkegaard*, ed. Alastair Hannay and Gordon Marino (Cambridge: Cambridge University Press, 1998), pp. 177-206.

7 *Kierkegaard's Journals and Papers*, Vol. I, 1046.

8 이 말은 *Concluding Unscientific Postscript* 안에 있는 "A First and Last Explanation"라는 글에서 인용되었는데, 그래서 가명저자보다는 키에르케고르 자신의 목소리를 반영한다.

9 Thomas Oden, ed. *The Parables of Kierkegaard* (Princeton, New Jersey: Princeton University Press, 1978)에 이와 관련된 자료가 나타난다.

10. Plato, *Apology in Last Days of Socrates*, trans. Hugh Tredennick (Harmondsworth, Middlesex: Penguin Books, 1959), p. 52.

11. 6장을 참고하시오.

12. CUP, 250-251. 키에르케고르는 Hamann과 Jacobi의 숙명을 한탄하였는데, 그들은 이러한 방법으로 키에르케고르를 격하시켰다.

13. 이 단어의 번역에 대한 홍(Hong)의 주장은 다음을 참고하시오. "Historical Introduction" to *Fear and Tremble/ Repetition* (FT, xxi-xxxi). 나는 이 이유들을 완전히 살펴보지는 않을 것인데, 단지 이러한 선택 이면에 놓인 생각에 대한 나의 견해를 밝히는 것이다.

14. *The Moment and Late Writings*, ed. and trans. Howard V. Hong and Edna H. Hong (Princeton, New Jersey: Princeton University Press, 1998).

15. *On My Work as an Author*는 1851에 출판되었고, *The Point of View for My Work as an Author*는 1859년에 출판되었다. 두 책 모두 Hong의 편집본인 *The Point of View*에 함께 출판되었다.

16. 이것의 영어 번역본은 다음 책에서 발견된다. *Kierkegaard's Journals and Papers*, Vol. I, pp. 267-308.

17. 이 주제는 *Philosophical Fragment*에 중요한 주제이다. 7장에서 논할 것이다.

18. *Kierkegaard's Journals and Papers*, Vol. I, p.308.

19. 한 사람이 기독교적 진리를 전달할 때 직접적인 방법으로 전달하지만 궁극적으로 믿음은 하나님이 주시는 선물이기 때문에 한 사람이 믿음 자체를 직접적으로 전달할 수는 없다. 사람이 직접 전달할 수 없다는 의미에서 믿음은 간접적인 전달로 주어진다. (역자 주)

3장

1. G.W.F. Hegel, *Phenomenology of Spirit*, trans. A.V. Miller (Oxford: Clarendon Press, 1977), pp. 9-10.

2. 더 정확하게 안티-클리마쿠스는 "정신은 바로 자기이다"라고 말했다. 나는 키에르케고르가 안티-클리마쿠스의 견해에 동의하였다고 본다. 그 가명은 키에르케고르가 이상적인 기독교(Christian ideality)가 나타나는 것에 대해 개인적으로 가치 있게 보지 않는다는 견해가 반영된 것이다. 그러나 나는 안티-클리마쿠스를 직접적인 저자로 볼 것인데, 그의 생각은 곧 키에르케고르의 생각이 반영되었다고 생각하기 때문이다.

3. Williams James, *Principles of Psychology* (New York: Dover Publishers, 1980)의 10장을 보라. 사실 그는 "me-self"에 대해서 말하였는데 그 이유는 객관적이며 경험적 심리학이 연구할 수 있는 것이기 때문이다.

4. 키에르케고르, 프로이트, 그리고 대상관계이론에 대한 자세한 비교는 다음의 나의 논문을 참고하시오. "Kierkegaard's View of the Unconscious" in *Kierkegaard : Poet of Existence*, ed.

Birgit Bertung (Copenhagen: C. A. Reitzel, 1989), pp. 31-48; reprinted in *kierkegaard in Post/ Modernity* (Indiana University Press, 1995,), and in *Søren Kierkeagaard: Critical Assessments of Leading Philosophers*, Volume II: *Epistemology and psychology*, ed. Daniel Conway (London : Routledge, 2002).

5   뒤따르는 문구는 다음과 같다. "지난 부분에서 자기에 대한 자각에서의 단계적인 차이를 계속해서 주목하였다." 이 단계적인 차이는 인간의 범주 안에서 고려된 것인데 이 자기는 하나님 앞에서의 단독자로서의 존재하게 되는 새로운 질적인 기준을 요구받게 된다(SUD, 79).

6   "자기 자신으로 든든한 자리매김"에 대한 자세한 논의는 WL, 264-279를 참고하시오.

7   Michael Tooley, *Abortion and Infanticide* (Oxford: Oxford University Press, 1983).

8   이것과 관련된 자세한 논의는 다음을 참고하시오. "Who is the Other in *The Sickness Unto Death?* God and Human Relations in the Constitution of the Self," in *The Kierkegaard Studies Yearbook 1997* (Berlin and New York: Walter de Gruyter, 1997), pp 1-15. Reprinted in my *Kierkegaard on Faith and the Self* (Waco, Texas: Baylor University Press, 2006), pp. 263-276, and as "Self and Others in Kierkegaard" in On Being a *Person: A Multidisciplinary Approach to Personality Theories*, ed. Todd H. Speidell (Eugene, Oregon: Wipf & Stock Publishers, 2003).

9   사르트르는 "신의 죽음"에 대해서 다음과 같이 생각했다. "이 관점에 대한 나의 대답은 다소 골치 아픈 것인데, 만약 내가 하나님 아버지를 버렸다면, 어떤 가치를 만들어내는 누군가가 존재하였을 것이다." Jean-Paul Sartre, Existentialism and Human Emotions (New York: Philosophical Library, 1957), p.49.

10 Alasdair MacIntyre, *After Virtue*, 2md edn (Notre Dame, Indiana: University of Notre Dame Press, 1984), p. 47.

11 Alasdair MacIntyre, *After Virtue*, p. 40.

12 René Descartes, *Meditations, in The Philosophical Works of Descartes*, trans. Elizabeth S. Haldane and G. R. T. Ross (Cambridge: Cambridge University Press, 1911), p. 145.

13 Descartes, *Meditations*, p. 144.

14 Hongs는 이것을 문자적으로 번역했는데 영어로 보면 다소 어색한 번역인데 "논리적 체계는 주어질 수 있지만 실존의 체계는 주어지지 않는다." 나는 여기서 키에르케고르의 원저작에 있는 이태리체 강조를 제거하였다.

15 See John Dewey's Gifford Lectures, *The Quest for Certainty* (London: George Allen and Unwin, 1930).

16 Thomas Nagel, *The View form Nowhere* (New York: Oxford University Press, 1986). *역자주: 이 책은 이 세계 안에 존재하는 객관적인 관점과 독특한 인격적인 관점을 동시에 어떻게 결합하는가를 문제로 다루고 있다. 이 책에서 진리를 이해하는 방식으로 객관적으로 이해와 더불어 인격적인 감성이나 열정을 고려해서 이해하는 방식을 주장한다. 여기서 우세

한 방식은 객관적 방식을 의미하는데, 이것만을 고수한다면 전체로서의 진리를 이해할 수 없게 된다. 객관적인 방식만 고집하게 되면 결국 그 진리가 더 분명하지 않게 되고, 더 의심만 가져오는 결과를 가지고 오게 된다. 이 장의 후반부에서 자세히 설명된다.

17 사실은 요하네스 클리마쿠스는 그것에 관한 기독교적 관점을 제시하는 것에 주의를 기울였는데 진리가 주체성이라는 주장의 시작은 소크라테스로부터 시작이 되었지만 소크라테스가 주장한 주체성은 비진리이다. CUP, 207 참고.

18 W. T. Jones, *Kant to Wittgenstein and Sartre*, 2nd edn. (New York: Harcourt, Brace, 1969), p. 228.

19 요한복음 8장 32절

20 그때 당시 덴마크 단어로서의 과학은 Videnskab인데, 키에르케고르 시대에는 이 단어가 자연과학이라는 것을 의미하지 않았는데 헤겔과 같은 철학자들이나 학문의 범주를 구분하려는 신학자들에 의해서 사용되었다.

21 요한복음 14장 6절

22 *Kierkegaard's Journals and Papers*, Vol. IV, entry 4550.

23 헤겔주의방법에 의해서 고안된 의심과 그와 관련된 주장들을 극복하는 방법은 CUP, 335-338을 참고하시오. 모든 것을 의심하고 "더 나아가는 것"에 대한 기록은 FT, 5-7를 참고하시오.

24 David Hume, *An Enquiry Concerning Human Understanding*, ed. L. A. Selby-Bigge (Oxford: Clarendon Press, 1902; reprint of the posthumous edition of 1777), pp. 25-26.

25 우리가 윤리라고 부르는 것을 공부하기 위해 아리스토텔레스가 강조한 선한 성품과 선한 양육에 대한 것은 다음을 참고하시오. *Nicomachean Ethics*, trans. W. D. Ross (Oxford: Clarendon Press, 1908), Book I, Chapters 3 and 4

26 CUP, 207. (emphasis added.)

4장

1 20-33, 32-35 and 50-52. (번역 페이지로 바꿀 것)

2 46-50. (번역페이지로 바꿀 것)

3 키에르케고르가 활용한 헤겔주의의 즉흥성에 대해서 다음을 참고하시오. Merold Westphal, "Kierkegaard and the Role of Reflection in Second Immediacy," in *Immediacy and Reflection in Kierkegaard's Thought*, ed. P. Cruysbergs et al. (Leuven: Leuven University Press, 2003), pp. 159-179.

4 니체의 주장과 아주 비슷한데 그는 The Birth of Tragedy에서 소크라테스의 성찰적 세계관은 실존의 비극적 관점을 과소평가해서 희랍 비극의 몰락을 야기하였다고 주장하였다.

5 이러한 비극적 관점의 좋은 예는 다음을 참고하시오. Miguel de Unamuno, *The Tragic Sense of Life*, trans. J.E. Crawford Flitch (New York; Dover Publications, 1954). Unamuno was strongly influenced by Kierkegaard.

6 Albert Camus, "The Myth of Sisyphus," in *The Myth of Sisyphus and Other Essays*, trans Justin O'Brien (New York: Random House, 1955), pp. 88-91

7 예를 들어 Hongs가 "Supplement"에서 첨가한 문장들 EO I, 557-559를 참고하시오. 나는 Karsten Harries에게 감사한데 내가 제기한 "actions at a distance"에 처음으로 관심을 가져준 사람이다.

8 pp.354-359,367에 나타나는 더 중요한 이야기가 있는데 이것을 나는 두 번째 문제와 연관해서 후반부에서 설명하도록 하겠다.

9 예를 들어 중요한 에피소드가 pp.385-386,393-395,396-397,402-403,405-406,408-410,412-415.

5장

1 윌리엄 판사는 『이것이냐 저것이냐』에서 미학적 삶을 사는 사람으로 등장하듯이 『삶의 방법의 단계』에서 다시 등장하는데 나는 『이것이냐 저것이냐』를 기초로 윤리적 삶에 대해서 설명하겠다.

2 EO II, 63-85에 나타난 판사의 논증을 참고하시오.

3 4장 참고

4 이 책에서는 『두려움과 떨림』에 나타난 많은 문장들을 인용할 것인데 나는 Sylvia Walsh의 번역을 선호하여서 인용하였다. C. Stephen Evans and Sylvia Walsh가 편집하고 Sylvia Walsh가 번역한 *Kierkegaard: Fear and Trembling* (Cambridge: Cambridge University Press, 2006). 하지만 Hong의 Princeton 번역본에서 계속적으로 페이지를 인용하였고 그 연속성을 위해서 나 자신의 일부는 나 자신의 번역이기도 하다. 덴마크 원문과 참고하기 위해서 Hong의 Princeton 번역본을 활용하는데, 이 책의 페이지의 가장자리에 덴마크어로 된 책의 페이지가 기입되어 있고, 이것은 독자들로 하여금 영어번역을 원본 덴마크어판과 대조해서 점검할 수 있도록 해주기 때문이다.

5 이 책에 관련된 주요한 주제들에 관한 개론적인 논의는 다음을 참고하시오. Introduction to the Cambridge Texts in the History of Philosophy edition of *Fear and Trembling*, trans. Sylvia Walsh and ed. C. Stephen Evans and Sylvia Walsh (Cambridge: Cambridge University Press, 2006), pp.vi-xxx.

6 아브라함의 믿음과 관련된 세속적 연구는 다음을 참고하시오. Edward Mooney, *Knights of Faith and Resignation: Reading Kierkegaard's Fear and Trembling* (Albany, New York: State University of New York Press, 1991).

6장

1. 이러한 개념에 관해서 다음을 참고하시오.. "The Ethical Task as the Human Task," Chapter 4 of my book, *Kierkegaard's Ethic of Love: Divine Commands and Moral Obligations*, pp. 85-111. Also see my "Existence and the Ethical," Chapter 5 of *Kierkegaard's Fragments and Postscript: The Religious Philosophy of Johannes Climacus* (Atlantic Highlands, New Jersey: Humanities Press, 1983), pp. 73-93. This book has been reprinted by Humanity Books, an imprint of Prometheus Press.

2. 8장에서 『죽음에 이르는 병』에 대해 논의할 것인데 이 책의 저자는 키에르케고르의 기독교적인 가명인 안티클리마쿠스다. 그는 절망을 하나님이 창조한대로의 자기 자신이 되는 것에 실패하는 것으로 보고 있고 또한 하나님이 우리에게 되라고 한 그 자신보다는 다른 자신이 되려고 하는 저항하는 힘으로 보고 있다. 이러한 절망은 죄와 동일시되는데 이때 그 한 사람은 "하나님의 면전"에서 벗어나있다. 나는 또한 『사랑의 역사』를 다룰 것인데 이 책에서 키에르케고르는 우리의 가장 기본적인 의무는 이웃을 나의 몸과 같이 사랑하는 것이고 이 의무는 신적인 명령에 기인함을 강력하게 논증하고 있다. 이것은 우리가 하나님의 피조물이고 하나님의 권위 아래에 있다는 것에 근거하고 있다.

3. 3장에서 논의된 자기에 대한 관점은 8장에서 논의될 『절망에 이르는 병』에 자세히 나타나 있다.

4. 그러나 키에르케고르가 변증에 대해 반대하는 입장이 절대적인 것은 아니다. 그 대신에 변증에 관련되어서는 충분한 증거를 가지고 논증하는 것으로 발전되었다. "Apologetical Arguments in Kierkegaard's *Philosophical Fragments*," in *International Kierkegaard Commentary* volume on Philosophical Fragments (Macon, Georgia: Mercer University Press, 1994), pp. 63-83. Reprinted in my *Kierkegaard on Faith and the Self*, pp. 133-150.

5. 하나님의 존재를 인식한 후에도 계속 무신론자로 남아있게 되는 것에 대한 설명은 다음을 참고하시오. "Can God Be Hidden and Evident at the Same Time? Some Kierkegaardian Reflections," *Faith and Philosophy* (23,3: July 2006), pp. 241-253.

6. Immanuel Kant, *Critique of Practical Reason*, trans. Lewis White Beck (New York: Macmillan Publishing Co., 1985), pp. 111-126.

7. Kant, *Critique of Practical Reason*, pp. 128-136.

8. 여기에 나타나있는 칸트의 관점에 대한 좋은 논의와 비판에 반하는 그의 변증에 대해서는 다음을 참고하시오.. Allen Wood, Kant's Moral Religion (Ithaca, New York: Cornell University Press, 1970). 그리고 Chapter 2 of my Subjectivity and Religious Belief (Grand Rapids, Michigan: Wm. B. Eerdmans, 1978).

9. C. S. Lewis, *The Problem of Pain* (London: Centenary Press, 1940), pp.132-142.

10. D. Z. Phillips, *Death and Immortality* (London: Macmillan, 1970), pp. 47-49.

11. 이것은 요한복음의 주제와 일치한다. 예를 들어 이 저자는 영원한 삶은 이미 예수 그리스도를 믿는 믿음 안에서 소유된 어떤 것이라고 지속적으로 주장하고 있다. 요한복음 3:16, 4:13, 5:25, 그리고 많은 다른 구절들을 참고하라.

12 Kierkegaard's discourse "At a Graveside," in *Three Discourses on Imagined Occasions*, trans. and ed. Howard V. Hong and Edna H. Hong (Princeton, New Jersey: Princeton University Press, 1993), pp. 69-102. 그리고 "The Work of Love in Recollecting One Who Is Dead" (WL, 345-358).

13 Miguel de Unamuno, *The Tragic Sense of Life*, trans. J. E. Crawford Flitch (New York: Dover Publications, 1954), p. 45.

14 3장 참고.

15 Harry Frankfurt, "Freedom of the Will and the Concept of a Person," *Journal of Philosophy* 67:1 (Jan. 1971), pp. 5-20.

16 Charles Taylor, "What is Human Agency?" in *Human Agency and Language: Philosophical Papers Volume I* (Cambridge: Cambridge University Press, 1985), pp. 15-44.

17 이것의 간단한 논의는 8장을 참고하시오.

18 자세한 설명을 위해서 다음을 참고하시오. 내 책 "Irony and Humor: Some Boundary Situations," Chapter 10 of *Kierkegaard's Fragments and Postscript: The Religious Philosophy of Johannes Climacus* (Atlantic Highlands, New Jersey: Humanities Press, 1983), pp. 185-205 (reprinted by Humanity Books, an imprint of Prometheus Press). 그리고 내 책 "Kierkegaard's View of Humor: Must Christians Always Be Solemn?" *Faith and Philosophy* (4,2: 1987), pp. 176-186, reprinted in *Kierkegaard on Faith and the Self* (Waco, Texas: Baylor University Press, 2006), pp. 81-91. John Lippitt gives an excellent book-length treatment in *Humour and Irony in Kierkegaard's Thought* (Basingstoke: Palgrave Macmillan, 2000).

19 "모순"의 이러한 용법에 대해서 잘 이해하는 것이 중요한데, 우리가 키에르케고르의 "절대적 역설"로서의 성육신에 관한 관점을 논할 때 중요한 부분인데, 그 역설에는 이러한 모순이 포함되어 있기 때문이다. 이 책의 7장을 참고하시오.

20 2장과 3장을 참고하시오.

21 *Søren Kierkegaard's Journals and Papers*, 7 vols., ed. and trans. Howard V. Hong and Edna H. Hong (Bloomington, Indiana: Indiana University Press, 1967-78), Vol. II, entries 1781 and 1682.

22 이러한 "철회"가 의미하는 것과 의미하지 않는 것에 대해서는 John Lippitt, *Humour and Irony in Kierkegaard's Thought*, pp. 47-71을 참고하시오.

23 John Hare, *The Moral Gap* (Oxford: Clarendon Press, 1996), pp. 142-169.

24 Immanuel Kant, *Religion Within the Limits of Reason Alone*, trans. Theodore M. Greene and Hoyt H. Hudson (New York: Harper and Row, 1960), p. 134.

7장

1 키에르케고르의 "변증"이라는 용어 사용은 헤겔의 어떤 부분에서 영향을 받았다. 헤겔은 이 단어를 해결책 없는 두 개의 양극단을 통합하려는 시도로 사용하였는데, 여기서의 해결책은 일종의 "추측"이라고 불렀다. 이 논의에 대해서는 다음을 참고하시오. *Encyclopedia Logic*, ed. T. F. Geraets, W. A. Suschting, and H. S. Harris (Indianapolis, Indiana: Hackett, 1991), paragraphs 79-82. 키에르케고르의 경우, 두 양극단을 종종 영원성과 시간성으로 보았다. 이 관점을 알게 한 Merold Westphal에게 감사한다.

2 예를 들어 FT, 82에 나타난 "성찰 이후의 즉흥성"으로서의 신앙에 대한 논의를 참고하시오. 성찰이 없는 즉흥성과 성찰을 전제한 즉흥성에 대한 논의는 TA, 111을 참고하시오. 키에르케고르는 여기서 "즉흥성"이라는 단어 대신에 열광적이라는 단어를 사용하였는데, 둘은 비슷한 의미이다.

3 *Summa Theologia*, trans. Mark D. Jordan (Notre Dame, Indiana: University of Notre Dame Press, 1990), 2-2, 2 A. 1 (pp. 65-68); 2-2, 2, 2 (pp. 69-70); 2-2, 3, A. 1 (pp. 95-96).

4 John Locke, *An Essay Concerning Human Understanding* (Amherst, New York: Prometheus Press, 1995; originally published 1693), p. 583.

5 Kant, *Religion Within the Limits of Reason Alone*, trans. Theodore M. Greene and Hoyt H. Hudson (New York: Harper and Row, 1960), pp. 100-105, 그리고 칸트의 2판에 "서문"을 참고하시오.

6 Friedrich Schleiermacher, *The Christian Faith*, ed. and trans. H. R. Mackintosh and J. S. Stewart (Edinburgh: T. and T. Clark, 1928). 여기에서 기독교 신학은 믿는 자들의 "의식" 혹은 "자의식"에 의해서 설명되어졌다.

7 G. W. F. Hegel, *The Christian Religion: Lectures on the Philosophy of Religion, Part III*, ed. and trans. by Peter C. Hodgson (Missoula, Montana: Scholars Press, 1979), 특히 pp. 289-293.

8 키에르케고르가 출판한 책에 대한 더 자세한 설명은 다음을 참고하시오. "Historical Introduction" by Howard and Edna Hong (BA, vii-xix).

9 *The Book on Adler* 책이 Kierkegaard's *Samlede Vørker*에 포함되어 있지 않기 때문에 나는 모든 인용을 나의 번역에서 보다는 Hong의 번역에서 따올 것이다.

10 이것들에 관해서 자세한 논의는 "Kierkegaard on Religious Authority: The Problem of the Criterion," *Faith and Philosophy* (17, 1: January, 2000), pp. 48-67

11 Thomas Aquinas, *Summa Contra Gentiles*, de. and trans. Anton C. Pegis (Notre Dame, Indiana: University of Notre Dame Press, 1975), p. 72.

12 Aquinas, *Summa Contra Gentiles*, p. 70.

13 여기서 키에르케고르의 생각은 더 설명되어야 한다. 이것을 위해서는 다음을 참고하시오. "Kierkegaard on Religious Authority," pp. 60-062.

14 *Kierkegaard's Journals and Papers*, Vol. I, entry 7.

15 3장 참조.

16 6장 참조.

17 클리마쿠스는 이 책을 통해 "그 하나님"(덴마크어로 "Guden")에 대한 독특한 관점을 활용한다. 플라톤이 그의 책 대화에서 하나님을 언급하는 그 방법을 모방하고 있다.

18 키에르케고르가 자주 인용하는 고린도전서 2장 7절에서 9절의 내용을 클리마쿠스가 암시하고 있다.

19 Herbert Garelick, The *Anti-Christianity of Kierkegaard* (The Hauge: Martinus Nijhoff, 1965), p. 28.

20 David Swenson's classic *Something About Kierkegaard*, revised edition (Minneapolis: Augsburg Publishing Co., 1945). Also see Alastair MacKinnon's "Kierkegaard: 'Paradox' and Irrationalism," in *Essays on Kierkegaard*, ed. Jerry Gill (Minneapolis, Minnesota: Burgess Publishing, 1969), pp. 102-112, and his "Kierkegaard's Irrationalism Revised," *International Philosophical Quarterly*, ix (1969), pp.165-76. classic essays by Fabro and Soe can be found in *A Kierkegaard Critique*, ed Howard Johnson and Niels Thulstrup (New York: Harper and Row, 1962).

21 더 나은 설명을 위해서 다음을 참고하시오 Stephen Evans, "Is Kierkegaard an Irrationalist?" *Religious Studies* 25:3(1989), pp. 347-62. Reprinted in *Kierkegaard on Faith and the Self*, pp.117-132

22 pp.132-134

23 *Kierkegaard's Journals and Papers*, Vol. I, entry 7.

24 *Kierkegaard's Journals and Papers*, Vol. I, entry 7.

25 See Chapter 2, Second Division, of Immanuel Kant, *Critique of Pure Reason*, trans. Norman Kemp Smith (London: Macmillan and Co., 1933), pp. 384-484

26 Immanuel Kant, Critique of Practical Reason, trans. Lewis White Beck (Indianapolis: Bobbs-Merrill, 1956), pp. 111-112.

27 Kant, *Critique of Pure Reason*, p 531.

28 칸트는 그의 비판철학에서 "도덕과 종교와 관련된 모든 목적들(objections)은 영원히 침묵되어질 것인데 이것은 소크라테스 식으로 말한다면 대상에 대한 무지의 가장 분명한 증거이다"라고 주장하였다.

29 이에 대한 더 자세한 설명은 다음을 참고하세요. Stephen Evans, *Faith Beyond Reason* (Edinburgh: Edinburgh University Press; Grand Rapids, Michigan: Eerdmans Publishing Co., 1998)

30 덴마크어로는 한 단어인데 "*Tro*"가 믿음과 신앙을 모두 지칭한다.

31 이러한 것이 하나님의 생애에 대한 계시의 내용이 믿는 자에게 중요하지 않다는 것을 의미하는 것은 아니다. 클리마쿠스는 여기에서 그의 사고실험의 "틀"안에서 이렇게 주장하는 것이지 믿는 자로서 주장하는 것은 아니고 일종의 철학자로서 주장하는 것이다. 요점은 논리적 요점인데 신앙에 있어서는 아주 최소한의 역사적인 정보가 필요하다는 것이 가능하다는 것이다. 하지만 믿는 자들은 특별한 사람이 하나님의 실재 안에 있고 이러한 삶으로부터 계시된 하나님의 속성에 관련된 지식을 얻으려는 욕망이 있는데 그리하여 이러한 것을 최소한의 지식보다 더 가치 있게 생각한다. "제자들에게는 외형적인 형태가 하찮은 것은 아니다."(PF, 65) 라고 말하면서 이 생각을 지지한다. 우리는 왜 키에르케고르가 예수의 삶의 특징을 이해하는 것에 많은 강조점을 두었는지 이해할 수 있다. 더 많은 정보는 8장을 참고하시오.

32 3장 참고.

33 이것은 종교적 신념을 변호하거나 비판할 때 똑같이 필요하다. 그 변호하는 사람의 경우에는 그가 Richard Swinburne의 글을 많이 읽어야 할 것이다. "Principles for Weighing Evidence" in *The Resurrection of God Incarnate* (Oxford: Oxford University Press, 2003), pp. 9-31.

34 덕의 인식론에 좋은 예는 다음을 참고하시오. Robert C. Roberts and W. Jay Wood, *Intellectual Virtue: An Essay in Regulative Epistemology* (New York: Oxford University Press, 2007).

35 야심적 인식론에 대한 자세한 설명과 내가 "검손한 인식론"이라고 부르는 설명과 관련되어서는 다음을 참고하시오. Stephen Evans, *The Historical Christ and the Jesus of Faith* (Oxford: Oxford University Press, 1996), pp. 202-230. (Chapter 9 참고)

36 Alvin Goldman의 영향력 있는 예시는 다음을 참고하시오. *Epistemology and Cognition* (Cambridge, Massachusetts: Harvard University Press, 1986) 그리고 Fred Dretske의 *Knowledge and the Flow of Information* (Cambridge, Massachusetts: MIT Press, 1981).

37 Alvin Plantinga의 탁월한 업적은 다음의 글을 참고하시오. "Reformed epistemologist". 그와 관련된 주요 작품들은 *Warrant and Proper Function* (New York: Oxford University Press, 1993), *Warranted Christian Belief* (New York: Oxford University Press, 2000). Alvin Plantinga와 다른 개혁주의 인식론자들은 분명히 Thomas Reid에게 영향을 받았는데 그는 하나님이 우리에게 주신 환경 안에서의 신뢰의 필요성을 강조하였다. 탁월한 개혁주의 인식론자로서의 Reid의 훌륭한 기록은 다음을 참고하시오. Nicholas Wolterstroff의 *Thomas Reid and the Story of Epistemology* (Cambridge: Cambridge University Press, 2001).

8장

1 『죽음에 이르는 병』에서의 "역사적 서론"에 관련된 Hong의 논의, 특히 pp. xx and xxii를 참고하시오. 여기에서 Hong은 키에르케고르가 그의 일기에서 그 자신을 안티-클리마쿠스의 이상을 실현하기 위해 "분투"하는 사람으로 묘사하였는데 그는 그 자신을 기독교인이 아닌 클리마쿠스와 탁월한 기독교인인 안티-클리마쿠스 사이에 자신을 위치시켰다.

2 3장을 참고하시오.

3 3장을 참고하시오.

4 *Kierkegaard's Journals and Papers*, Vol. V, entry 6137을 참고하시오. 여기에서 키에르케고르는 이 책을 "변증적 대수학"이라고 묘사한다.

5 Hong은 덴마크 단어 *Primitivitet*와 *primitivt*를 "원시성"과 "원시적으로"라고 번역하였다. 영어 단어에서 동등한 의미를 가진 어휘를 찾기가 힘든데, Hong의 선택은 받아들여질만 하지만, "원시성"은 잘못 읽혀질 오해가 있다. 자신(self)에 대한 하나님의 원래 계획의 일부를 뜻하는 덴마크 단어들은 그 자신에 대한 진정성 혹은 고유성으로 읽혀진다.

6 3장을 참고하시오.

7 남성과 여성의 관계에 관련된 키에르케고르의 훌륭한 논의는 다음을 참고하시오. Sylvia Walsh, "On 'Feminine' and 'Masculine' Forms of Despair," in *International Kierkegaard Commentary 19: The Sickness Unto Death*, ed. Robert L. Perkins (Macon, Georgia: Mercer University Press, 1987), pp. 121-134. *Feminist Interpretations of Søren Kierkegaard*, ed. Céline Léon and Sylvia Walsh (University Park, Pennsylvania: Pennsylvania State University Press, 1997).

8 키에르케고르를 덕의 사상가로 해석하는 많은 사상가들이 있다. 예를 들어, Robert Roberts와 John Davenport이다. Robert Roberts의 경우에는 다음을 참고하시오. "Existence, Emotion and Character: Classical Themes in Kierkegaard," in *The Cambridge Companion to Kierkegaard*, ed. Alastair Hannay and Gordon Marino (Cambridge: Cambridge University Press, 1977), pp. 177-206. Roberts는 키에르케고르를 실존주의자라기보다 아리스토텔레스적인 사람으로 보는 반면, Davenport는 "실존주의적" 덕 윤리를 주장하는데 이것은 덕을 형성함에 있어서 실행적인 의지를 강조하고 키에르케고르의 글에서 "진정성"으로 불리는 실존주의적 덕을 찾아낸다. 다음을 참고하시오. "Towards an Existential Virtue Ethics: Kierkegaard and MacIntyre," in *Kierkegaard After MacIntyre*, ed. John. J. Davenport and Anthony Rudd (Chicago: Open Court, 2001), pp. 265-324.

9 Robert Roberts, "The Virtue of Hope in *Eighteen Upbuilding Discourses*," in *International Kierkegaard Commentary: Eighteen Upbuilding Discourses*, ed. Robert B. Perkins (Macon, Georgia: Mercer University Press, 2003), pp. 181-203. 이 글은 다음의 책에서 나타난 세 가지 교훈에 대해 다룬다. *Eighteen Upbuilding Discourses*: "The Expectancy of Faith," "Patience in Expectancy," and "The Expectancy of an Eternal Salvation."

10 운이 좋게도 최근에 이 책에 대한 두 가지 주요한 논의가 있었다. 그 내용을 총체적으로 잘 설명한 글은 다음 책에서 참고하시오. Jamie Ferreira, *Love's Grateful Striving* (New York: Oxford University Press, 2001). 메타윤리와 관련된 키에르케고르와 현대 사상가들의 대화는 다음의 나의 책을 참고하시오. *Kierkegaard's Ethic of Love: Divine Commands and Moral Obligations* (Oxford: Oxford University Press, 2004).

11 개역한글

12 pp.187-190을 참고. (번역본으로 바꿀 것)

13 Immanuel Kant, *Groundwork of the Metaphysic of Morals*, trans. H.J.Paton (New York: Harper and Row, 1964), p. 67.

14 나는 이 책에서 여러 번 이런 점을 강조하였다. 2장, 3장을 참고하시오.

15 Robert C. Roberts, "What Is an Emotion: A Sketch," *Philosophical Review*, 97 (1988), pp. 183-209. 이러한 감정에 관한 발달의 기록은 다음을 참고하시오. Robert C. Roberts, The Emotions: *An Essay in Aid of Moral Psychology* (Cambridge: Cambridge University Press, 2003). Roberts는 "감정"이라는 단어를 다소 즉각적인 의미로 제한했는데 가끔씩 발생하는 감정의 의미로 보았고 반면에 나는 감정을 기질적인 상태로 보았는데 만약 이 기질적인 상태가 적절하게 활용된다면 내가 여기서 제시하는 감정은 Roberts가 제시하는 감정을 포함할 수 있다. 우리가 "신앙"이라는 단어도 가끔 일어나는 행동으로 보거나 혹은 오랜 시간 동안에 기질적인 성향으로 둘 다 간주할 수 있는데 나는 여기에서 감정이 이렇게 두 가지 측면으로 사용되는 것은 반대한다. 이 글에서 사랑이 감정이라고 했을 때 이것은 기질적인 형태를 의미하는 것이다.

16 이와 관련된 훌륭한 설명과 자세한 반응은 다음을 참고하시오. Jamie Ferreira, *Love's Graceful Striving*, pp.53-64.

17 Immanuel Kant, *Groundwork of the Metaphysic of Morals*, trans. H. J. Paton (London: Routledge, 1991), p.78.

18 나의 책 *Kierkegarrd's Ethic of Love*, pp.146-155에서 더 자세히 설명할 것이다.

19 *Kierkegaard's Journals and Papers*, vol. I, entry 188, p. 76.

20 Elizabeth Anscombe, "Modern Moral Philosophy," in *Twentieth Century Ethical Theory*, ed. Steven Cahn and Joram G. Harber (Englewood Cliffs, New Jersey: Prentice-Hall, 1995), p. 352. 이 글은 다음에서 처음 나타났다. *Philosophy*, 33/124 (Jan. 1958).

21 이러한 제안에 대한 더 분명한 설명은 다음을 참고하시오. David Gauthier, *Morals By Agreement* (Oxford University Press, 1986). 나는 다음에서 Gauthier의 관점에 대한 해석과 키에르케고르의 도덕적 의무의 관점에서의 신적인 명령에 대한 우월성에 대해 논하였다. Chapter II of *Kierkegaard's Ethic of Love*.

22 이러한 키에르케고르의 관점과 Nicholas Wolterstorff의 Justice: *Rights and Wrong* (Princeton, New Jersey: Princeton University Press, 2007)에 나타난 관점을 비교하는 것은 흥미롭다. 이 책에서 Wolterstorff는 정의가 인간이 가질 수 있는 자연적 권리의 개념에 탁월성을 부여하는 것임을 논증하고, 오직 하나님만이 모든 인간이 자연적인 권리를 가졌다는 주장에 적절한 기초를 제공할 수 있다고 논증한다. 이러한 주장은 키에르케고르가 모든 사람이 나의 이웃이며 그들 모두는 하나님이 당신의 형상으로 창조한 "내적 영광"을 가졌다는 주장과 논리적으로 연결된다.

23 WL, Chapters I, IV, 그리고 VII in Part II를 참고하시오.

24 아미쉬파 사람들이 펜실베니아의 West Nickel Mines School에서 일어난 그들의 아이들을 죽인 사람들에 대한 반응으로 아주 예외적인 진정한 사랑의 본보기를 볼 수 있다. 이러한 반응에 대한 더 자세한 설명은 다음을 참고하시오. Donald Kraybill, Steven M. Nolt, and David L. WeaverZercher, *Amish Grace: How Forgiveness Transcended Tragedy* (San Francisco: John Wiley and Sons, 2007).

25 John Hare, The Moral Gap: *Kantian Ethics and God's Assistance* (Oxford: Oxford University Press, 1996).

26 나는 "원형"이라는 번역이 적절하지 않다고 생각한다. 이 원형은 나중에 완벽한 것을 만들기 위한 일종의 실험(test version)으로 간주되기 때문이다. *Forbilledet*는 "이상" 혹은 "완전한 모델"의 모형을 의미한다. 이것은 원형보다 더 플라톤의 관점을 구체화시킨 것이다.

27 이 이슈에 대한 좋은 논쟁은 다음을 참고하시오. Nicholas Wolterstorff, "Why We Should Reject What Liberalism Tells Us About Speaking and Acting for Religious Reasons," in *Religion and Contemporary Liberalism*, ed. Paul J. Weithman (Notre Dame, Indiana: University of Notre Dame Press, 1997), pp. 162-81.

KIERKEGAARD
불확실성 시대를 살아내는 실존의 통찰

초판 1쇄 인쇄 2020년 4월 30일
초판 1쇄 발행 2020년 5월 11일

지은이 C. Stephen Evans
옮긴이 손정위
펴낸이 김지혜
펴낸곳 도서출판 공감마을

주소 경기도 파주시 하우안길 26-6
E-Mail editorgonggam@gmail.com

출판등록번호 제406-2014-000045
출판 등록일 2014년 9월 3일

Kierkegaard : an introduction
by C. Stephen Evans
tr. by Son, Jeong we
Copyright © 2009 by Cambridge University Press

값 18,000원
ISBN 979-11-958549-7-4 93230

All rights reserved. No part of this book may be used or reproduced
in any manner whatever without written permission except in the case
of brief quotations embodied in critical articles or reviews.
Korean Translation Copyright © 2020 by Publisher Gonggammaeul
Korean edition is published by arrangement with Cambridge University Press

이 책의 한국어판 저작권은 도서출판 공감마을과 저작권사와의 독점계약으로
'도서출판 공감마을'에 있습니다.
저작권법에 보호를 받는 저작물이므로 무단전재와 복제를 금합니다.
파본은 교환해 드립니다.

이 연구는 2020년도 서울신학대학교 교내연구비 지원에 의한 연구임.